HOLT McDOUGAL

Bien dit!™

FRENCH 1B

John DeMado

Séverine Champeny

Marie Ponterio

Robert Ponterio

HOLT McDOUGAL

HOUGHTON MIFFLIN HARCOURT

Contributing Authors

John DeMado
John DeMado has been a vocal advocate for second-language acquisition in the United States for many years. He started his career as a middle/high school French and Spanish teacher, before entering the educational publishing profession. Since 1993, Mr. DeMado has directed his own business, John DeMado Language Seminars, Inc., a company devoted exclusively to language acquisition issues. He has authored numerous books in French, Spanish, and ESL that span the K–12 curriculum. Mr. DeMado served as the lead consultant for program content at all levels. He created and recorded the **On rappe!** songs for Levels 1 and 2.

Séverine Champeny
Séverine Champeny, a native of Provence, has been involved in the development of French language educational programs for over 17 years. She has worked on print and media products ranging from introductory middle-school texts to advanced college-level texts. She created activities for the core sections of the chapters. She authored the **Télé-roman** scripts and wrote activities for the DVD Tutor.

Marie Ponterio
Marie Ponterio is a native of France and teaches French language and civilization at the State University of New York College at Cortland. She's the author of the web site **Civilisation française** and the recipient of several awards from Multimedia Educational Resource for Learning and Online Resources. She has co-authored video activities for several high-school textbooks for Harcourt. She has co-authored the culture notes in the program and reviewed all the **Géoculture** sections.

Robert Ponterio
Bob Ponterio is Professor of French at the State University of New York College at Cortland where he teaches all levels of French. He is a moderator of FLTEACH, the Foreign Language Teaching Forum e-mail list. He has published numerous articles and is a recipient of the Anthony Papalia Award for Outstanding Article on Foreign Language Education and the Dorothy S. Ludwig Award for Service to the FL profession. He has co-authored the culture notes in the program and reviewed all the **Géoculture** sections.

Contributing Writers

Dianne Harwood
Austin, TX
Ms. Harwood wrote the grammar presentations, created activities for the review sections and reviewed all core content.

Dana Chicchelly
Missoula, MT
Ms. Chicchelly developed activities for the **Vocabulaire** sections.

Virginia Dosher
Austin, TX
Ms. Dosher researched and wrote material for the **Géoculture** and **Variations littéraires** sections.

Serge Laîné
Austin, TX
Mr. Laîné wrote the content for the **Comparaisons** feature.

Karine Letellier
Paris, France
Ms. Letellier contributed to the selection and creation of readings in the **Variations littéraires.**

Annick Penant
Austin, TX
Ms. Penant contributed to the selection and creation of the readings in the **Lecture et écriture** sections.

Samuel J. Trees
Christoval, TX
Mr. Trees compiled the content for the grammar summary at the end of the chapter.

Mayanne Wright
Austin, TX
Ms. Wright wrote material for the **Géoculture.** She also created activities for the **Lecture et écriture** sections.

Reviewers

These educators reviewed one or more chapters of the Student Edition.

Todd Bowen
Barrington High School
Barrington, IL

Janet Bowman
Ithaca High School
Ithaca, NY

Marc Cousins
Lewiston-Porter High School
Youngstown, NY

Catherine Davis
Reagan High School
Pfafftown, NC

Douglas Hadley
New Haven High School
New Haven, IN

Todd Losie
Renaissance High School
Detroit, MI

Carolyn Maguire
Marshfield High School
Marshfield, WI

Judith Ugstad
Encina High School
Sacramento, CA

Thomasina I. White
School district of Philadelphia
Philadelphia, PA

Lori Wickert
Wilson High School
West Lawn, PA

Field Test Participants

Geraldine Bender
Callaway High School
Jackson, MS

JoAnne A. Bratkovich
Joliet West High School
Joliet, IL

Bruce Burgess
Culver Academy
Culver, IN

Melanie L. Calhoun
Sullivan South High School
Kingsport, TN

Karen Crystal
Austin High School
Chicago, IL

Magalie Danier-O'Connor
William Allen High School
Allentown, PA

Anita Goodwin
Reading High School
Reading, PA

Sophie Kent
Rye High School
Rye, NY

Nancy Kress
Briarcliff Middle School
Briarcliff Manor, NY

Amy Lutes
Richmond Burton High School
Richmond, IL

Anne L. MacLaren
Harlan Community Academy HS
Chicago, IL

Cynthia Madsen
St. Joseph High School
Lakewood, CA

Ellen Stahr
Waverly High School
Waverly, IL

Sommaire

Liaison

Objectifs

In this chapter you will review how to
- introduce and meet others
- ask for personal information
- describe people
- talk about likes and dislikes
- make plans
- talk about school and classes
- ask and tell about family

Online Practice

my.hrw.com

Online Edition

L'Ouest de la France

Objectifs

In this chapter you will learn to
- offer, accept, and refuse food
- ask for and give an opinion
- inquire about food and place an order
- ask about prices and pay the check

Video

Géoculture	**Géoculture**
Vocabulaire 1 et 2	**Télé-vocab**
Grammaire 1 et 2	**Grammavision**
Application 2	**On rappe!**
Télé-roman	**Télé-roman**

Online Practice

my.hrw.com
Online Edition

Le Sénégal

Chapitres 7 et 8

Objectifs

In this chapter you will learn to
- offer and ask for help in a store
- ask for and give opinions
- ask about and give prices
- make a decision

Video

Géoculture	**Géoculture**
Vocabulaire 1 et 2	**Télé-vocab**
Grammaire 1 et 2	**Grammavision**
Application 2	**On rappe!**
Télé-roman	**Télé-roman**

Online Practice

my.hrw.com

Online Edition

viii

Géoculture

Chapitre 8 À la maison

Objectifs

In this chapter you will learn to
• ask for, give or refuse permission
• tell how often you do things
• describe a house
• tell where things are

Video

Géoculture	**Géoculture**
Vocabulaire 1 et 2	**Télé-vocab**
Grammaire 1 et 2	**Grammavision**
Application 2	**On rappe!**
Télé-roman	**Télé-roman**

Online Practice
my.hrw.com
Online Edition

Le Midi

Chapitres 9 et 10

Video

Géoculture	**Géoculture**
Vocabulaire 1 et 2	**Télé-vocab**
Grammaire 1 et 2	**Grammavision**
Application 2	**On rappe!**
Télé-roman	**Télé-roman**

Online Practice

my.hrw.com

Online Edition

Géoculture

Chapitre 10 Enfin les vacances! 326

Objectifs

In this chapter you will learn to
• give advice
• get information
• ask for information
• buy tickets and make a transaction

Video

Géoculture	Géoculture
Vocabulaire 1 et 2	Télé-vocab
Grammaire 1 et 2	Grammavision
Application 2	On rappe!
Télé-roman	Télé-roman

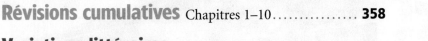

Online Practice
my.hrw.com
Online Edition

Why Study French?
French Can Take You around the World!

Margot M. Steinhart, Ph.D.

Chers élèves,

Formidable! You have chosen to learn French, the most frequently studied world language after English, and are becoming a citizen of the world. Your sphere immediately expands to include 175 million French speakers in more than 50 countries and millions of people who have studied French on five continents. And did you know that about 2 million people speak French as a first language in the U.S.?

In addition to learning the language, you will discover the uniqueness of many cultures from around the world. You will have the opportunity to explore Quebec, the Caribbean, West and North Africa, Europe, and the Pacific Ocean islands, to name a few. It is remarkable that through one language, French, the richness of these diverse regions can be learned and experienced. You can connect to the Francophone world through e-mail correspondence or by travel and study experiences.

Did you select French because it is a language associated with renowned artists, literary giants, medical, scientific, and techno-logical break-through discoveries, and an enviable sense of style? French can also improve your English-language skills since French is more like English than is any other Romance language, such as Italian and Spanish. More than 30% of English vocabulary is derived from French. How many French expressions related to government, law, food, art, music, dance, cinema, literature,

Browse the flower market in Rennes. It's a visual delight!

Take the bullet train from Paris to Nice. It can be fun!

Buy souwère paintings by local artisans in markets all over Senegal.

architecture, fashion, or diplomacy do you already know: *coup d'état, bon appétit, faux pas, genre, à la mode, pas de deux, carte blanche,* and *déjà vu?*

As you plan your future, French can lead to fulfilling careers in many fields: manufacturing, finance, law, government, education, the sciences, journalism, advertising, telecommunications, tourism and hospitality. Your language skills will also benefit you in working with international agencies like the International Red Cross, UNESCO, the World Health Organization, and the International Olympic Committee. Did you know that the majority of U.S. exports are to countries having French as a national language? Exports to bilingual Canada alone are greater than the combined exports to all countries south of the United States. Approximately $1 billion in commercial transactions take place between the U.S. and France each day. In terms of emerging markets, French-speaking Africa occupies an area larger than the U.S.

You undoubtedly chose French for very personal reasons. Imagine yourself as a fluent speaker of the language, communicating in French with people all around the globe, being an international student in a French-speaking country, or attending the Cannes Film Festival. How about serving in the Peace Corps in a Sub-Saharan African country, working with **Médecins sans Frontières** *(Doctors Without Borders)*, or negotiating a business deal for a multinational company?

As you continue your journey as a French speaker, and as you open doors to opportunities that become possible just because you have chosen to communicate in French, let me wish you **Bonne chance!** *(Good luck!)*. May you enjoy the adventure that awaits you.

Bonne Continuation,

Margot M. Steinhart

Discover modern art at the MAMAC museum in Nice!

Meet French-speaking teens from around the world.

Ride the funicular in Quebec!

Stop at a crêperie in Paris for a tasty treat!

Le monde francophone
Welcome to the French-speaking World

Did you know that French is spoken not only in France but in many other countries in Europe (Belgium, Switzerland, Andorra and Monaco), North America (New England, Louisiana and Quebec province), Asia (Vietnam, Laos and Cambodia), and over twenty countries in Africa? French is also the official language of France's overseas territories like Martinique, Guadeloupe, French Guiana, and Reunion.

As you look at the map, what other places can you find where French is spoken? Can you imagine how French came to be spoken in these places?

La France

Saint-Pierre-et-Miquelon

QUÉBEC

NOUVELLE-ANGLETERRE

ÉTATS-UNIS

OCÉAN ATLANTIQUE

Antilles françaises

Le Québec

LOUISIANE

HAÏTI

OCÉAN PACIFIQUE

GUYANE FRANÇAISE

La Louisiane

Polynésie française

N
O — E
S

La Martinique

OCÉAN ARCTIQUE

Le Maroc

Le Sénégal

Le Mali

Le Viêtnam

BELGIQUE

LUXEMBOURG

SUISSE

FRANCE

ANDORRE   MONACO

TUNISIE

MAROC

ALGÉRIE

MAURITANIE

MALI   NIGER

TCHAD

SÉNÉGAL

GUINÉE   BÉNIN

CÔTE   TOGO   RÉPUBLIQUE
D'IVOIRE   CENTRAFRICAINE

BURKINA   CAMEROUN
FASO

GABON   RÉPUBLIQUE   RUANDA
DÉMOCRATIQUE
DU CONGO

CONGO   BURUNDI

→DJIBOUTI

Mayotte

OCÉAN

ATLANTIQUE

OCÉAN INDIEN

MADAGASCAR

*Île de la
Réunion*

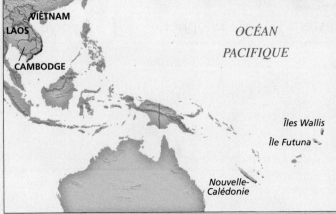

VIÊTNAM

LAOS

OCÉAN

PACIFIQUE

CAMBODGE

Îles Wallis

Île Futuna

*Nouvelle-
Calédonie*

L'alphabet

a *(a)*
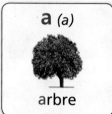
arbre

b *(bé)*

bébé

c *(cé)*

canoë

d *(dé)*

dinosaure

e *(e)*
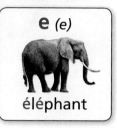
éléphant

f *(effe)*

fromage

g *(gé)*

girafe

h *(ache)*

hippopotame

i *(i)*
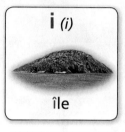
île

j *(ji)*

judo

k *(ka)*

kangourou

l *(elle)*

lampe

m *(emme)*

maïs

n *(enne)*

nez

o *(o)*

olive

p *(pé)*

plante

q *(ku)*

quiche

r *(erre)*
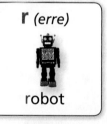
robot

s *(esse)*

stylo

t *(té)*
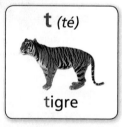
tigre

u *(u)*

uniforme

v *(vé)*
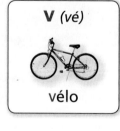
vélo

w *(double vé)*

western

x *(ixe)*

xylophone

y *(i grec)*

yo-yo

z *(zède)*

zèbre

Quelques prénoms français
Common Names

Here are some common names from French-speaking countries.

Prénoms féminins

Amélie	Delphine	Marie
Aminata	Diama	Marion
Anaïs	Élodie	Mathilde
Anne	Émilie	Noémie
Aurélie	Fatima	Océane
Axelle	Florence	Ophélie
Binetou	Inès	Romane
Camille	Jaineba	Solène
Céline	Juliette	Sophie
Coumba	Léa	Yacine

Prénoms masculins

Amadou	Florian	Maxime
Adrien	Guillaume	Nicolas
Alexandre	Habib	Quentin
Ahmed	Hugo	Romain
Baptiste	Julien	Sébastien
Bernard	Laurent	Théo
Christophe	Lucas	Thierry
Clément	Malick	Tristan
Étienne	Mamadou	Valentin
Florent	Mathieu	Youssou

Instructions

Directions

Throughout the book, many activities will have directions in French. Here are some of the directions you'll see, along with their English translations.

Complète… avec un mot/une expression de la boîte.
Complete . . . with a word/an expression from the box.

Complète le paragraphe avec…
Complete the paragraph with . . .

Complète les phrases avec la forme correcte du verbe (entre parenthèses).
Complete the sentences with the correct form of the verb (in parentheses).

Indique si les phrases suivantes sont vraies ou fausses. Si la phrase est fausse, corrige-la.
Indicate if the following sentences are true or false. If the sentence is false, correct it.

Avec un(e) camarade, jouez…
With a classmate, act out . . .

Réponds aux questions suivantes.
Answer the following questions.

Réponds aux questions en utilisant…
Answer the questions using . . .

Complète les phrases suivantes.
Complete the following sentences.

Fais tous les changements nécessaires.
Make all the necessary changes.

Choisis l'image qui convient.
Choose the most appropriate image.

Écoute les phrases et indique si…
Listen to the sentences and indicate if . . .

Utilise les sujets donnés pour décrire…
Use the subjects provided to describe . . .

Écoute les conversations suivantes. Choisis l'image qui correspond à chaque conversation.
Listen to the following conversations. Match each conversation with the appropriate image.

Choisis un mot ou une expression de chaque boîte pour écrire…
Choose a word or expression from each box to write . . .

En groupes de…, discutez…
In groups of . . ., discuss . . .

Demande à ton/ta camarade…
Ask your classmate . . .

Suis l'exemple.
Follow the model.

Échangez les rôles.
Switch roles.

Remets… en ordre.
Put in . . . order.

Regarde les images et dis ce qui se passe.
Look at the images and tell what is happening.

Suggestions pour apprendre le français

Tips for Learning French

Listen

Listen carefully in class and ask questions if you don't understand. You won't be able to understand everything you hear at first, but don't feel frustrated. You are actually absorbing a lot even when you don't realize it.

Visualize

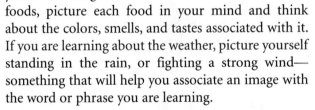

It may help you to visualize the words you are learning. Associate each new word, sentence, or phrase with a mental picture. For example, if you're learning words for foods, picture each food in your mind and think about the colors, smells, and tastes associated with it. If you are learning about the weather, picture yourself standing in the rain, or fighting a strong wind—something that will help you associate an image with the word or phrase you are learning.

Practice

Short, daily practice sessions are more effective than long, once-a-week sessions. Also, try to practice with a friend or a classmate. After all, language is about communication, and it takes two to communicate.

Speak

Practice speaking French aloud every day. Don't be afraid to experiment. Your mistakes will help identify problems, and they will show you important differences in the way English and French work as languages.

Explore

Increase your contact with French outside class in every way you can. Someone living near you might speak French. Surf the Internet for sites in French, as well as TV and radio programs, music videos, and movies. Many magazines and newspapers in French are published and/or sold in the United States and are on the Internet. You can read, watch, or listen to French even if you don't understand every word.

Connect

Making connections between what you learn in other subject areas and what you are learning in your French class will increase your understanding of the new material, help you retain it longer, and enrich your learning experience.

Have fun!

Above all, remember to have fun! Learn as much as you can, because the more you know, the easier it will be for you to relax—and that will make your learning enjoyable and more effective.

Bonne chance! (Good luck!)

Liaison

Première partie

Objectifs

In this section, you will review how to
- ask and give names
- ask and tell how someone is doing
- ask for information
- introduce someone
- ask for and give an opinion
- use the verbs **être** and **avoir**
- use adjectives

Adrien: Salut, Laurie. Ça va?
Laurie: Ça va. Et toi?

Yasmina: Et lui, qui c'est?
Laurie: Kevin Granieri. Il a dix-huit ans. Il est en terminale. Il n'est pas très sympa.

Adrien: Alors, Yasmina, qu'est-ce que tu penses du lycée?
Yasmina: Il est super.

Objectifs
- to ask for information
- to ask for and give an opinion

Vocabulaire à l'œuvre 1

On se présente

Bonjour, monsieur Mercier.

Salut, Marine! Ça va?

Sylvie, je te présente monsieur Dumond. C'est mon prof.

Enchanté.

Enchantée, monsieur.

Comment tu t'appelles?

Je m'appelle Émilie. Et toi?

À tout à l'heure.

À plus tard.

Mon ami(e) est...

Online Practice

my.hrw.com
Vocabulaire 1 practice

Vocabulaire 1

blond — blonde
fort — forte
intelligent — intelligente

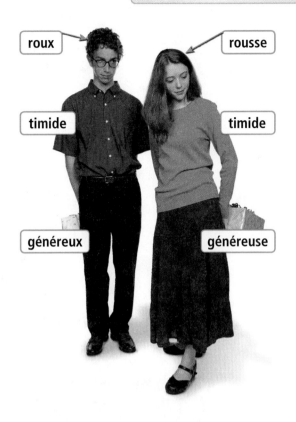

roux — rousse
timide — timide
généreux — généreuse

Exprimons-nous!

To ask for information	To respond
Comment tu t'appelles? *What is your name?*	**Je m'appelle...** *My name is . . .*
Comment il/elle s'appelle? *What is his/her name?*	**Il/Elle s'appelle...** *His/Her name is . . .*
Ça va?/Comment allez-vous? *Are you doing OK?/How are you doing?*	**Ça va (bien)./Plus ou moins./Pas très bien.** *It's going (well)./So-so./Not too well.*
Tu as quel âge?/Il/Elle a quel âge? *How old are you?/How old is he/she?*	**J'ai seize ans./Il/Elle a quatorze ans.** *I am 16 years old./He/She is 14 years old.*
Quelle est ton adresse e-mail? *What is your e-mail address?*	**C'est** a-l-i-c-e **arobase** g-t-h **point** f-r. *It's . . . at . . . dot . . .*
Quel est ton numéro de téléphone? *What is your phone number?*	**C'est** 02.43.66.75.98 *It's . . .*
Comment ça s'écrit...? *How is . . . written/spelled?*	**Ça s'écrit...** *It's written/spelled . . .*

Vocabulaire et grammaire, *pp. 1–4*

Online Workbooks

▶ Vocabulaire supplémentaire—Les mots descriptifs, p. R11

1 Au lycée

Lisons Match the question or statement on the left with the appropriate response.

1. Je te présente Marie.
2. Comment tu t'appelles?
3. Comment allez-vous?
4. Quelle est ton adresse e-mail?
5. Mégane a quel âge?

a. Je m'appelle Mathilde.
b. C'est k-a-r-i-n-e arobase g-m-p point n-e-t.
c. Enchanté.
d. Elle a quatorze ans.
e. Pas très bien.

2 Écoutons

Listen to the following conversations. For each conversation, tell whether the speakers are **a) greeting each other, b) talking about someone's age, c) introducing someone,** or **d) asking how a word is spelled.**

3 De petites conversations

Parlons/Écrivons Create a short conversation for each situation.

1.

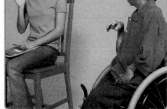

2.

3.

Exprimons-nous!

To ask for an opinion	To give an opinion
Comment est Pierre/Isabelle? **Il/Elle est comment,** Luc/Lise? *What is . . . like?*	**Il/Elle est très marrant(e)/pénible.** *He/She is very funny/annoying.* **Il/Elle n'est ni grand(e) ni petit(e).** *He/She is neither tall nor small.*
Comment sont tes professeurs? *What are . . . like?*	**À mon avis, ils/elles sont assez sympathiques.** *In my opinion, they are quite nice.*
Comment tu trouves David/Yasmina? **Qu'est-ce que tu penses de** ton/ta prof? *What do you think of . . . ?*	**Je le/la trouve gentil(le)/généreux(-euse).** *I think he/she is kind/generous.*

Vocabulaire et grammaire, *pp. 25–27*

4 Philippe et Isabelle

Lisons/Parlons Philippe is introducing himself to Isabelle, a new classmate. Complete Isabelle's part of the conversation.

PHILIPPE   Bonjour. Comment tu t'appelles?

ISABELLE   ____1____.

PHILIPPE   Je m'appelle Philippe.

ISABELLE   ____2____?

PHILIPPE   J'ai quinze ans.

ISABELLE   ____3____?

PHILIPPE   À mon avis, le cours est super!

ISABELLE   ____4____?

PHILIPPE   Mon prof? Je le trouve très gentil.

5 Mon/Ma meilleur(e) ami(e)

Écrivons You're writing to your French e-pal about your best friend. Write a short paragraph telling your best friend's name, his/her age, and giving a description of your friend. Be sure to ask your e-pal about his/her best friend. Finally, say goodbye.

MODÈLE   Salut! Mon/Ma meilleur(e) ami(e) s'appelle...

Digital performance space

Communication

6 Scénario

Parlons Look at the scene below. Take turns with a classmate, asking and telling about these four students. Describe each person in detail.

Grammaire à l'œuvre 1

Grammavision

The verbs *être* and *avoir*

1 The present tense of the verb être is irregular.

être *(to be)*			
je	suis	nous	sommes
tu	es	vous	êtes
il/elle/on	est	ils/elles	sont

Moi, je suis blond.   M. Richard est professeur.

2 The verb avoir also has an irregular conjugation.

avoir *(to have)*			
j'	ai	nous	avons
tu	as	vous	avez
il/elle/on	a	ils/elles	ont

Tu as quel âge?   J'ai douze ans.

3 To say *not, don't,* or *doesn't,* add the word **ne (n')** before the verb and **pas** after the verb.

ne... pas around the verb

Marie et Luc **n'**ont **pas** quinze ans.

Vocabulaire et grammaire, *p. 11; p. 28*
Cahier d'activités, *p. 5; p. 21*

 Online Workbooks

7 **Choisis le bon verbe!**

Lisons Choose the correct form of **être** or **avoir** to complete the following sentences.

1. Lucie (a / as / es / est) très gentille.
2. Je/J'(as / ai / es / suis) quinze ans.
3. Les élèves (ont / avons / sont / êtes) intelligents.
4. Vous ne/n'(ai / avez / êtes / suis) pas d'ordinateurs?
5. Joachim et Guy (ont / a / est / sont) un prof très sympa.
6. Nous (avons / avez / suis / sommes) timides mais marrants.

8 Toujours sympa!

Parlons Claire always says good things about all her friends.
What would she say about the following people?

MODÈLE tu / créatif   **Tu es créatif.**
         Manon / méchante   **Manon n'est pas méchante.**

1. Mélodie / grosse
2. David et toi, vous / intelligents
3. Simon / pénible
4. Sophie / généreuse
5. tu / sympathique
6. Samuel / paresseux

9 On a quoi?

Écrivons Use complete sentences to tell what the following
people have.

> un ordinateur   une télé   une carte
> un lecteur de DVD   un bureau

MODÈLE Le professeur a un bureau.

le professeur

1. mes parents

2. Tristan

3. nous

4. tu

10 Dans mon école

Écrivons Crée des phrases complètes en utilisant un élément
de chaque boîte. Fais tous les changements nécessaires.

Je	(ne/n') avoir (pas)	ordinateur
Nous	(ne/n') être (pas)	gentil(le)(s)
Mon/Ma professeur		pénible(s)
Mon/Ma meilleur(e)		généreux(-euse)
ami(e)		lecteur de DVD
		marrant(e)(s)

Digital
performance space

Communication

11 Scénario

Parlons You and your best friend are in different high schools.
You meet at a café after school. Greet each other and talk about
your new classmates and teachers. Act out this scene for the class.

Adjective agreement

1 To make most adjectives feminine, add **-e** unless it already ends in an unaccented **-e**.

Masculine   Feminine

unaccented -e, no change

jeune   jeune   âgé   *add -e*   âg**é**

2 To form the feminine of adjectives ending in **-eux** or **-if**, make the following spelling changes before adding **-e**.

change -x to -s, then add -e   *change -f to -v, then add -e*

séri**eux**   séri**euse**   sport**if**   sport**ive**

3 Adjectives with endings like the following, have irregular feminine forms.

change -g to -gu, then add -e   *double the final consonant, then add -e*

lon**g**   lon**gue**   bo**n**   bo**nne**

           gro**s**   gro**sse**

change -c to -ch, then add -e

blan**c**   blan**che**   genti**l**   genti**lle**

           migno**n**   migno**nne**

4 Adjectives come after the **noun** unless they describe Beauty, Age, Goodness, or Size (BAGS).

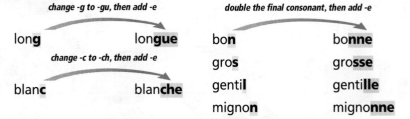

before   *after*

Yannick est un bon ami et un élève sérieux.

5 To make an adjective plural, add **-s** unless it already ends in **-s** (gros).

	MASCULINE	**FEMININE**
SINGULAR	intelligent	intelligente
PLURAL	intelligent**s**	intelligent**es**

6 The indefinite article **des** becomes **de** before adjectives that come before plural nouns.

Est-ce qu'il y a **de jeunes** professeurs dans ton école?

Vocabulaire et grammaire, *pp. 28–29*
Cahier d'activités, *pp. 21–23*

 Online Workbooks

⑫ Écoutons

 Danielle is describing her friends Michèle (a girl) and Michel (a boy). Listen to each sentence and say if Danielle is talking about **a) Michèle, b) Michel,** or **c) if it is impossible to tell.**

13 **Des jumeaux!**

Lisons/Parlons Léo and Léa are twins and are identical in personality and in what they do. Describe Léa based on these statements about Léo.

MODÈLE Léo est roux.
Léa est rousse.

1. Léo est marrant.
2. Léo est génial.
3. Léo n'est pas méchant.
4. Léo est généreux.

5. Léo est un bon élève.
6. Léo est sportif.
7. Léo est assez timide.
8. Léo est mignon.

14 **Mon héros/Mon héroïne**

Écrivons Write a description of your hero including that person's physical and personality characteristics. Use the words in the box to help you think of ways to describe him or her. Use other adjectives if necessary.

cool	généreux	grand	créatif	marrant
mignon	ni... ni...	beau	sportif	sérieux
fort	intelligent	petit	gentil	timide

Digital performance space

Communication

15 **Opinions personnelles**

Parlons With a classmate, take turns describing the kids pictured below and guessing who is being described.

Papoum   Anna   Gwendoline   Christophe   Samuel   Mariana

Liaison
Deuxième partie

Objectifs

In this section, you will review how to
- talk about likes and dislikes
- talk about interests
- talk about the weather
- extend, accept, or refuse an invitation
- make plans
- use the verb **aller** and the **futur proche**
- use contractions with **à** and **de**

Yasmina: Dis, Adrien, on peut se reposer un peu? Je suis crevée.
Adrien: Oui, moi aussi.

Kevin: On peut manger ensemble. Mardi, ça te va?
Yasmina: OK. Ça marche. Voici mon e-mail.

Laurie: C'est quand, ton déjeuner avec Kevin?
Yasmina: Demain. On mange à l'Olivier, à côté du lycée.

Objectifs
• to ask about one's interests
• to make plans

Vocabulaire à l'œuvre 2

Les goûts des jeunes Français

Avec les copains, j'aime…

faire les magasins (m.)

aller au cinéma

voir un film

faire la fête

danser

faire un pique-nique

jouer…

aux cartes (f.)
aux échecs (m.)

D'autres mots utiles

discuter avec des amis	*to talk with friends*	**lire**	*to read*
aller au café	*to go to a café*	**dessiner**	*to draw*
sortir avec des copains	*to go out with friends*	**dormir**	*to sleep*
faire du ski	*to ski*	**faire du vélo**	*to ride a bike*
jouer à des jeux vidéo	*to play video games*	**nager**	*to swim*

J'adore aller...

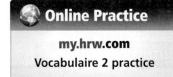

au théâtre/à l'opéra

à la montagne

au lac

à la patinoire

à la mer

à la plage

au cybercafé

D'autres mots utiles

la campagne	*countryside*
le zoo	*zoo*
le stade	*stadium*
le musée	*museum*
le parc	*park*

Exprimons-nous!

To ask about one's interests	To respond
Qu'est-ce que tu aimes faire? *What do you like to do?*	**J'aime bien** danser mais **je préfère** lire. *I really like . . . . but I prefer . . .*
Est-ce que tu joues au basket? *Do you play . . . ?*	Non, **je ne joue pas** au basket. *No, I don't play . . .*
Qu'est-ce que tu fais comme sport? *What sports do you play?*	**Je joue** au volley./**Je ne fais pas de sport.** *I play . . . /I don't play any sports.*
Qu'est-ce que tu fais pour t'amuser? *What do you do for fun?*	**Je fais** du patin à glace et du surf. *I do . . .*
Qu'est-ce que tu fais samedi? *What are you doing on . . . ?*	**Je ne fais rien.** *I'm not doing anything.*
Moi, j'aime la musique moderne. **Et toi?** *I like . . . And you?*	**Moi aussi./Pas moi.** *Me too./Not me.*
Moi, je n'aime pas chanter. **Et toi?** *I don't like to . . . And you?*	**Moi, si. J'adore** chanter./**Moi non plus.** **Je déteste** chanter. *I do. I love . . . /Me neither. I hate . . .*

Vocabulaire et grammaire,
pp. 49–51

Online
Workbooks

▶ Vocabulaire supplémentaire—Les sports et les passe-temps, pp. R11–12

Vocabulaire 2

D'autres mots utiles

Quel temps fait-il?	*What is the weather like?*
Il fait beau.	*It is nice.*
Il fait chaud.	*It's hot.*
Il pleut.	*It's raining.*
Il y a du vent.	*It's windy.*
Il neige.	*It's snowing.*
Il fait froid.	*It's cold.*
Il y a des nuages.	*It's cloudy.*

16 **Écoutons**

Océane and her friends are giving their opinions about things and activities. For each conversation, decide if Océane **a) agrees** or **b) disagrees** with her friend's opinions.

17 **Ça dépend!**

Écrivons Complète ces phrases en disant ce que toi et tes amis, vous aimez ou n'aimez pas faire dans les situations suivantes.

MODÈLE Quand il fait froid, j'aime **aller au café.**

1. Quand il fait beau, j'aime _____
2. Quand il neige, mes amis et moi, nous n'aimons pas _____ .
3. Quand il fait chaud, Magali et Yasmina aiment _____ .
4. Quand il pleut, Antoine et moi, nous aimons _____ .
5. Après les cours, j'aime _____ .
6. Le samedi, mes copains et moi, nous aimons _____ .
7. Quand il y a du vent, je n'aime pas _____ .

Exprimons-nous!

To make plans	To respond
On fait du jogging?/**On va** au lac? *Shall we . . . ?/How about going to . . . ?*	**D'accord./Bonne idée!/Pourquoi pas?** *Okay./Good idea!/Why not?*
Tu as envie de faire du surf aujourd'hui? **Ça te/vous dit de** jouer au tennis? *Do you feel like . . . ?* **Tu viens** au café **avec moi?** *You want to come . . . with me?*	**Je veux bien.** *I would love to.* **Non, j'ai trop de choses à faire.** *I have too many things to do.* **Non, ça ne me dit rien.** *. . . , I don't feel like it.* **Désolé(e), mais je n'ai pas le temps.** *Sorry, but I don't have time.*
Qu'est-ce que tu vas faire s'il pleut? *What are you going to do if . . . ?*	**Je vais** lire. *I am going to . . . /I will . . .*
Avec qui est-ce que tu joues aux cartes? *With whom . . . ?*	**Avec** Lili. *With . . .*
Où est-ce qu'on se retrouve? *Where are we meeting?*	**À** la MJC. *At . . .*
Qu'est-ce qu'on fait mardi? *What are we doing . . . ?*	**On pourrait** aller au café. *We could . . .*
Tu vas faire quoi samedi? *What are you going to do . . . ?*	**Pas grand-chose./Rien de spécial.** *Not much./Nothing special.*

Vocabulaire et grammaire,
pp. 55–57

e Online Workbooks

18 Et toi?

Parlons The student editor for the school's newspaper is interviewing you for an article on popular sports and leisure activities among teens. Answer the following questions.

1. Qu'est-ce que tu vas faire s'il pleut ce week-end?
2. Avec qui est-ce que tu vas au cinéma?
3. Tu aimes jouer à des jeux vidéo?
4. Tu vas faire quoi samedi soir?
5. Moi, j'aime bien aller à l'opéra. Et toi?
6. Où est-ce que tu aimes aller avec tes copains?

19 Ça te dit?

Écrivons Your friend Max invited you to go to the beach Saturday, but you have other plans. Write an e-mail refusing his invitation and telling what you're doing instead and with whom.

Communication

20 Les activités de saison

Parlons With a classmate, create a conversation based on each photo. Take turns telling what the weather is like and extending an invitation to do an activity. Accept or refuse each invitation.

MODÈLE —Il fait froid aujourd'hui. On fait... ?

1.

2.

3.

4.

5.

6.

Grammavision

aller and the *futur proche*

1 Here are the forms of the irregular verb **aller** in the present tense.

aller *(to go)*			
je	vais	nous	allons
tu	vas	vous	allez
il/elle/on	va	ils/elles	vont

—Est-ce que vous **allez** au parc?

—Non, je **vais** au zoo.

2 You can use a form of **aller** plus an **infinitive** to talk about something that is going to happen in the near future **(futur proche).**

Nous **allons étudier** le français. Je ne **vais** pas **jouer** au basket.
We're going to study French. *I'm not going to play basketball.*

Vocabulaire et grammaire, *pp. 58–59*
Cahier d'activités, *pp. 45–47*

21 Qui va où?

Lisons Complète chaque phrase avec la forme qui convient.

1. Juliette et moi, nous (allez / allons) au lac samedi.
2. Est-ce que tu (vas / va) à la bibliothèque ce soir?
3. Les professeurs (va / vont) au théâtre samedi.
4. Pauline et Lucas, vous (allez / vont) au stade?
5. Ma mère (va / vais) travailler au musée.

22 Allons-y!

Lisons/Écrivons Complète chaque phrase avec la forme correcte du verbe **aller.**

1. Nous _____ jouer au volley samedi.
2. Est-ce que vous _____ à la montagne cet été?
3. Tu _____ faire quoi demain?
4. Nicolas _____ au lac dimanche.
5. Charlotte et Lydie _____ au théâtre ce soir.
6. Je _____ étudier à la bibliothèque.

23 Le week-end

Lisons/Parlons These people do the same thing every week. Read what they're doing today and tell what they will do next week.

MODÈLE Je joue aux cartes.
> **Je vais jouer aux cartes.**

1. Je fais du ski à la montagne.
2. Jean regarde la télévision.
3. Marc et Mathieu jouent au foot au stade.
4. Nous allons à la plage.
5. Mon frère danse avec ses copains.
6. Vous étudiez le français.
7. On discute avec des amis.
8. Tu nages à la piscine.

24 Des projets

Écrivons Look at Théo and Thierry's bedrooms. Based on the items in the room, name three activities they're each going to do.

La chambre de Théo

La chambre de Thierry

Digital
performance space

Communication

25 Questions personnelles

Parlons With a classmate, talk about your plans for the weekend. Tell four things that you and your friends are going to do. Invite your classmate to do something with you. Your classmate will accept or refuse. Switch roles.

Contractions with *à* and *de*

1 The preposition **à** usually means *to* or *at*. When followed by the definite articles **le** or **les**, it forms the following contractions:

$$\begin{array}{rcl} à + le & \to & au \\ à + les & \to & aux \end{array}$$

contraction

Je vais **au** cinéma.   Ils parlent **aux** profs.

2 The preposition **de** usually means *from* or *of*. When followed by the definite articles **le** or **les**, it forms the following contractions:

$$\begin{array}{rcl} de + le & \to & du \\ de + les & \to & des \end{array}$$

contraction

Ce sont les vélos **des** élèves?   Voilà le poster **du** film!

3 **À** and **de** do not form contractions with the definite articles **la** or **l'**.

no contraction   *no contraction*

Tu vas **à la** piscine?   →   Non, je reviens **de la** piscine.

Vocabulaire et grammaire, *pp. 22–23*
Cahier d'activités, *pp. 15–17*

26 Fais le bon choix

Lisons Circle the correct form of **à** or **de** in these sentences.

1. Mes amis et moi, nous allons (à la / à l' / au) piscine.
2. Tu aimes aller (à la / au / à l') école?
3. Kevin et Vincent ne jouent pas (aux / au / à la) basket.
4. Le bureau (de l' / des / du) prof est vieux.
5. J'adore jouer (aux / à l' / au) échecs avec mes copains.

27 Tu vas où?

Écrivons Complete the following sentences with the logical place to go with each of these activities.

1. Pour faire les magasins, nous aimons aller _____.
2. Pour faire du théâtre, tu vas _____.
3. Pour jouer au foot, tes amis et toi, vous aimez aller _____.
4. Pour voir un film, ta famille et toi, vous allez _____.
5. Après l'école, tu aimes aller _____ avec tes copains.
6. Pour étudier, les élèves de ton lycée vont _____.

28 Des projets de week-end

Parlons Look at the following pictures and tell what these people are going to do this weekend.

1. Olivier

2. mon frère et moi

3. vous

4. tu

5. les Renaud

6. je

29 Invente!

Écrivons Utilise un élément de chaque boîte pour créer des phrases complètes. Fais tous les changements nécessaires.

Ce	(ne/n') aller (pas)	le DVD	à	le zoo
Je	(ne/n') être (pas)	le baladeur	de	les filles
Mes copains et moi		la télé		Mlle Girard
Mon/Ma meilleur(e) ami(e)		les livres		l'amie d'Amélie
				le parc
				la plage
				les profs

Communication

30 Préférences personnelles

Parlons With a classmate, take turns discussing what activities you like to do on the weekends and the different places in town where you like to go to do these activites.

MODÈLE —Le samedi matin, j'aime aller... Et toi?
—Mes amis et moi, nous allons... le samedi matin.

Liaison
Troisième partie

Objectifs

In this section, you will review how to
- talk about school supplies and classes
- tell time
- describe and talk about family relationships
- use possessive adjectives
- use regular **-er** and **-re** verbs in the present

Adrien: Kevin! Quelle surprise! Dis, on a trouvé ce cahier dans un café près du lycée. Il est à toi?
Kevin: Oui, c'est mon cahier de géo. Je l'ai perdu hier.

Yasmina: Tu as des sœurs et des frères?
Adrien: J'ai un frère. Il s'appelle Tristan.

Adrien: Et ça, c'est ma mère. Elle est très sportive.

Objectifs
- to ask about school and classes
- to ask about family

Vocabulaire
à l'œuvre **3**

Les fournitures scolaires

un stylo

un sac (à dos)

un dictionnaire

une trousse

un livre

des cahiers (m.)

des feuilles (f.)
de papier

des classeurs (m.)

une calculatrice

une règle

une gomme

un crayon

un taille-crayon

Quelle heure est-il? Il est...

une heure

2:00	2:10	2:15
deux heures	deux heures dix	deux heures et quart

2:30	2:40	2:45
deux heures et demie	trois heures moins vingt	trois heures moins le quart

12:00 PM	12:00 AM
midi	minuit

Quel jour tu as...?

EMPLOI DU TEMPS

	LUNDI	MARDI
8h00	Anglais	Biologie
9h00	Maths	Allemand
10h00	Récréation	Récréation
10h15	Histoire	Physique
11h15	Informatique	
12h15	**Déjeuner**	**Déjeuner**
14h00	Arts plastiques	Chimie
15h00	Chimie	Français
16h00	Récréation	**Sortie**
16h15	Français	
17h15	**Sortie**	

Exprimons-nous!

To ask about school and classes	To respond
Quand est-ce que tu as maths? *When do you have . . . ?* **Tu as quel cours** à neuf heures? *What class do you have . . . ?*	J'ai maths **le lundi, le mercredi** et **le vendredi.** *. . . on Mondays, Wednesdays . . . Fridays.* **J'ai** anglais **à** neuf heures. *I have . . . at . . .*
Comment est ton cours de maths? *What's your . . . class like?*	**Il est difficile/facile/ennuyeux.** *It's hard/easy/boring.* **D'après moi, c'est intéressant/fascinant.** *In my opinion, it's interesting/fascinating.*
Ça te plaît, l'informatique? *Do you like . . . ?*	**Je trouve ça** génial./**Ça me plaît beaucoup!** *I think it's . . . /I like it a lot!*
De quoi tu as besoin? *What do you need?* **Qu'est-ce qu'il te faut pour** les maths? *What do you need for . . . ?*	**J'ai besoin de** trois cahiers. **Il me faut** une règle. *I need . . .*

Vocabulaire et grammaire, *pp. 37–39*

Online Workbooks

▶ Vocabulaire supplémentaire—Les matières, p. R10

Vocabulaire 3

31 Écoutons

Émilie parle de ses cours avec son ami Maurice. Est-ce qu'Émilie a les cours suivants **a) le matin** ou **b) l'après-midi?**

1. l'histoire
2. les mathématiques
3. l'anglais
4. l'informatique
5. la géographie
6. les arts plastiques

32 Qu'est-ce qu'ils en pensent?

Écrivons/Parlons Tell what the students below might say about their classes.

1.   2.   3.

4.   5.   6.

Exprimons-nous!

To ask about family	To respond
Vous êtes combien dans ta famille? *How many people are there in your family?*	**Nous sommes** cinq. *There are . . . of us.*
Tu as combien de sœurs? *How many . . . do you have?*	**J'ai** deux sœurs **et** un demi-frère. *I have . . . and . . .*
Tu as des frères et des sœurs? *Do you have brothers and sisters?*	**Non, je suis fils/fille unique.** *No, I am an only child.* **Je n'ai pas de** frère **mais** j'ai une sœur. *I don't have any . . . but . . .*
Tu as un animal domestique? *Do you have a pet?*	**J'ai un chat/un chien.** *I have a cat/a dog.*

Vocabulaire et grammaire, *pp. 31–33*

 Online Workbooks

▶ **Vocabulaire supplémentaire—La famille, p. R9**

33 Écoutons

Clothilde décrit sa famille. Regarde l'arbre généalogique *(family tree)* et décide si les phrases sont **a) vraies** ou **b) fausses.**

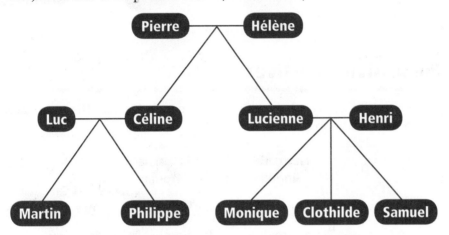

34 La famille de Clothilde

Écrivons Refer to Clothilde's family tree in Activity 33 and answer the following questions.

1. Qui est le frère de Martin?
2. Qui est la sœur de Clothilde?
3. Comment s'appelle le fils de Lucienne et d'Henri?
4. Qui est la mère de Céline et de Lucienne?
5. Qui est le cousin de Martin?
6. Comment s'appellent les cousines de Philippe?
7. Qui est le mari de Céline?
8. Qui est l'oncle de Clothilde?

Digital **performance space**

Communication

35 Interview

Parlons With a classmate, take turns asking each other the following questions about your family and school life.

1. Vous êtes combien dans ta famille?
2. Tu as des frères ou des sœurs? Combien?
3. Tu as un animal domestique?
4. Quand est-ce que tu as chimie? Et anglais?
5. Ça te plaît, les arts plastiques?
6. Comment sont tes cours d'anglais et de maths?

DVD
Grammavision

Possessive adjectives

1 Possessive adjectives show ownership or relationship. They are placed before the noun.

	MASCULINE Singular	**FEMININE** Singular	**PLURAL**
je	mon livre	ma chambre	mes livres
tu	ton livre	ta chambre	tes livres
il/elle	son livre	sa chambre	ses livres
nous	notre livre	notre chambre	nos livres
vous	votre livre	votre chambre	vos livres
ils/elles	leur livre	leur chambre	leurs livres

En anglais

In English, the possessive adjectives *his* and *her* tell the gender of the owner.

Mary lives with her uncle.

John visits his grand-mother.

Can you think of another way to express pos-session in English that doesn't use a possessive adjective?

In French, however, the possessive adjectives do not tell the gender of the owner.

2 While possessive adjectives stand for the owner, their form agrees in gender and number with the noun that comes after them. For feminine singular nouns that begin with a vowel, use the masculine singular form of the possessive adjective.

stands for   *agrees grammatically with*

Martin habite avec sa tante.

3 Possessive adjectives can take the place of a phrase with de + person.

Claude est américain, mais **la mère** de Claude est de Montréal.

Claude est américain, mais **sa mère** est de Montréal.

Vocabulaire et grammaire, *pp. 34–35*
Cahier d'activités, *pp. 25–27*

 Online Workbooks

36 C'est à qui?

Lisons Circle the appropriate possessive adjective to reflect the description.

1. Le ballon des garçons: C'est (leurs / leur / notre) ballon.
2. La sœur de Pascal: C'est (son / sa / ses) sœur.
3. La prof de mes amis et moi: C'est (nos / notre / leur) prof.
4. L'amie de Félix: C'est (son / sa / ta) amie.
5. Les cahiers des élèves: Ce sont (leur / leurs / ses) cahiers.

37 Écoutons

Denise and Christophe are showing each other family photos. Tell whether each statement refers to someone in **a) Denise's family** or **b) Christophe's family.**

38 C'est à moi!

Parlons Read the sentences and fill in the blank with the correct possessive adjective: **mon, ma,** or **mes.**

1. _____ chiens sont très marrants!

2. Daniel, tu as _____ stylo?

3. _____ amie, Cosette, est intelligente et gentille!

4. Où est _____ trousse?

5. Dorian et Kyle sont _____ oncles.

6. _____ sœur est un peu timide et très pénible!

7. J'aime bien _____ cours de chimie. C'est fascinant!

39 Dans leur famille

Lisons/Écrivons Dina and Fatou are talking about their friend Seydou's family. Fill in the blanks with the correct possessive adjective.

—Fatou, la famille de Seydou est très grande. Ils sont combien dans ___1___ famille?

—Oui, tu as raison! Ils sont dix: ___2___ père, ___3___ mère, ___4___ trois petites sœurs, ___5___ quatre grands frères, et Seydou, bien sûr.

—Et toi, Dina? Vous êtes combien dans ___6___ famille?

—Nous sommes quatre: ___7___ parents, ___8___ grande sœur, et moi.

—Quel âge a ___9___ sœur?

—Elle a dix-huit ans.

Digital
performance space

40 Informations personnelles

Parlons With a classmate, take turns describing different members in your family. Also, tell what each person likes or doesn't like to do in their leisure time (**les passe-temps**).

MODÈLE —Vous êtes combien dans ta famille?
—Nous sommes…

The present tense of *-er* and *-re* verbs

1 Here's how to conjugate regular **-er** or **-re** verbs in the present tense.

	aimer *(to like)*	vendre *(to sell)*
je/j'	aim**e**	vend**s**
tu	aim**es** *same ending*	vend**s**
il/elle/on	aim**e**	vend ← *no ending*
nous	aim**ons**	vend**ons**
vous	aim**ez**	vend**ez**
ils/elles	aim**ent**	vend**ent**

2 Some **-er** verbs have spelling changes when conjugated.

Other spelling change verbs:

voyager, nager, jeter, déranger, répéter, encourager, acheter, lancer, remplacer

	e or é to è	**l to ll**	**c to ç**	**g to ge**
	pré**fé**rer	appe**l**er	commen**c**er	man**g**er
je/j'	préf**è**re	appe**ll**e	commence	mange
tu	préf**è**res	appe**ll**es	commences	manges
il/elle/on	préf**è**re	appe**ll**e	commence	mange
nous	préf**é**rons	appelons	commen**ç**ons	man**ge**ons
vous	préf**é**rez	appelez	commencez	mangez
ils/elles	préf**è**rent	appe**ll**ent	commencent	mangent

3 A conjugated form of **aimer** or **préférer** can be followed by an **infinitive** to say what you or others like or prefer *to do*.

conjugated — *infinitive*
Elle **aime lire**.

conjugated — *infinitive*
Vous **préférez travailler**?

Vocabulaire et grammaire, pp. 40–41
Cahier d'activités, pp. 31–33

Online Workbooks

41 **Le week-end**

Lisons Géraldine is telling her grandmother what she and her friends do. Complete her statements by matching elements from the two columns.

1. Mes amis et moi, nous
2. Moi, je
3. Et Eva,
4. Samuel et Anna
5. Tu

a. préfères lire un magazine.
b. elle achète des CD.
c. vendent des tee-shirts.
d. travaille au centre commercial.
e. commençons notre cours à 9h.

42 **Écoutons**

Félix is talking to his friends on his cell phone but the signal is not very good. For each sentence you hear, write the missing subject pronoun.

43 **À remplir**

Écrivons Complète les phrases avec les formes correctes des verbes entre parenthèses.

1. Nous _____ (encourager) les élèves à parler français.

2. Maxence _____ (attendre) le bus pour aller à l'école.

3. Léo et Frédéric _____ (commencer) leurs cours lundi.

4. J'_____ (acheter) des DVD.

5. Les élèves _____ (répéter) les questions.

6. Il ne _____ (jeter) jamais ses vieux livres.

44 **Ils font quoi?**

Parlons/Écrivons Look at the following photos and describe what these people are doing.

1. nous

2. je

3. Hervé

4. Luc et Isabelle

5. vous

6. Marie et ses amies

Digital **performance space**

Communication

45 **Scénario**

Parlons Work with a classmate to create a conversation using as many of the expressions from the box below as you can. Be creative! Act out your conversations for the rest of the class.

ami(e)	voyager	parents	chien
pénible	commencer	sympa	vendredi
déranger	prof	téléphoner	perdre

Le monde francophone

✳ Naffisatou
Dakar, Sénégal

Est-ce que tu peux décrire qui tu es?

Oui, je suis grande, intelligente et plutôt marrante.

Qu'est-ce que tu aimes faire pour t'amuser?

J'aime aller au cinéma et dessiner. J'adore aussi surfer sur Internet!

Comment s'appellent tes amis?

Ma meilleure amie s'appelle Aminata. Mes autres amis sont Yasmina, Ousmane et Hugo.

Comment est ta meilleure amie?

Elle est petite et brune. Elle a de grands yeux marron. Elle est aussi très intelligente et un peu timide. Elle est très sportive.

Qu'est-ce qu'elle aime?

Elle aime faire les magasins et elle aime jouer au football et au tennis. Elle adore le chocolat, comme moi.

Julien
Québec, Canada

Qu'est-ce que tu fais quand il fait beau?

Quand il fait beau, j'aime aller à la piscine. J'aime aussi faire du foot.

Et quand il fait froid, qu'est-ce que tu fais?

J'aime jouer au hockey et faire du ski à la montagne.

Avec qui?

Je fais du ski avec mon frère et ma sœur. Je joue au foot et au hockey avec mes copains.

Qu'est-ce que tu détestes?

Je déteste le football américain.

Est-ce que tu aimes lire?

Oui, j'adore lire des BD et des romans de science-fiction.

AS-TU COMPRIS?

1. Comment est Naffisatou?
2. Comment est la meilleure amie de Naffisatou?
3. Qu'est-ce qu'Aminata aime faire?
4. Qu'est-ce que Julien aime faire quand il fait beau? Quand il fait froid?
5. Qu'est-ce que Julien déteste?
6. Qu'est-ce que Julien aime lire?

ET TOI?

1. Quelle est ton activité préférée?
2. Qu'est-ce que tu aimes faire quand il fait beau?
3. Est-ce que tu es plus comme Julien ou comme Naffisatou?
4. Qu'est-ce que tu aimes faire avec tes ami(e)s?
5. Comment s'appellent tes ami(e)s?
6. Comment sont tes ami(e)s?

Qui es-tu?
Réponds aux questions suivantes.

Première PARTIE

1 Comment tu t'appelles? Tu as quel âge?

2 Comment s'appelle ton/ta professeur de français?

3 Ça s'écrit comment, ton nom de famille?

4 Quelle est ton adresse e-mail?

5 Quel est ton numéro de téléphone?

6 Comment est ton/ta meilleur(e) ami(e)?

7 Comment sont tes professeurs?

Deuxième PARTIE

8 Est-ce que tu fais du sport?

9 Qu'est-ce que tu aimes faire? Et tes copains?

10 Où est-ce que tu aimes aller le week-end?

11 Tu préfères surfer sur Internet ou regarder la télé?

12 Qu'est-ce que tu aimes faire quand il fait beau?

13 Tes copains et toi, qu'est-ce que vous faites quand il fait mauvais?

14 Tu vas faire quoi demain soir?

15 Ça te dit d'aller au café?

Troisième PARTIE

16 Qu'est-ce qu'il te faut pour ton cours de maths?

17 Quel jour est-ce que tu as EPS?

18 À quelle heure est-ce que tu as anglais?

19 Ça te plaît l'histoire?

20 Comment tu trouves le français?

21 À quelle heure commencent tes cours le lundi?

22 Vous êtes combien dans ta famille?

23 Tu as des frères ou des sœurs?

24 Comment sont tes grands-parents?

25 Est-ce que tu réponds souvent aux questions des professeurs?

26 Qu'est-ce que ta famille aime faire le week-end?

INTERVIEW

27 Ask a classmate questions 4, 6, 9, 14, 19, 22, and 24. Write his/her responses to your questions and report them to the rest of your class.

6

Bon appétit!

Objectifs

In this chapter, you will learn to
- offer, accept, and refuse food
- ask for and give an opinion
- inquire about food and place an order
- ask about prices and pay the check

And you will use
- the partitive
- **-ir** verbs
- the verb **vouloir**
- the verb **prendre**
- the imperative
- the verb **boire**

▶ *Que vois-tu sur la photo?*

Où sont ces personnes?

À ton avis, qu'est-ce qu'elles aiment manger?

Et toi, est-ce que tu aimes manger au restaurant?

Une crêperie, à Rennes

Objectifs
- to offer, accept, and refuse food
- to ask for and give an opinion

Vocabulaire
à l'œuvre 1

Télé-vocab

Au petit-déjeuner à Rennes

Je prends...

Online Practice

my.hrw.com
Vocabulaire 1 practice

un pamplemousse

du jus d'orange du jus de pomme un café (au lait) une banane

On met le couvert!

le verre la tasse le bol le poivre

le sel

la fourchette

l'assiette (f.)

la serviette la nappe

la cuillère le couteau

Exprimons-nous!

To offer food	To accept or refuse
Qu'est-ce que tu veux prendre/ manger/boire? *What do you want to have/eat/drink?*	**J'aimerais** un croissant/un jus de pomme. *I'd like . . .*
Tu veux/Vous voulez une banane/un café? *Do you want . . . ?*	**Oui, je veux bien. J'ai faim/soif.** *Yes, please. I'm hungry/thirsty.*
Encore/Tu reprends des toasts? *More/Do you want more . . . ?*	**Oui, s'il vous/te plaît.** *Yes, please.*
	Non, merci./Non, ça va. *No, thank you./No, I'm fine.*
	Non, je n'ai plus faim/soif. *No, I'm not hungry/thirsty anymore.*

Vocabulaire et grammaire, pp. 61–63

Online Workbooks

▶ Vocabulaire supplémentaire—Les fruits et les légumes, p. R10

❶ Écoutons

Dans la famille de Frédérique, chacun mange quelque chose de différent au petit-déjeuner. Choisis l'image qui correspond à ce que chaque personne mange.

a.   b.   c.   d.   e.

❷ Au petit-déjeuner

Lisons Choisis la conclusion logique pour compléter les phrases.

1. Qu'est-ce que	a. des œufs?
2. Tu aimes	b. je n'ai plus faim.
3. Encore	c. les croissants?
4. Je veux boire	d. tu veux boire?
5. Non merci,	e. du café au lait.

❸ Logique ou pas?

Lisons/Écrivons Indique si les phrases suivantes sont **a) logiques** ou **b) illogiques.** Corrige les phrases illogiques.

1. Mégane met *(puts)* du jus d'orange dans ses céréales.
2. Le café au lait est dans l'assiette.
3. Je mange une tartine avec de la confiture.
4. On prend du jus de pomme au petit-déjeuner.
5. Je mange mes céréales avec une fourchette.

❹ Il faut…

Parlons Maëlle a invité trois copains à dîner. Elle doit mettre le couvert pour quatre personnes. De quoi est-ce qu'elle a encore besoin?

MODÈLE Maëlle a besoin de deux bols…

Exprimons-nous!

To ask for an opinion	To give an opinion
Il/Elle est bon/bonne, le croissant/la baguette? *Is the . . . good?*	Non, **il/elle est vraiment mauvais(e).** *No, it's really bad.*
	Oui, **délicieux/délicieuse!** *Yes, delicious!*
Il/Elle est comment, le café/la confiture? *How's the . . . ?*	**Excellent(e)!/Pas mauvais(e).** *Excellent!/Not bad.*
Comment tu trouves le café/la tartine? *How do you like . . . ?*	**Pas bon/bonne du tout!** *Not good at all!*

Vocabulaire et grammaire, *pp. 61–63*

 Online Workbooks

5 On mange!

Écrivons Ta copine Aurélie t'offre à manger. Réponds à ses questions d'une façon logique.

> AURÉLIE Tu as faim?
>
> TOI Oui, _____
>
> AURÉLIE Qu'est-ce que tu veux manger?
>
> TOI _____
>
> AURÉLIE Tu veux boire du chocolat chaud?
>
> TOI Oui, _____
>
> AURÉLIE Il est comment, le chocolat chaud?
>
> TOI _____
>
> AURÉLIE Tu veux encore des toasts?
>
> TOI Non, _____

À la francophone

French speakers tend to use understatement *(la litote)* a lot. For instance, if the food is bad, they might say *C'est pas terrible. (It's not great.)* Similarly, rather than saying that something is good, they would say *C'est pas mauvais.*

Communication

Digital **performance space**

6 Scénario

Parlons Tu as préparé le petit-déjeuner pour tes parents. D'abord, offre-leur quelque chose. Puis, demande leur opinion de chaque plat *(dish)*. Joue cette scène avec deux camarades.

MODÈLE —**Tu veux un croissant, papa?**
　　　　　—**Oui, je veux bien…**

7 Questions personnelles

Parlons Demande à un(e) camarade ce qu'il/elle aime prendre au petit-déjeuner et s'il/elle préfère un petit-déjeuner américain ou français.

Grammavision

The partitive

1 To say that you want *part of* or *some of* an item, use **de** with the definite article that goes with the item. This is called the **partitive**.

MASCULINE SINGULAR	FEMININE SINGULAR	SINGULAR NOUN BEGINNING WITH A VOWEL	PLURAL
du bacon	**de la** confiture	**de l'**omelette	**des** céréales

Tu veux **du** beurre?	*Do you want some butter?*
Je veux **des** œufs.	*I want some eggs.*

2 In French, you always need to include the article, even though it is omitted in some cases in English.

Je prends **des** toasts et **de la** confiture.

I'm having toast and jam. (some is implied and can be omitted)

3 To say that you want a whole item (or several whole items), use the indefinite articles **un, une,** and **des.** Remember that in a negative sentence, **un, une,** and **des** become **de.**

Je veux **un** croissant.	*I want a croissant.*
Je ne veux pas **de** croissant.	*I don't want a croissant.*

Vocabulaire et grammaire, *pp. 64–65*
Cahier d'activités, *pp. 51–53*

 Online Workbooks

Déjà vu!

Do you remember how to form contractions with **de** and the definite articles?

de + le → du
de + la → de la *(no change)*
de + l' → de l' *(no change)*
de + les → des

8 **Tu aimes quoi?**

Lisons Géraldine et ses amis parlent de ce qu'ils préfèrent. Choisis l'article indéfini ou le partitif qui convient.

1. Moi, j'aime prendre (une / du) tartine et (un / une) chocolat chaud le matin.

2. Nathan aime manger (de la / des) œufs et (du / de la) bacon mais moi, je préfère manger (un / des) céréales.

3. Gabriel aime prendre (un / une) croissant et (de la / un) café au lait.

4. Lola préfère (du / de la) lait et (un / une) toast avec (du / de la) beurre.

5. Aïcha prend rarement (un / une) banane ou (de la / du) jus de pomme.

Grammaire 1

⑨ Qu'est-ce que tu prends?

Lisons/Écrivons Maeva et Michel parlent de ce qu'ils vont manger au petit-déjeuner. Complète leur conversation avec **du, de l', de la, un, une** ou **des.**

MAEVA   Michel, qu'est-ce que tu veux manger?

MICHEL   J'aimerais ___1___ œufs avec ___2___ bacon
et ___3___ chocolat chaud. Et toi? Qu'est-ce que
tu veux manger?

MAEVA   J'aimerais ___4___ céréales avec ___5___ banane
et ___6___ lait.

MICHEL   Oh, j'aimerais ___7___ beurre aussi, pour la baguette.

MAEVA   Et moi, j'aimerais aussi ___8___ croissant!

⑩ On petit-déjeune!

Écrivons/Parlons Mathilde a très faim! Regarde l'illustration et décris ce qu'elle va manger. Utilise le partitif ou l'article indéfini.

Entre copains

bouffer	*to eat*
la malbouffe	*junk food*
avoir la dalle	*to be hungry*
crever de faim	*to be starving*
crever de soif	*to be very thirsty*

⑪ Chez moi, on...

Écrivons Ton ami français, Hervé, veut savoir ce que ta famille aime manger au petit-déjeuner. Écris-lui un e-mail pour dire ce que chaque membre de ta famille aime manger ou boire.

Digital performance space

Communication

⑫ Questions personnelles

Parlons Demande à un/une camarade de classe s'il/elle mange ces aliments *(foods)* souvent, de temps en temps, jamais ou rarement. Fais attention aux articles! Ensuite, échangez les rôles.

chocolat	croissants	baguette	toasts
céréales	bacon	pamplemousse	banane

MODÈLE —**Tu manges souvent des croissants?...**

-ir verbs

You've already learned about **-er** and **-re** verbs. A third category of verbs ends in **-ir**. These are the forms of regular **-ir** verbs.

finir *(to finish)*			
je **finis**		nous	**finissons**
tu **finis**		vous	**finissez**
il/elle/on **finit**		ils/elles	**finissent**

More regular **-ir** verbs:

choisir	*to choose*
grossir	*to gain weight*
maigrir	*to lose weight*
grandir	*to grow*
réussir (à)	*to pass, to succeed*

Éliane **finit** ses devoirs.

Ils **grossissent** parce qu'ils mangent beaucoup.

Vocabulaire et grammaire, *pp. 64–65*
Cahier d'activités, *pp. 51–53*

13 Une interview

Lisons Complète les phrases suivantes avec la forme appropriée du verbe **finir**.

SONIA À quelle heure est-ce que tu (finit / finis) ton petit-déjeuner, d'habitude?

SERGE Mes sœurs et moi, nous (finissons / finissent) notre petit-déjeuner à sept heures. Et toi et Alex, Océane?

OCÉANE Je (finis / finit) vers huit heures. Alex (finissent / finit) son petit-déjeuner tôt! Il joue au tennis à six heures.

SONIA Et vous, Martin et Flore, vous (finis / finissez) votre petit-déjeuner à quelle heure?

FLORE Nous (finissent / finissons) notre petit-déjeuner vers sept heures et demie.

14 Écoutons

Marie-Line fait un sondage pour le journal du club de français. Choisis l'image qui correspond à chaque conversation.

a.

b.

c.

d.

e.

f.

15 Qu'est-ce qu'on fait?

Lisons/Écrivons Complète les phrases suivantes avec la forme appropriée d'un verbe en **-ir**.

1. Je _____ mes devoirs et puis *(then)* je regarde la télé.

2. Tu _____ parce que tu manges souvent de la glace.

3. Est-ce que Sylvie _____ toujours *(always)* à ses examens?

4. En général, quand vous allez au café, qu'est-ce que vous _____? Un café ou un chocolat chaud?

5. Elles _____ parce qu'elles mangent beaucoup de salade.

6. Ils _____ leur match de football à dix heures.

7. Nous _____ si *(if)* nous ne faisons pas souvent de jogging.

8. Marion _____ quand elle fait de l'aérobic.

16 Faisons des phrases!

Écrivons Utilise un élément de chaque colonne pour écrire des phrases complètes. Fais tous les changements nécessaires.

MODÈLE Vous finissez vos devoirs?

Mes parents	grossir	le lait
Je	finir	le petit-déjeuner
Vous	choisir	manger beaucoup
Mon copain	réussir à	les croissants
Mes copains et moi		les devoirs
		les examens

Digital **performance space**

Communication

17 Questions personnelles

Parlons Pose les questions suivantes à un(e) camarade de classe. Puis, échangez les rôles.

1. D'habitude, tu choisis un petit-déjeuner américain ou français?

2. À quelle heure est-ce que ta famille finit le petit-déjeuner?

3. En général, jusqu'à *(until)* quel âge est-ce qu'on grandit?

4. Est-ce que tu finis toujours tes devoirs?

5. À quelle heure finissent tes cours?

6. Est-ce que tu réussis toujours à tes examens?

Grammaire 1

Application 1

18 Écoutons

Écoute chaque conversation et choisis l'image qui correspond.

a.   b.   c.   d.   e.

19 Qu'est-ce que vous mangez?

Écrivons Une nutritionniste pose des questions à Zacharie. Complète leur conversation avec l'article indéfini ou le partitif.

—D'habitude, est-ce que tu manges ____1____ céréales le matin?

—Non, je préfère manger ____2____ pamplemousse ou ____3____ banane et je prends ____4____ lait.

—Est-ce que tu manges souvent ____5____ bacon?

—Non, rarement. Mais je mange ____6____ œufs de temps en temps.

—Bon, tu manges très bien!

Un peu plus _____

The verb *vouloir*

1. The verb **vouloir** *(to want)* is irregular. Here are its forms.

je **veux**	nous **voulons**
tu **veux**	vous **voulez**
il/elle/on **veut**	ils/elles **veulent**

Vous **voulez** du chocolat?

Je **veux** dîner au restaurant.

2. Je voudrais *(I would like)* is a more polite form of **je veux**.

Je voudrais un steak-frites, s'il vous plaît.

Vocabulaire et grammaire, *p. 66*
Cahier d'activités, *pp. 51–53*

Application 1

20 L'e-mail de Sofiane

Lisons/Écrivons Lis le message que Sofiane écrit à sa cousine. Puis, complète son message avec les formes appropriées du verbe **vouloir**.

> *Salut Nicole!*
> *Qu'est-ce que tu ___1___ faire demain? Moi, je ___2___ aller voir*
> *un film français, mais Élise et Léa ___3___ voir le nouveau film*
> *américain de Tom Hanks. Nous ___4___ manger au restaurant*
> *après le film. Tu ___5___ venir au Café de l'horloge avec nous?*
> *À demain!*
> *Sofiane*

21 On veut…

Écrivons Suivant *(Following)* le modèle de Sofiane de l'activité 20, écris une note à un(e) ami(e) pour dire ce que toi et tes amis, vous voulez faire pendant le week-end.

Digital
performance space

Communication

22 Scénario

Parlons Tu es au Café St Valentin avec trois amis. Dites ce que vous pensez de chaque plat *(dish)*.

MODÈLE À mon avis, le croissant est délicieux!

Café St Valentin
Petit-déjeuner 7h00 à 10h00
Jus d'orange, Café, Thé ou Chocolat,
Croissant, Beurre, Confiture, Brioche,
Oeufs au choix, Yaourt
5,50€

L'Ouest de la France

Petits gâteaux dans une pâtisserie

Culture appliquée

La tarte

La tarte est un dessert typiquement français. Elle est composée d'une garniture[1] de fruits cuite au four[2] dans une pâte[3]. On peut aussi faire des tartes avec des légumes, et surtout avec des oignons. La tarte est alors servie en entrée ou en plat principal. Certaines tartes, comme la tarte Tatin, sont très connues.

1. filling   **2.** baked   **3.** crust

Faisons une tarte!

Pie crust
Ingredients

1 cup flour
1 stick of butter
1/2 cup sugar
1 egg

Step 3 Spread the dough into a pie dish.

Step 4 Bake the crust with or without fruit in a 375° oven for 25 minutes. See the chart below for advice about fruit toppings.

Step 1 Put the flour and sugar in a bowl. Add the egg.

Step 2 Melt the butter. Pour the butter into the bowl. Mix all the ingredients with a spoon until it forms a ball.

Ideas for fruit toppings	
To bake with the crust:	To add after baking the crust:
apples	strawberries
pears	blueberries
apricots	blackberries

 Recherches Quelle est l'histoire de la tarte Tatin? Pourquoi est-ce qu'elle est différente des autres tartes?

Comparaisons

Repas en famille

À table!

En France, tu es invité(e) à dîner chez ton copain Hugo. Il y a une salade verte sur la table. Au début du repas[1], tu prends de la salade mais tu es le(la) seul(e)[2] à le faire. Pourquoi?

a. La salade est une simple décoration et on ne la mange pas.

b. Tu dois attendre que la mère de Hugo te serve[3].

c. On mange la salade après le plat principal.

A formal French meal is very structured. The whole family and the guests usually sit at one table. A typical menu will include **hors-d'œuvre/entrée** (appetizer), **plat principal avec des légumes, salade, fromages, dessert,** and **café.** Salad is usually eaten after the main course and sometimes with cheese. Cheese is considered a real course, and several kinds are offered on a platter. Coffee is never drunk with a meal but is served afterwards. Each course is usually brought in order and passed around the table. Be prepared for a leisurely dinner!

ET TOI?

1. How many courses are served during a formal American dinner? Compare it to a formal French one.

2. Is cheese commonly served at dinner in the U.S.?

Communauté

Des desserts

Can you think of a typical American dessert? A dessert from your area? Research the history of this dessert at the library or on the Internet. Where does it come from? Where can you buy it today? With friends or classmates, try to find the recipe and make the dessert together.

1. at the beginning of the meal   2. you're the only one
3. for his mother to serve you

Un banana split

Vocabulaire
à l'œuvre **2**

DVD

Télé-vocab

Au café à Rennes

le sandwich au saucisson

la tarte aux fruits

le sandwich au jambon

l'omelette (f.)

la limonade

le croque-monsieur

le coca

l'eau (f.) minérale

la pizza

le sandwich au fromage

la quiche

Chapitre 6 • Bon appétit!

Vous avez choisi?

le poulet

le poisson

le porc

la salade

les pâtes (f.)

les légumes

le steak

le riz

le pain

D'autres mots utiles

saignant(e)	*rare*
à point	*medium*
bien cuit(e)	*well-done*
la grenadine	*water with pomegranate syrup*
le sirop de menthe	*water with mint syrup*
le déjeuner	*lunch*
le dîner	*dinner*
le repas	*meal*

Exprimons-nous!

To inquire about food and place an order

La carte, s'il vous plaît! *The menu, . . . !*	**Un moment,** s'il vous plaît. *One moment, . . .*
Qu'est-ce que vous me conseillez? *What do you recommend?*	**Je vous conseille/recommande** le steak-frites. *I recommend . . .*
Qu'est-ce que vous avez comme boissons? *What types of drinks do you have?*	**On a/Nous avons** du coca et du jus de pomme. *We have . . .*
Je voudrais/vais prendre le poisson. *I'd like/I'll have . . .*	**Vous désirez autre chose?** *Would you like anything else?*
Donnez-moi le poisson, s'il vous plaît. *Give me/I'll have the . . .*	

Vocabulaire et grammaire, *pp. 67–69*

Online Workbooks

▶ Vocabulaire supplémentaire—La nourriture, p. R11

23 **Écoutons**

Tu es au restaurant **L'Escargot Bleu.** Écoute les phrases et décide qui parle, **a) le serveur/la serveuse** ou **b) le client/la cliente.**

24 **Tout a l'air bon!**

Lisons/Écrivons Nathalie est au restaurant **Margolis.** Complète cette conversation à l'aide des images.

—Qu'est-ce que vous me conseillez?

—Le  est excellent!

—Non... je n'ai pas envie. Il est comment, le  ?

—Il n'est pas mauvais, mais le rôti de

et le provençal sont délicieux!

—Alors, je vais prendre le rôti. Je voudrais aussi une , s'il vous plaît.

25 **Au restaurant**

Écrivons Tu es au restaurant avec tes copains. Écris une conversation entre vous et le serveur en utilisant les expressions de la boîte.

un croque-monsieur	le steak	Donnez-moi...
une grenadine	à point	la carte...
Vous avez choisi?	un coca	une quiche

Exprimons-nous!

To ask about prices and pay the check

C'est combien, le coca? *How much is the . . . ?*	**C'est** cinq euros. *It's . . .*
Ça fait combien en tout? *How much is it?*	**Ça fait** quinze euros. *It's . . . (total).*
L'addition, s'il vous plaît. *The check, . . .*	**Oui, tout de suite.** *Yes, right away.*
Le service est compris? *Is the tip included?*	**Oui, bien entendu.** *Yes, of course.*

Vocabulaire et grammaire, *pp. 67–69*

Online Workbooks

26 **Miam, miam!**

Lisons/Parlons Lis ces publicités et réponds aux questions.

1. On peut *(can)* manger de la salade dans quel restaurant?

2. Où est-ce qu'on peut manger du poulet?

3. Si on aime le poisson, où est-ce qu'on va manger?

4. Quel restaurant propose un menu spécial pour enfants?

Plus de 20 choix de Pizzas
Pâtes fraiches maison
Salades

ouvert tous les jours
de 11h30 à 22h30
livraison à domicile

3, rue des Amarres
35000 Rennes
02.35.65.03.79

2.

La Brasserie de la Gare

vous propose

**Salades • Croque-monsieur
Pizzas • Sandwichs
Grillades
Poissons et fruits de mer**

et aussi un menu enfant
de 11h à minuit

Depuis 1920

1.

MARRAKECH

Spécialités marocaines
Couscous au poulet
Couscous aux légumes
Merguez et Kebab
Thé à la menthe

16, rue des Capucines • 35000 Rennes • 02.36.67.97.44

3.

Digital performance space

Communication

27 **Scénario**

Parlons Avec un(e) camarade, choisis un des restaurants de l'activité 26. Jouez une petite scène entre le serveur et le client où vous demandez les prix de vos plats et vous payez l'addition.

28 **Scénario**

Parlons Ton/Ta partenaire et toi, vous allez ouvrir *(open)* un restaurant. Décidez quels repas vous allez servir. Préparez la carte avec des prix et présentez-la à la classe.

MODÈLE —**Pour le déjeuner, on va avoir… Le poulet, c'est…**

Grammavision

The verb *prendre*

The verb **prendre** is irregular. Notice the spelling changes in the stem of the verb for the plural forms.

prendre *(to take; to have food or drink)*	
je **prends**	nous **prenons**
tu **prends**	vous **prenez**
il/elle/on **prend**	ils/elles **prennent**

Verbs like **prendre**:

apprendre	*to learn*
comprendre	*to understand*
reprendre	*to have more (food or drink)*

—Qu'est-ce que vous **prenez**?
—Nous **prenons** du pain et un chocolat chaud.

Vocabulaire et grammaire, pp. 70–71
Cahier d'activités, pp. 55–57

 Online Workbooks

29 Le bon choix

Lisons Complète les phrases avec le bon verbe.

1. Qu'est-ce que vous _____ au dîner?
   a. prenez   b. prenons   c. comprenez
2. Il _____ le français et l'allemand.
   a. apprends   b. prends   c. comprend
3. Mona et moi, nous _____ une pizza avec du coca.
   a. apprenons   b. prenons   c. comprenons
4. Sabine et Georges _____ des sandwichs. Ils ont très faim!
   a. reprennent   b. prenons   c. comprennent
5. Alice ne _____ pas la question.
   a. prends   b. comprend   c. apprenons

30 Qu'est-ce qu'on prend?

Parlons Qu'est-ce qu'on prend (ou ne prend pas) dans les situations suivantes?

MODÈLE Quand il veut un dessert, mon ami…
Quand il veut un dessert, mon ami prend de la glace.

1. Comme boisson, quand il fait chaud, je…
2. Quand mes amis et moi allons au café, nous…
3. Quand ils veulent maigrir, mes parents ne…
4. Quand je veux un petit-déjeuner français, je…
5. Pour le déjeuner, quand elle n'a pas très faim, ma sœur…

31 Au resto!

 **Écrivons/Parlons** Regarde la carte du restaurant **Chez Jean-Luc.**
Qu'est-ce que les personnes suivantes vont probablement prendre?

MODÈLE Caroline veut un dessert. **Elle prend une glace.**

1. Noémie veut maigrir.

2. Tu adores le poisson.

3. Irène et Brigitte adorent la viande *(meat)*.

4. Nous sommes végétariens.

5. Philippe aime bien les fruits et il veut un dessert.

Chez Jean-Luc

Les entrées

Soupe du jour	4,50 €
Escargots	5,50 €

Les plats principaux

Quiche lorraine	6,50 €
Côtelette de porc	8 €
Poulet rôti	7,50 €
Steak grillé	8 €
Filet de sole	9,50 €

Les plats d'accompagnement

Légumes	3,50 €
Frites	3 €
Riz	2,50 €
Pâtes	2,50 €
Salade	3 €

Les desserts

Tarte aux pommes	3 €
Pêche Melba	3 €
Glace	2,50 €
chocolat	
vanille	
fraise	

Les boissons

Eau minérale	2 €
Limonade	1,50 €
Coca	2,50 €
Jus d'orange / de pomme	3 €
Café crème	3 €

Digital
performance space

Communication

32 Scénario

Parlons Tu es au restaurant **Chez Jean-Luc** avec tes amis.
En groupe de quatre, imaginez que vous commandez votre repas.
Une personne va jouer le rôle du serveur et les autres, les clients.
Commandez vos plats et ensuite payez l'addition.

MODÈLE —La carte, s'il vous plaît.
—Voilà monsieur…

The imperative

1. To form the imperative or the command forms, use the **tu, nous,** or **vous** form of the present tense of the verb without the subject. Notice that for **-er** verbs, including **aller,** you drop the **-s** at the end of the **tu** form.

Tu écoutes Paul.	→	**Écoute** Paul!
		Listen to Paul!
Nous écoutons Paul.	→	**Écoutons** Paul!
		Let's listen to Paul!
Vous écoutez Paul.	→	**Écoutez** Paul!
		Listen to Paul! (plural)

2. For **-ir** and **-re** verbs and verbs that aren't regular **-er** verbs, the spellings of the command forms don't change.

Tu fais tes devoirs.	→	**Fais** tes devoirs!
Nous attendons le bus.	→	**Attendons** le bus!
Vous finissez votre dîner.	→	**Finissez** votre dîner!

3. To make a command negative, put **ne** before the verb and **pas** after it.

Regarde la télé!	→	**Ne** regarde **pas** la télé!

Vocabulaire et grammaire, *pp. 70–71*
Cahier d'activités, *pp. 55–57*

33 **Écoutons**

Tout le monde parle à Sabine! Écoute chaque phrase et indique si **a) c'est un ordre** ou **b) ce n'est pas un ordre.**

34 **Au travail!**

Lisons Tu gardes *(are babysitting)* tes nièces et tes neveux. Donne des ordres pour dire ce qu'ils/elles doivent faire ou ne pas faire.

1. Maxence, ne (prends / prenons) pas le bol!
2. Patrice, (finis / finissons) tes devoirs, s'il te plaît!
3. Marc et Jean-Paul, ne (fais / faites) pas de bruit *(noise)*!
4. Karine, ne (manges / mange) pas de chocolat!
5. Frédéric et Adèle, (donne / donnez) les assiettes à Ludo!
6. Ne (perdons / perdez) pas vos cuillères!
7. Marie-Josée, (choisissez / choisis) une nappe, s'il te plaît.
8. Les enfants, ne (regardez / regardes) pas la télé maintenant!
9. Jean-Paul, ne (dérange / dérangez) pas ta sœur.
10. (Commençons / Commencent) à manger!

En anglais

In English, an imperative is a command formed by using the infinitive form of the verb without the word *to.* Notice that no subject is stated in the imperative form.

Do your homework!

Does the verb form change in English if the command is directed to more than one person?

In French, the command forms vary depending on the person to whom they're addressed.

À la suisse

In Switzerland as well as in Belgium, you're more likely to hear the words **déjeuner** for *breakfast,* **dîner** for *lunch,* and **souper** for *dinner.*

35 Des conseils

Parlons Donne des suggestions à tes amis, d'après ce qu'ils disent.

♻ *Souviens-toi!* Sports et passe-temps, pp. 150–151, 162

MODÈLE Nous ne voulons pas faire du patin à glace.
Faites du ski alors./N'allez pas à la patinoire!

1. Je n'ai pas très faim.
2. Nous aimons beaucoup la musique.
3. Il fait beau aujourd'hui.
4. J'ai un examen demain.
5. Je veux faire du sport.
6. Nous avons envie de boire quelque chose.

36 Des ordres!

Écrivons Imagine ce que ces personnes disent. Utilise l'impératif!

1.

2.

3.

4.

5.

6.

Flash culture

A **menu à prix fixe** allows the customer to choose from a limited number of menu items for a fixed price. The **menu à prix fixe** might have a choice between two appetizers (**hors d'œuvres/entrées**), another choice between 3–4 main dishes (**plats principaux**), followed by a choice between either cheese (**fromage**) or dessert (**dessert**).

Do you know of any restaurants in your area that offer a **menu à prix fixe**?

Communication

37 Opinions personnelles

Parlons Ton ami(e) et toi, vous êtes au restaurant. Il y a beaucoup de choses sur la carte que tu n'aimes pas manger ou boire. Dis à ton/ta camarade ce que tu n'aimes pas. Il/Elle suggère *(suggests)* autre chose à manger ou à boire. Échangez les rôles.

MODÈLE —Je n'aime pas les légumes.
—Ne mange pas de salade!

Application 2

38 **On rappe!**

Écoute la chanson **Qu'est-ce que vous voulez?** et complète les phrases suivantes.

1. Deux choses populaires au café sont _____ et _____ .

2. On sert le sandwich au jambon avec _____ .

3. _____ et _____ sont excellents aussi.

4. Au café, _____ est servi avec du riz.

5. Comme boisson, on prend _____ .

39 **On mange!**

Parlons Qu'est-ce que ces personnes prennent au déjeuner?

1. nous   2. M. Rochard   3. les enfants   4. je

Un peu plus

The verb *boire*

The verb **boire** is irregular. Notice the spelling changes in the stem for the plural forms.

boire *(to drink)*	
je **bois**	nous **buvons**
tu **bois**	vous **buvez**
il/elle/on **boit**	ils/elles **boivent**

Je **bois** de l'eau minérale.

Qu'est-ce que vous **buvez**?

Vocabulaire et grammaire, *p. 72*
Cahier d'activités, *pp. 55–57*

 Online Workbooks

40 **Et à boire?**

Écrivons Complète les phrases avec la forme appropriée du verbe **boire**.

1. Au petit-déjeuner, André _____ un chocolat chaud.

2. Quand il fait chaud, mes parents _____ de l'eau minérale.

3. Qu'est-ce que vous voulez _____?

4. Avec un sandwich au fromage, je _____ toujours du coca.

5. Samira et moi, nous _____ de la limonade.

6. Au petit-déjeuner, mon frère _____ du café.

41 **Un critique**

Écrivons Tu es critique de restaurant. Donne ton opinion sur le nouveau restaurant **La Salamandre.** Dis comment tu trouves la cuisine et le service et si tu recommandes ce restaurant au public ou non.

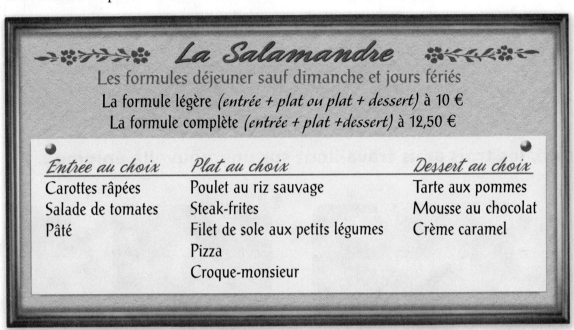

La Salamandre

Les formules déjeuner sauf dimanche et jours fériés

La formule légère *(entrée + plat ou plat + dessert)* à 10 €
La formule complète *(entrée + plat +dessert)* à 12,50 €

Entrée au choix	*Plat au choix*	*Dessert au choix*
Carottes râpées	Poulet au riz sauvage	Tarte aux pommes
Salade de tomates	Steak-frites	Mousse au chocolat
Pâté	Filet de sole aux petits légumes	Crème caramel
	Pizza	
	Croque-monsieur	

Digital
performance space

Communication

42 **À table!**

Parlons Avec ton/ta camarade, imaginez que vous êtes dans un restaurant français. Vous jouez le rôle du client et du serveur. Lisez les questions ci-dessous et répondez-y de manière logique. Ensuite, échangez les rôles.

— **Bonjour. La carte s'il vous plaît.**
—
— **Qu'est-ce que vous me conseillez?**
—
— **Qu'est-ce que vous avez comme boissons?**
—
— **Il est comment, le croque-monsieur?**
—
— **Je vais prendre un croque-monsieur et une limonade. Ça fait combien?**
—

Télé-roman

Que le meilleur gagne!
Épisode 6

S T R A T É G I E

Keeping track of the plot The plot advances the storyline. The plot is made up of actions that occur as the story unfolds. Go back through the past five episodes and write down the events that occur in each one. Write at least two important actions that occur in each episode. For example, in Episode 1, Yasmina makes friends at her new school but she is warned by Laurie that Kevin is not so cool. Keeping track of the plot points will help you understand the overall storyline and perhaps give you ideas about how it might end.

Au café, les trois amis travaillent sur une nouvelle énigme...

Laurie Salut, Yasmina. Ça va?

Yasmina Super bien! Je viens juste de manger avec Kevin.

Adrien Regardez, j'ai trouvé trois autres mots!

Laurie «Fait avec des arachides.» Il y a quatre lettres.

Le serveur Mafé! Le mafé est une spécialité africaine qu'on fait avec des arachides, des légumes et de la viande.

Yasmina Adrien, mets les lettres dans l'ordre pour avoir le nom de la ville.

Yasmina En fait, «Faidherbe», c'est le nom d'un pont de Saint-Louis. Alors, la ville qu'on cherche, c'est Saint-Louis!

Yasmina Oh là là! Mon cours de dessin! À plus!

Kevin Tu as vu? C'était Yasmina. Cette fille croit qu'elle m'intéresse. Elle ne comprend pas que c'est à cause du concours!

Laurie Tu as entendu ce qu'il a dit? Il est vraiment nul, ce Kevin. Pauvre Yasmina!

AS-TU COMPRIS?

1. Avec qui Yasmina déjeune?
2. Qui trouve les premières réponses à l'énigme?
3. Qui aide les trois amis à trouver le mot «mafé»?
4. Dans quelle ville est le lycée jumelé?
5. Qu'est-ce que Kevin dit de Yasmina?

Prochain épisode:
D'après toi, qu'est-ce que Laurie va dire à Yasmina dans le prochain épisode?

L'Ouest de la France

Lecture et écriture

STRATÉGIE pour lire

Context clues and visual clues You can guess the meaning of many words by looking at the root of the word, the part of speech, and the context. Looking at the illustration can also help you understand a story and guess the meaning of new words.

A Avant la lecture

Regarde les illustrations et le titre de la lecture. Est-ce que tu peux essayer de deviner l'histoire qui va être racontée dans la lecture?

 # Le croissant

Il est dans toutes les boulangeries françaises. Il est le symbole du petit-déjeuner français typique. Et pourtant[1], il n'est pas français si l'on en croit[2] l'histoire.

En 1683, 300.000 soldats turcs assiègent Vienne[3], en Autriche. Une nuit, ils décident d'entrer dans la ville en creusant[4] un souterrain[5]. Tout le monde dort, sauf[6] les boulangers qui préparent leur pain. Intrigués par les bruits entendus sous-terre, ils donnent l'alerte. Les Turcs sont vaincus[7]. Léopold Ier, archiduc d'Autriche, accorde[8] des privilèges aux valeureux[9] boulangers qui ont sauvé[10] la ville. Les boulangers font un Hörnchen, ou «petite corne» en allemand, pour le remercier[11]. C'est un petit pain en forme de croissant de lune. Le croissant est né.

La légende a une variante: un cafetier viennois aurait reçu[12] des sacs de café confisqués à l'ennemi en récompense[13] de son courage pendant le siège de la ville. Il aurait eu alors l'idée de servir ce café accompagné d'une pâtisserie en forme de croissant.

Le croissant est introduit[14] en France au 18e siècle par la femme de Louis XVI, Marie-Antoinette, qui était autrichienne. Mais, le croissant devient populaire seulement à partir des années 1910.

Aujourd'hui il est servi nature, avec des amandes ou de la confiture et aussi avec du jambon ou du fromage.

1. however   2. if one believes   3. had Vienna under siege
4. by digging   5. underground tunnel   6. except   7. were defeated
8. grants   9. valorous   10. saved   11. to thank   12. would have
received   13. as a reward   14. is introduced

B Compréhension

Réponds par **vrai** ou **faux**. Corrige les phrases fausses.

1. Le texte explique l'origine du croissant.
2. Le croissant vient d'Italie.
3. Les boulangers sont les héros.
4. Les boulangers font des croissants pour remercier les Turcs.
5. Le croissant est introduit en France par Louis XVI.
6. Aujourd'hui, on mange les croissants avec de la confiture.

C Après la lecture

What other food-related legends have you heard or read? How do they compare with the legend of the croissant?

 **Espace écriture**

Café des artistes		
déjeuner	plat	opinion
	sandwich au jambon	excellent
	poulet rôti	délicieux
	tarte	très bonne
	boisson	opinion
	limonade	pas bonne
	jus d'orange	pas terrible

STRATÉGIE pour écrire

Charts are a type of graphic organizer that can help you record, track, and organize information. Consider creating a chart to collect information, see patterns, and draw conclusions that you can use in your writing.

Les bonnes tables

You've been asked to write a review of a restaurant for the school newspaper. In your review, tell your readers what to order for breakfast, lunch, or dinner the next time they go to that restaurant.

1 Plan

Think about a place where you eat out regularly. Create a chart in which you record foods and beverages you have eaten there. Note your opinion of each item on your chart.

2 Rédaction

Look over your chart to see what types of food and drink you've had and what you think of them. Do you see any patterns?

What conclusions can you draw? For example, are the main courses good, but the desserts bad? Based on what you learn from your chart, use affirmative and negative commands, the partitive, and expressions to comment on food to write your review. Tell readers what to order and not to order, and explain why.

3 Correction

Exchange your chart and restaurant review with a classmate to compare the two. Your classmate may point out other patterns or draw different conclusions you may wish to include in your review. Check spelling, punctuation, and grammar.

4 Application

You may want to illustrate your review with dishes you recommend or compile the reviews in a restaurant guide.

Prépare-toi pour l'examen

@**HOME**TUTOR

1 Vocabulaire 1
• to offer, accept, and refuse food
• to ask for and give an opinion
pp. 184–187

1 Réponds aux questions suivantes.

1. Qu'est-ce que tu préfères prendre au petit-déjeuner, des céréales ou des œufs?
2. Qu'est-ce que tu aimes boire quand il fait froid?
3. Est-ce que tu préfères le petit-déjeuner américain ou le petit-déjeuner français?
4. Est-ce que tu manges souvent du bacon?
5. Est-ce que tu manges souvent un pamplemousse?

2 Erwan et Nicole prennent leur petit-déjeuner. Complète leur conversation avec la forme appropriée du verbe ou de l'article partitif.

2 Grammaire 1
• the partitive
• *-ir* verbs
Un peu plus
• the verb *vouloir*
pp. 188–193

ERWAN Voilà ___1___ toasts et ___2___ confiture. Tu ___3___ (vouloir) ___4___ beurre?

NICOLE Non, merci. J'ai peur de ___5___ (grossir).

ERWAN Tu ne ___6___ (grossir) jamais, toi. Mais, d'accord, pas de beurre. Encore ___7___ café?

NICOLE Oui. Merci.

ERWAN Qu'est-ce qu'on ___8___ (faire) après le petit-déjeuner?

NICOLE Moi, je ___9___ (vouloir) faire du jogging!

3 Commande *(order)* les choses suivantes au restaurant. Utilise autant d'expressions différentes que possible.

3 Vocabulaire 2
• to inquire about food and place an order
• to ask about prices and pay the check
pp. 196–199

1.

2.

3.

4.

5.

6.

Chapitre 6 • Bon appétit!

Préparé-toi pour l'examen

4 Tu prépares le dîner avec tes copains. Utilise l'impératif pour dire à tes copains ce qu'ils doivent faire.

1. Virginie, _____ -moi le riz! (donner)
2. Paul et Antoine, _____ des omelettes! (faire)
3. Yaëlle, _____ du pain! (acheter)
4. Martin et Magali, _____ une boisson! (choisir)
5. Yaëlle et Paul, _____ à manger! (commencer)
6. Magali, _____ les serviettes rouges! (prendre)

4 Grammaire 2
• the verb *prendre*
• the imperative
Un peu plus
• the verb *boire*
pp. 200–205

5 Answer the following questions.

1. Is the tip usually included in a restaurant bill in France?
2. When is salad usually served during a typical French meal?
3. What is a **menu à prix fixe**?

5 Culture
• Comparaisons
p. 195
• Flash culture
pp. 186, 189, 192,
198, 200, 202

6 Denise et Antoine sont au restaurant. Écoute leur conversation et puis réponds aux questions suivantes.

1. Qui a faim?
2. Qu'est-ce que Denise va prendre?
3. Qui a soif?
4. Qui n'a pas de fourchette?
5. Elle est comment, l'omelette?

7 Imagine que tu manges dans un restaurant. Tu vas jouer le rôle du/de la client(e) et ton/ta camarade va jouer le rôle du/de la serveur/serveuse. D'abord, lisez les instructions pour chaque réplique *(exchange)*. Ensuite, créez votre dialogue en utilisant des expressions de ce chapitre et des autres chapitres.

Élève A:	Demande la carte au serveur.
Élève B:	Réponds que tu arrives dans un moment.
Élève A:	Demande conseil au serveur.
Élève B:	Suggère un plat.
Élève A:	Accepte la suggestion. Demande quelles boissons il y a.
Élève B:	Suggère des boissons.
Élève A:	Demande le prix d'une boisson.
Élève B:	Donne le prix de la boisson.
Élève A:	Dis ce que tu veux manger et boire.
Élève B:	Réponds de manière positive.

Grammaire 1
- the partitive
- *-ir* verbs

Un peu plus
- the verb *vouloir*
  pp. 188–193

Résumé: Grammaire 1

The partitive is used to say that you want *part of* or *some of* an item. The partitive articles are: du, de la, de l', and des. To say that you want a whole item (or several whole items), use un, une, and des.

Regular **-ir** verbs are conjugated like **finir** below:

finir *(to finish)*			
je	**finis**	nous	**finissons**
tu	**finis**	vous	**finissez**
il/elle/on	**finit**	ils/elles	**finissent**

The verb **vouloir** *(to want)* is irregular:

je	veux	nous	**voulons**
tu	veux	vous	**voulez**
il/elle/on	veut	ils/elles	veulent

Grammaire 2
- the verb *prendre*
- the imperative

Un peu plus
- the verb *boire*
  pp. 200–205

Résumé: Grammaire 2

The verb **prendre** is irregular:

prendre *(to take, to have food)*			
je	**prends**	nous	**prenons**
tu	**prends**	vous	**prenez**
il/elle/on	**prend**	ils/elles	**prennent**

To make commands, use the **tu, nous,** or **vous** form of the verb, without the subject. For **-er** verbs, drop the **-s** at the end of the **tu** form.

Regarde la télé!   **Regardons** la télé!   **Regardez** la télé!

To make a command negative, put **ne** before the verb and **pas** after it.

Ne regardez **pas** la télé!

The verb **boire** is irregular: je **bois**, tu **bois**, il/elle/on **boit**, nous **buvons**, vous **buvez**, ils/elles **boivent**.

🎧 Lettres et sons

The nasal sound [ɔ̃]

To pronounce [ɔ̃] you make an [o] but pass the air through the back of your mouth and nose. The [ɔ̃] sound is spelled **-on** or **-om**: **bon, nom**. But, if a double consonant or a vowel follows, the vowel is not nasal: **bonne, pomme**.

Jeux de langue
Tonton, ton thé t'a-t-il ôté ta toux?

Dictée
Écris les phrases de la dictée.

Résumé: Vocabulaire 1

PRACTICE FRENCH WITH HOLT MCDOUGAL APPS!

To offer, accept or refuse food

américain(e)	American
l'assiette (f.)	plate
le bacon	bacon
la baguette	long French bread
la banane	banana
le beurre	butter
le bol	bowl
le café (au lait)	coffee (with milk)
les céréales (f.)	cereal
le chocolat (chaud)	hot chocolate
la confiture	jam
le couteau	knife
le croissant	croissant
la cuillère	spoon
D'habitude…	Usually . . .
la fourchette	fork
le jus d'orange/de pomme	orange/apple juice
le lait	milk
les œufs (m.)	eggs
la nappe	tablecloth

le pamplemousse	grapefruit
le petit-déjeuner	breakfast
le poivre/le sel	pepper/salt
la serviette	napkin
la tasse/le verre	cup/glass
la tartine	French bread with butter and jam
le toast	toast
Je prends…	I'm having . . .
On met le couvert!	We/one set(s) the table!
Non, ça va.	No, I am fine.
Non, je n'ai plus faim/soif.	No, I am not hungry/thirsty anymore.
Encore…?/Tu reprends…?	More . . .?/Do you want more . . .?
J'aimerais…	I would like…
Non, merci.	No, thank you.
Oui, je veux bien.	Yes, please.
Qu'est-ce que tu veux prendre/manger/boire?	What do you want to have/eat/drink?
Tu veux/Vous voulez…?	Do you want . . . ?

To ask for and give an opinion ....see p. 187

Résumé: Vocabulaire 2

To inquire about food and place an order

le café	coffee/café
le coca	cola
le croque-monsieur	ham and cheese sandwich
le déjeuner/le dîner	lunch/dinner
l'eau (f.) minérale	mineral water
la grenadine	water with pomegranate syrup
les légumes (m.)	vegetables
la limonade	lemon soda
l'omelette (f.)/la quiche	omelet/quiche
le pain	bread
les pâtes (f.)	pasta
la pizza	pizza
le poisson/le porc/le poulet	fish/pork/chicken
le repas	meal
le riz	rice
saignant(e)/à point/ bien cuit(e)	rare/medium/well-done
la salade	salad

le sandwich au fromage/ au jambon/au saucisson	cheese/ham/salami sandwich (with baguette)
le sirop de menthe	water with mint syrup
le steak	steak
la tarte	fruit pie
Donnez-moi…	Give me/I'll have . . .
Je vous recommande…	I recommend . . .
Nous avons/On a…	We have . . .
Je voudrais/Je vais prendre…	I'd like/I'll take . . .
La carte,…	The menu, . . .
Qu'est-ce que vous me conseillez?	What would you recommend?
Qu'est-ce que vous avez comme boissons?	What types of drinks do you have?
Un moment,…	One moment, . . .
Vous désirez autre chose?	Would you like anything else?

To ask about prices and pay the check......................................see p. 198

Prépare-toi pour l'examen

Révisions cumulatives

🎧 **1** Choisis la photo appropriée pour chaque commentaire.

a.

b.

c.

d.

2 Mia va ouvrir un petit café et elle a besoin d'acheter beaucoup de choses. Regarde ce catalogue et aide Mia à faire une liste de tout ce qu'elle doit *(must)* commander. Puis, dis combien ça va coûter.

MODÈLE Elle a besoin de vingt tables, soixante chaises… Alors, ça fait… euros.

a **Service de table**
(assiette, tasse, bol) *À l'unité 14,90 €*

b **Verres Loïc** *3 € et 5 €*

c **Couverts Vankatessen**
en acier inoxydable; *Ensemble 44 €*
                       À l'unité 12 €

d **Nappe Lilium** (3 tailles) *de 99 à 169 €*

e **Serviettes printemps** *4,75 €*

f **Table café-terrasse** *285 €*

g **Chaise café-terrasse** *79 €*

3 Le Club de français va organiser une soirée. Avec vos camarades, décidez de la date et de l'heure de la soirée. Choisissez les activités que vous allez faire et ce que vous allez manger et boire. Présentez vos idées à la classe.

4 Regarde ce tableau de Renoir. Imagine que tu es une des personnes de cette scène. Écris de petites conversations entre les différentes personnes.

Renoir, Pierre Auguste. Luncheon of the Boating Party 1880–81. Oil on canvas, 51 1/4 x 69 1/8 in.; 130.175 x 175.5775 cm. Acquired 1923. The Phillips Collection, Washington, D.C.

Le déjeuner des canotiers de Pierre Auguste Renoir

5 Ton correspondant français Théo te demande ce que les jeunes Américains prennent au déjeuner. Écris-lui un e-mail. Décris ce que tes amis mangent et boivent d'habitude au déjeuner. Donne ton opinion sur quelques boissons et plats *(dishes)*.

6

À ton tour

On sort ce soir? Your French class is going out to dinner at a local French restaurant. The server waiting on your group is having trouble getting everyone's order straight. Ask the server questions about the menu and order food and drinks. After the food has been served, ask each other about your meals and then ask for the bill.

DVD

Géoculture

Géoculture
Le Sénégal

▲ **Le parc national du Djoudj** est une grande réserve ornithologique. Beaucoup d'oiseaux s'arrêtent là pendant leur migration.

▲ **Dakar,** la capitale du Sénégal, est le point le plus occidental du continent africain.

Almanach

Population
Plus de 11 millions d'habitants

Villes principales
Dakar, Thiès, Saint-Louis, Kaolack, Touba

Industries
agriculture, pêche, huileries, raffineries

▲ **Les baobabs** sont des arbres énormes. Ces arbres n'ont pas de feuilles pendant neuf mois de l'année. Le fruit du baobab s'appelle «pain de singe».

▼ **La pêche** est une ressource importante pour les Sénégalais.

Savais-tu que...?
Le baobab est l'emblème du Sénégal. Son tronc peut atteindre 9 mètres (27 pieds) de diamètre et il peut vivre plus de 1.000 ans.

La Casamance est une région de mangroves *(swamps)*, de fleuves et de plantations. C'est la partie du Sénégal située au sud de la Gambie.

Le lac Retba, ou lac Rose, doit sa couleur aux micro-organismes et au sel *(salt)* qu'il contient.

Parc National
du Djoudj

Saint-Louis

Lac
Retba

Touba

Thiès

DAKAR Mbour

Diourbel

SÉNÉGAL

MAURITANIE

Saint-Louis, la plus vieille ville française d'Afrique de l'Ouest, était la première capitale du Sénégal. Le pont Faidherbe, construit par Gustave Eiffel, relie Saint-Louis au continent.

MALI

Kaolack

Tambacounda

GAMBIE

L

Parc National
du Niokolo Koba

Casamance Ziguinchor

GUINÉE-
BISSAU

GUINÉE

La mosquée de Touba est un centre religieux très important. De nombreux pèlerins *(pilgrims)* y vont chaque année.

Le parc national du Niokolo Koba a pour but la protection des animaux menacés d'extinction, comme le chimpanzé et la panthère.

Géo-quiz

Est-ce que Dakar a toujours été la capitale du Sénégal?

Découvre le Sénégal

Artisanat

▲ **Les souwères,** ou peintures sous verre, représentent des scènes de la vie quotidienne et des héros historiques nationaux.

▲ **La vannerie**
Les artisans utilisent des matériaux de récupération pour fabriquer différents objets en osier.

◄ **Le batik** est une technique artisanale utilisée pour décorer les vêtements traditionnels, comme les boubous.

Musique

◄ **La musique traditionnelle**
Chaque groupe ethnique a sa propre musique. La kora est un des instruments de musique traditionnels.

▲ **Le mbalax** mélange les rythmes et les instruments traditionnels du Sénégal avec la salsa, le rock et le funk. L'artiste Youssou N'Dour a fait connaître cette musique dans le monde entier.

➤ **Le groupe Daara J** chante le rap sénégalais, ou Séné-rap. Leurs chansons parlent de l'environnement et de la vie quotidienne.

Sports

🌐 **Online Practice**

my.hrw.com
Photo Tour

▲ **Le Dakar** est une course hors-piste qui part d'Europe et se termine à Dakar. Il y a trois catégories différentes: les motos, les voitures et les camions.

▲ **La lutte sénégalaise** est un sport traditionnel du Sénégal. Pour gagner un match, il faut que l'épaule, le dos ou les genoux de l'adversaire touchent la terre.

Savais-tu que...?

Les chansons du Séné-rap et du mbalax sont souvent chantées en wolof, la langue traditionnelle la plus parlée au Sénégal.

➤ **Les courses de pirogues** Les pêcheurs utilisent leurs pirogues pour participer à des courses en mer et sur les fleuves du pays.

Gastronomie

➤ **Le poulet yassa,** un plat traditionnel, est fait de poulet mariné dans du jus de citron et d'oignons cuits dans de l'huile d'arachide.

Activité

1. **Artisanat**: Quels sont les sujets des souwères?
2. **Musique**: Qu'est-ce que c'est, le mbalax?
3. **Sports**: Comment est-ce qu'on gagne un match de lutte sénégalaise?
4. **Gastronomie**: Qu'est-ce qu'il y a dans la tieboudienne?

▲ **La tieboudienne** est un autre plat typique du Sénégal. Il est composé de poisson, de riz et de légumes.

On fait les magasins?

Objectifs

In this chapter, you will learn to
- offer and ask for help
- ask for and give opinions
- ask about and give prices
- make a decision

And you will use
- demonstrative adjectives
- interrogative adjectives
- the verb **mettre**
- the **passé composé** of **-er** verbs
- the **passé composé** of irregular verbs
- adverbs with the **passé composé**

▶ *Que vois-tu sur la photo?*

Où sont ces personnes?

Qu'est-ce qu'elles font?

Et toi, est-ce que tu aimes faire du shopping? Où est-ce que tu vas pour faire du shopping?

Un marché artisanal, à Gorée

Objectifs
• to offer and ask for help
• to ask for and give opinions

Vocabulaire
à l'œuvre 1

Télé-vocab

Faisons les magasins à Dakar!

un chemisier   un jean

-40%

des sandales (f.)

un chapeau

une casquette

une veste

une chemise

une robe

des lunettes (f.) de soleil

une jupe

D'autres mots utiles

un tailleur	woman's suit	en jean	made of denim
un costume	man's suit	en lin	made of linen
en coton	made of cotton	en soie	made of silk
en laine	made of wool	étroit(e)/serré(e)	tight
en cuir	made of leather	large	loose

D'autres vêtements et accessoires

une écharpe

un pull

un foulard

une cravate

un manteau

un anorak

un pantalon

des chaussettes (f.)

un imperméable

des bottes (f.)

des chaussures (f.)

Exprimons-nous!

To offer help	To ask for help
Je peux vous aider? *Can I help you?*	**Je voudrais quelque chose pour** ma mère. *I'd like something for . . .* **Je cherche** un pull **pour porter/mettre** avec ce jean. *I'm looking for . . . to wear with . . .* **Je peux essayer** le chemisier? *May I try on . . . ?* **Vous avez** la veste **en** vert/**en** 40? *Do you have . . . in . . . ?* **Non, merci, je regarde.** *No thank you, I'm just looking.*
Quelle taille/pointure faites-vous? *What clothing/shoe size do you wear?*	**Je fais du** 38. *I wear size . . . (in clothing/shoes).*

Vocabulaire et grammaire, pp. 73–75

Online Workbooks

▶ **Vocabulaire supplémentaire**—Les motifs, p. R11

Chemisiers et pantalons femmes			
SENEGAL	36	38	40	42
US	6	8	10	12

Chemises hommes			
SENEGAL	38	39	40	41
US	15	15.5	16	16.5

Chaussures femmes			
SENEGAL	38	38.5	39	39.5
US	6.5	7	7.5	8

Chaussures hommes			
SENEGAL	42	43	44	45
US	8.5	9	10	11

1 Quoi mettre?

Lisons Choisis les vêtements appropriés pour les situations suivantes.

1. quand il fait chaud: un pull, un tee-shirt, un manteau, un anorak, des sandales, des bottes, un short

2. quand il fait froid: un imperméable, un manteau, un anorak, un short, une écharpe, des sandales

3. pour aller à la plage: des lunettes de soleil, une casquette, un foulard, un short, une veste, un tee-shirt

4. pour aller à une interview: un jean, une cravate, un foulard, une casquette, un tailleur, un chapeau, un costume

2 Je cherche…

Parlons Fatima est dans une boutique à Dakar. Elle veut acheter des vêtements pour sa famille. Aide Fatima à poser des questions au vendeur.

MODÈLE **Je cherche une chemise pour mon père. Il fait du 40.**

mon père

1. mon grand-père   2. ma sœur   3. ma mère   4. mon cousin

Exprimons-nous!

To ask for opinions	To give opinions
Qu'est-ce que tu penses de mon chapeau/ma jupe? *What do you think of . . . ?*	**C'est tout à fait toi!** *It's totally your style!*
Il/Elle te plaît, mon pantalon/ma chemise?	**Il/Elle est vraiment élégant(e)/joli(e)/horrible.** *It's really elegant/pretty/horrible.*
Ils/Elles te plaisent, mes pulls/mes bottes? *Do you like . . . ?*	**Franchement, ils/elles sont un peu tape-à-l'œil.** *Honestly, it's a little gaudy.*
Il/Elle me va, l'anorak/la jupe?	Oui, **il/elle te va très bien.** *. . . it fits you very well.*
Ils/Elles me vont, les chapeaux/les vestes? *How does/do . . . fit me?*	Non, **ils/elles ne te vont pas du tout.** *. . . they don't look good on you at all.*

Vocabulaire et grammaire, pp. 73–75

Online Workbooks

3 Écoutons

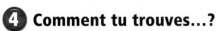

Jaineba fait les magasins avec sa mère. Elle essaie plusieurs choses. Pour chaque vêtement ou accessoire qu'elle essaie, indique si sa mère **a)** **l'aime** ou **b)** **ne l'aime pas.**

4 Comment tu trouves…?

Écrivons Tes amis ont fait du shopping et ils t'ont envoyé des photos pour te demander ton opinion sur leurs vêtements. Envoie un petit texto pour dire ce que tu en penses.

♻ *Souviens-toi!* Giving opinions, p. 80

MODÈLE **À mon avis, le tee-shirt est joli.**

1. le jean   2. le costume   3. la chemise   4. la robe   5. le chapeau

---

Digital performance space

Communication

5 Scénario

Parlons Tu es dans un magasin de vêtements. Tu veux acheter quelque chose pour un membre de ta famille. Dis au vendeur/ à la vendeuse ce que tu veux. Pose des questions sur les prix et sur les tailles. Joue cette scène avec ton/ta camarade.

6 Devine!

Parlons Choisis une personne dans la classe à décrire. Dis ce qu'il/elle porte. Nomme une chose à la fois *(at a time)*. Ton/Ta camarade va deviner de qui tu parles. Échangez les rôles.

MODÈLE —Il porte un pantalon noir.
—C'est Robert?
—Non. Il porte une chemise bleue…

Vocabulaire 1

DVD
Grammavision

Demonstrative adjectives

1 To say *this*, *that*, *these*, or *those*, use the demonstrative adjectives **ce, cet, cette,** and **ces.** The demonstrative adjective you use will depend on the number and the gender of the noun with which it goes.

	MASCULINE	FEMININE
SINGULAR	**ce** pull (starting with a consonant sound)	**cette** chemise
	cet imperméable (starting with a vowel sound)	
PLURAL	**ces** pulls	**ces** chemises
	ces imperméables	

Tu préfères **ce** manteau ou **cet** anorak?

Je vais acheter **ces** chaussures.

2 To distinguish **this** from **that** and **these** from **those**, add **-ci** or **-là** to the end of the noun.

J'aime bien **ces** bottes-**ci**, mais je n'aime pas **ces** bottes-**là**
*I like **these** boots, but I don't like **those** boots.*

Vocabulaire et grammaire, *pp. 76–77*
Cahier d'activités, *pp. 61–63*
Online Workbooks

7 Écoutons

Solange regarde les vêtements sur deux mannequins dans un magasin. Décide si ce qu'elle dit est **a) vrai** ou **b) faux.**

À la belge

Belgians tend to use **brun** more often than **marron** to talk about a clothing item or accessory. Unlike **marron, brun** must agree with the noun it modifies.

les yeux **marron**

les jupes **brunes**

8 **Une cliente difficile**

Écrivons Aujourd'hui, il y a une cliente difficile au magasin. Complète toutes ses questions avec **ce, cet, cette** ou **ces**. Ensuite, écris les réponses du vendeur/de la vendeuse.

1. Est-ce que _____ chapeau me va?
2. Ils sont à combien, _____ foulards?
3. Vous n'avez pas _____ anorak en rose?
4. Il me va, _____ jean?
5. Vous avez _____ chemise en 38?
6. Vous n'avez pas _____ bottes en rouge?

9 **Et le prix?**

Parlons Demande le prix des choses suivantes en utilisant la forme appropriée de **ce, cet, cette** ou **ces** et **l'adjectif**.

♻ *Souviens-toi!* Adjective agreement p. 84

MODÈLE cravate / noir   **C'est combien, cette cravate noire?**

1. chemises / blanc
2. tailleur / violet
3. écharpe / bleu
4. chaussettes / jaune
5. sandales / vert
6. pantalon / noir

10 **À la boutique Mamouni!**

Écrivons Tu écris une pièce *(play)* pour le club de français. Écris une scène comique qui se passe dans une boutique de vêtements entre la vendeuse et deux clients. Utilise les expressions de la boîte. Fais tous les changements nécessaires.

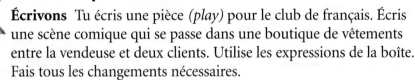

chemise	…-ci	tape-à-l'œil	veste	horrible	…-là
élégant	taille	serré	en soie	large	en cuir

Flash culture

In Senegal, **batik** is both an art and a craft. To make a batik, one draws patterns with hot wax on a white cotton cloth. Then, the cloth is dyed. The parts covered in wax resist the dye and remain the original color. This process of waxing and dyeing is repeated as many times as necessary for colorful and elaborate designs. After the final dyeing, the wax is removed and the cloth is ready for wearing.

Have you ever made a tie-dye T-shirt? How does it compare to the **batik** technique?

Digital
performance space

Communication

11 **Scénario**

Écrivons/Parlons Imagine que tu es mannequin *(model)*. Un grand couturier te demande de présenter ses vêtements. Vous décidez quels vêtements porter et en quelle couleur. Avec ton/ta camarade, faites une liste des vêtements et de leurs couleurs. Ensuite jouez cette scène.

MODÈLE — **Tu veux porter cette chemise rouge avec ce pantalon noir?**
— **Non, je préfère cette chemise verte.**

Interrogative adjectives

1 **Quel** means *which* or *what*. It has four forms. All four forms are pronounced the same way.

	MASCULINE	**FEMININE**
SINGULAR	**Quel** chemisier?	**Quelle** jupe?
PLURAL	**Quels** chemisiers?	**Quelles** jupes?

2 You've been using **qu'est-ce que** to say *what*. It is used a little differently from quel.

Use a form of quel *when* <u>what</u> *is followed directly by a noun:*

Quelle cravate est-ce que tu vas acheter?

Use a form of quel *when* <u>what</u> *is followed by the word* **est** *or* **sont**.

Quelles sont tes cravates préférées?

Use **qu'est-ce que** *to say* <u>what</u> *in most other cases.*

Qu'est-ce que tu vas acheter?

3 A form of quel can also be used as an exclamation, as in *What a . . . !* In this case, the word "a" is not stated in French.

Quelle jolie robe!   *What a pretty dress!*

Vocabulaire et grammaire, *pp. 76–77*
Cahier d'activités, *pp. 61–63*

Vocabulaire et grammaire, *pp. 76–77*
Cahier d'activités, *pp. 61–63*

Flash culture

Bargaining is part of the shopping ritual in Senegal. For instance, a merchant will often ask an excessive price for an item. In turn, the client offers to pay a lesser price. The negotiations continue until an agreement is reached. Bargaining is also common practice in Morroco, Algeria, and Tunisia. In Morocco, since negotiations could take some time, the merchant might offer mint tea to the potential buyer.

Are there situations in the U.S. in which you bargain?

12 **Beaucoup de questions!**

Lisons Feydou pose beaucoup de questions à ses amis. Choisis le mot approprié pour compléter ses questions.

1. (Quelle / Quel) chemisier est-ce que tu vas acheter?
2. (Quels / Quelles) sont les magasins que tu aimes à Dakar?
3. (Quelle / Qu'est-ce que) tu préfères, la jupe verte ou la noire?
4. (Qu'est-ce que / Quelle) taille est-ce que tu fais?
5. (Quel / Qu'est-ce que) son cousin aime porter?

13 **Impressions**

Parlons Utilise les formes correctes de **quel** et de **l'adjectif** pour donner tes opinions. Attention à la forme et la place de l'adjectif!

MODÈLE pantalon / élégant   **Quel pantalon élégant!**

1. bottes / vieux
2. robe / beau
3. chien / paresseux
4. foulards / grand
5. fille / intelligent
6. costume / beau

14 **Le shopping**

Écrivons Complète les questions suivantes avec **qu'est-ce que** ou la forme correcte de **quel.** Ensuite, réponds aux questions.

1. _____ est ton magasin de vêtements préféré?

2. _____ vêtements est-ce que tu aimes?

3. _____ est ta couleur préférée?

4. _____ tu préfères porter, des chapeaux ou des casquettes?

5. _____ jours de la semaine préfères-tu faire les magasins?

6. Avec qui est-ce que tu préfères faire les magasins? _____ vous aimez faire après?

15 **Un cadeau d'anniversaire**

Écrivons Crée des questions en utilisant un mot de chaque boîte. Utilise des sujets différents et fais tous les changements nécessaires.

Quel	vêtements	aimer
Quels	taille	préférer
Quelle	couleurs	faire
Quelles	sport	porter
	film	acheter
	jeu	

Communication

16 **Opinions personnelles**

Parlons Pour chaque paire d'objets, demande à ton/ta camarade lequel des deux objets il/elle préfère. Il/Elle va répondre et expliquer son choix.

MODÈLE — Quelles chaussures est-ce que tu préfères?
— Je préfère les bleues. Elles sont mignonnes!

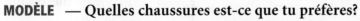

Application 1

 Écoutons

Écoute ce que ces personnes vont mettre et choisis la phrase qui correspond logiquement à chaque personne.

a. Elle va à l'école.

b. Il va à un mariage.

c. Elles vont faire du ski.

d. Rémy et son frère vont jouer au foot.

e. Elle va à une interview.

 Un nouveau look!

Écrivons Ta sœur veut un nouveau look. Regarde l'image des vêtements qu'elle veut acheter et écris-lui un e-mail pour donner ton opinion sur ce style.

Un peu plus

The verb *mettre*

The verb **porter** means *to wear* or *to carry.* The verb **mettre** means *to put something somewhere* or *to wear/to put on clothes, shoes,* and *accessories.* It is an irregular verb.

mettre			
je	mets	nous	mettons
tu	mets	vous	mettez
il/elle/on	met	ils/elles	mettent

Je mets le livre dans le sac.
I put the book in the bag.

Je mets un pantalon pour la fête d'Eric.
I'm wearing pants for Eric's party.

Vocabulaire et grammaire, *p. 78*
Cahier d'activités, *pp. 61–63*

 Online Workbooks

19 Fais le bon choix!

Lisons Ousmane parle de ce que sa famille met d'habitude. Choisis la forme de **mettre** qui convient.

1. Odile (mets / met) toujours un jean.

2. Mes cousines (mettent / mettez) souvent une jupe et un chemisier.

3. Ali et moi, nous (mettons / mettent) toujours des baskets.

4. Vous aimez (mettez / mettre) un tailleur.

5. Moi, je (mets / met) un anorak quand il fait froid.

20 Qu'est-ce qu'ils mettent?

Parlons Qu'est-ce que ces personnes mettent pour faire les activités suivantes?

MODÈLE Tu mets une jupe blanche, un tee-shirt et une casquette pour jouer au tennis.

tu

1. Sylvain

2. Anne et Célia

3. mon père et moi

4. Mme Touré

Communication

Digital performance space

21 Opinions personnelles

Parlons Tu surfes le site Web de la **Boutique Ndiaye**. Demande à ton/ta camarade s'il/si elle aime ces vêtements. Ton/Ta camarade va t'expliquer son choix.

MODÈLE — Il te plaît, ce foulard?
— Oui, j'adore ce foulard! Il est très élégant.

Boutique Ndiaye

En solde!

foulard
100% soie
motifs variés
en batik
4.000 FCFA

sac à main
100% coton
Couleurs :
orange, bleu,
pourpre, rose
6.000 FCFA

**chemise homme
manches courtes**
100% lin
Tailles : 38–50
Couleurs :
beige, rouge,
olive, marron
8.000 FCFA

jupe courte
100% laine
Tailles : 36–50
Couleurs : rouge,
jaune, noir, bleu
foncé, vert
15.000 FCFA

**jean
classique**
*80% denim,
20% Lycra®*
Tailles : 36–46
Couleurs :
bleu, noir
20.000 FCFA

Culture

Culture appliquée

Le boubou

En Afrique de l'Ouest, le vêtement traditionnel est le **boubou**. C'est une tunique longue. Les femmes du Sénégal le portent avec un foulard et un pagne[1]. Les hommes portent ce qu'on appelle le « grand boubou complet ». C'est un boubou mis par dessus[2] un pantalon et une chemise. Aujourd'hui, les couturiers sénégalais fabriquent aussi ce vêtement traditionnel pour le vendre à l'étranger[3].

1. piece of fabric   2. worn over   3. abroad

Adolescent portant un boubou

Styliste à la mode

Materials needed:

- sheets of colored paper
- markers of different colors
- scissors
- glue

 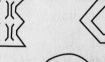

Step 1 Look at the different elements contained in the embroidery of a typical **boubou.** Choose three patterns. Draw them on different colored paper and then cut out the patterns.

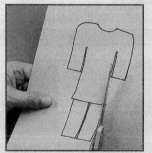

Step 2 Choose a sheet of paper of the color you'd like your **boubou** to be and cut it out in the shape of the **boubou.** Glue the patterns on it.

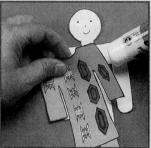 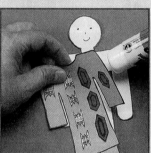

Step 3 Now, draw a mannequin and glue your **boubou** on it. Put your mannequins on the walls around your classroom.

 Recherches Qu'est-ce qui fait qu'un boubou est plus élégant qu'un autre?

Comparaisons

Les soldes en France

Les soldes

Tu es en France au mois de juin et tu décides d'aller faire les magasins. Tu veux trouver une chemise en solde[1]. Mais, tu ne trouves pas.

a. Les soldes n'existent pas en France.

b. Les soldes existent seulement[2] deux fois par an.

c. Les magasins où tu vas ne font pas de soldes.

Stores in France are allowed to have items **en solde** only twice a year: in the winter, right after Christmas, and in the summer, usually in July. The beginning date of the **soldes** is decided by the storekeepers and a regional representative of the government. The **soldes** cannot last more than six weeks. The storekeeper cannot discount the price of an item if it means that he will lose money. Throughout the year, stores are also allowed to lower prices on a few selected items that are **en promotion** for a short period of time.

ET TOI?

1. Do you buy items on sale? When do you usually find the best sales?

2. Do stores in the U.S. follow similar regulations? Should they? Why or why not?

Communauté

Des costumes traditionnels

Different cultures in the United States have their own traditional costumes. What are the costumes of the country from which your family came? Do people from your region of the United States dress in a particular way? Look up images of traditional costumes from your area on the Internet or at the library. At what events do people wear these costumes today?

1. on sale 2. only

Costumes folkloriques mexicains

Objectifs
- to ask about and give prices
- to make a decision

Vocabulaire
à l'œuvre 2

Télé-vocab

Dans une grande surface

Au rayon sport et plein-air

une canne à pêche

un coupe-vent

une tente

un vélo tout terrain (VTT)

une glacière

des chaussures (f.) de randonnée

un masque de plongée

un tuba

des palmes (f.)

des jumelles (f.)

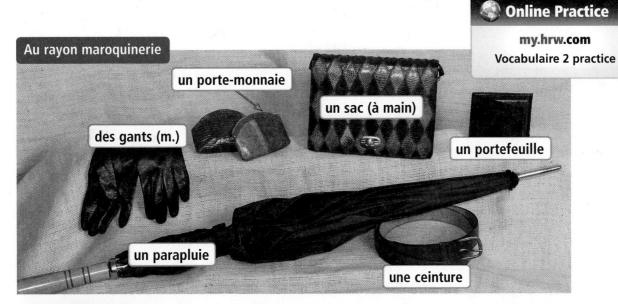
Online Practice

my.hrw.com
Vocabulaire 2 practice

Au rayon maroquinerie

un porte-monnaie

un sac (à main)

des gants (m.)

un portefeuille

un parapluie

une ceinture

Au rayon bijouterie

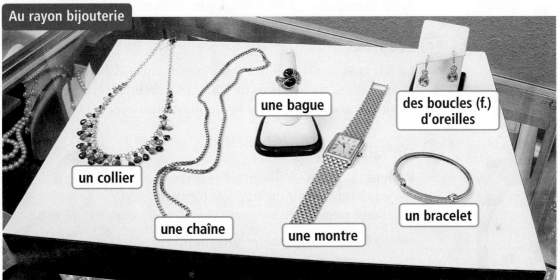

une bague

des boucles (f.)
d'oreilles

un collier

un bracelet

une chaîne

une montre

D'autres mots utiles

un cerf-volant	*kite*	en or	*in gold*
un skate(board)	*skateboard*	en argent	*in silver*
une planche de surf	*surf board*	en diamant	*diamond*
un maillot de bain	*bathing suit*	cher/chère	*expensive*

Exprimons-nous!

To ask about prices	To give prices
Il/Elle coûte combien, ce vélo/cette bague? *How much does . . . cost?*	**Il/Elle coûte** 4.000 FCFA. *It costs . . .*
Ils/Elles sont **en solde,** les colliers/les montres? *Are . . . on sale?*	Oui, **ils/elles sont soldé(e)s à** 6.500 FCFA. *. . ., they are on sale for . . .*

Vocabulaire et grammaire,
pp. 79–81

Online
Workbooks

22 **Le cadeau idéal**

Lisons Monique doit trouver des cadeaux de Noël. Aide Monique à choisir un cadeau logique d'après les goûts de chaque personne.

une bague	un sac en cuir	un VTT
des jumelles	un tuba et des palmes	une tente

1. Son père aime faire du camping.

2. Sa sœur adore les bijoux *(jewels)*.

3. Son ami Arthur va souvent à la mer.

4. Sa mère porte des vêtements très élégants.

5. Son frère adore faire du vélo.

6. Sa grand-mère aime regarder les oiseaux *(birds)*.

23 **Écoutons**

Cédric et ses amis sont dans une grande surface. Pour chaque conversation, indique s'ils sont **a) au rayon bijouterie, b) au rayon sport** ou **c) au rayon maroquinerie.**

24 **On fait des achats**

Parlons Regarde les illustrations et dis ce que chaque personne va probablement acheter ce week-end.

Sédar

MODÈLE **Sédar va acheter une montre.**

1. M. Rongier

2. Oumar et Simon

3. vous

4. tu

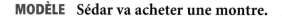

Exprimons-nous!

To make a decision

The salesperson might say:	You might respond:
Vous avez décidé?	**Je ne sais pas quoi choisir.**
Have you decided?	*I don't know what to pick.*
	Je n'arrive pas à me décider.
	I can't decide.
Je peux vous montrer les bagues en or?	Non, je trouve qu'elles sont **un peu trop** chères.
Can I show you . . .?	*. . . a little bit too . . .*
Regardez, ce bracelet est **bon marché!**	Oui, **c'est une bonne affaire!**
. . . inexpensive!	*. . . it's a great deal!*

Vocabulaire et grammaire, *pp. 79–81* **Online Workbooks**

25 Au magasin!

Écrivons Saliou va faire du camping et il veut acheter une nouvelle tente. Écris une conversation entre Saliou et le vendeur. Utilise les expressions de la boîte et fais tous les changements nécessaires.

Vous avez décidé?	Je ne sais pas…	un peu trop	rouge	jaune
Il coûte combien…	bon marché	en solde	vert	cher

MODÈLE —Bonjour. Je peux vous aider?
—Oui, je cherche une tente, s'il vous plaît…

Communication

Digital **performance space**

26 Scénario

Parlons Tu es au magasin avec un(e) ami(e). Tu ne sais pas quoi acheter. Ton ami(e) va te donner son opinion sur différentes choses. Tu demandes les prix au vendeur et finalement tu achètes quelque chose. Jouez cette scène en groupe de trois.

MODÈLE —Vous avez décidé?
—Je ne sais pas quoi choisir…

90.000 FCFA

18.700 FCFA

5.500 FCFA

24.000 FCFA

52.000 FCFA

Vocabulaire 2

Objectifs
- the *passé composé* of *-er* verbs
- the *passé composé* of irregular verbs

Grammaire à l'œuvre 2

Grammavision

The *passé composé* of *-er* verbs

1 To tell what happened in the past, use a verb in the **passé composé**. The **passé composé** has two parts: **a helping verb** and **a past participle.** The helping verb for most verbs is avoir. You form the past participle of most **-er** verbs by replacing the **-er** with **-é.**

chercher *(to look for)*			
j'	ai cherché	nous	avons cherché
tu	as cherché	vous	avez cherché
il/elle/on	a cherché	ils/elles	ont cherché

2 The **passé composé** is the equivalent of these three ways to express the past tense in English.

J'ai mangé.   *I ate. / I have eaten. / I did eat.*

3 To say what didn't happen, place **ne... pas** around the **helping verb.**

Je n'**ai pas** trouvé de chemise à ma taille.
I didn't find a shirt in my size.

Vocabulaire et grammaire, *pp. 82–83*
Cahier d'activités, *pp. 65–67*
 Online Workbooks

Déjà vu!

The verb avoir is irregular.

j'	ai
tu	as
il/elle/on	a
nous	avons
vous	avez
ils/elles	ont

27 Écoutons

Zoé parle de ses activités et des activités de ses copains. Pour chaque phrase, indique si elle parle a) **du présent** ou b) **du passé.**

28 On fait quoi?

Lisons Farida parle avec une amie de ce qu'elle et sa famille ont fait hier. Complète les phrases suivantes de manière logique.

1. Ma sœur et moi, nous…
2. Où est-ce que vous…
3. Dans un magasin très chic, je/j'…
4. Sylvie…
5. Mes frères
6. Et toi? Qu'est-ce que tu…

a. n'a pas trouvé de sac en cuir.
b. ai acheté des jeans.
c. ont acheté une tente.
d. avez trouvé ces jumelles?
e. as acheté?
f. avons acheté ces bracelets.

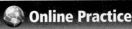

Grammaire 2

29 Au centre commercial

Parlons Xavier est allé *(went)* au centre commercial avec sa famille. Regarde les images et utilise les éléments donnés pour former des phrases complètes au passé composé.

1. Je / regarder
2. Mes sœurs / acheter
3. Nous / manger
4. Papa / essayer

1.   2.   3.   4.

30 Devine!

Écrivons Donne une raison logique pour expliquer pourquoi chaque chose est arrivée *(happened)* en utilisant le verbe donné.

MODÈLE Stéphane est très content. (danser avec Céline).
           Il a dansé avec Céline.

1. Mariama a de mauvaises notes *(grades)*. (étudier)
2. Jérôme n'a pas faim. (manger)
3. Mélanie et Gilles sont fatigués *(tired)*. (travailler)
4. Luc n'a pas téléphoné au nouvel élève. (ne pas trouver)
5. Aïda a gagné *(won)* le match de tennis. (jouer)

Digital
performance space

31 Questions personnelles

Parlons Avec un(e) camarade, parlez de ce que vous avez fait le week-end dernier *(last)*. Ensuite, raconte le week-end de ton/ta camarade à la classe. Tu peux utiliser des verbes de la boîte.

jouer	manger	acheter
téléphoner	regarder	travailler
écouter	essayer	trouver

MODÈLE —Qu'est-ce que tu as fait samedi?
           —Moi, j'ai joué au tennis avec mon frère...

The *passé composé* of irregular verbs

1 These verbs use **avoir** as the **helping verb** in the **passé composé**, but they have **irregular past participles.** You will need to memorize them.

être	→ **été**	Nous avons **été** au magasin.
avoir	→ **eu**	J'ai **eu** un problème avec mon nouveau tuba.
vouloir	→ **voulu**	J'ai **voulu** acheter un VTT.
boire	→ **bu**	Il a **bu** une limonade au café.
lire	→ **lu**	Elles ont **lu** les romans de Proust.
voir	→ **vu**	J'ai **vu** un super cerf-volant au magasin.
mettre	→ **mis**	Vous avez **mis** une veste?
prendre	→ **pris**	Ils ont **pris** un sandwich au jambon.
faire	→ **fait**	Qu'est-ce que tu as **fait?**
pleuvoir	→ **plu**	Il a **plu** hier.

2 The **passé composé** of **il y a** is **il y a eu.**

Il y **a eu** un accident devant le magasin de vêtements.
There was an accident in front of the clothing store.

Vocabulaire et grammaire, *pp. 82–83*
Cahier d'activités, *pp. 65–67*

Online
Workbooks

En anglais

In English, some verbs have an irregular past tense form, such as the verb *to swim*. In the past, you would say *I swam* or *I have swum* or *I did swim.*

Can you think of other irregular verbs in English?

In French too, there are verbs with irregular forms in the past tense.

32 Fais le bon choix!

Lisons Choisis le mot approprié pour compléter les phrases.

1. Yvonne et moi, nous avons (fais / fait) nos devoirs.
2. Marine a (étudié / étudie) ses maths hier.
3. J'ai (mangé / manges) du poulet ce soir.
4. Vous avez (buvez / bu) de l'eau minérale?
5. Il a (mis / met) un maillot de bain pour aller à la plage.

33 Notre week-end

Écrivons Brigitte raconte ce qu'elle et ses amis ont fait le week-end dernier. Complète ses phrases avec un verbe **au passé composé.**

acheter	vouloir	lire	faire	pleuvoir	voir

1. Moi, j' _____ un roman intéressant.
2. Fayed et moi, nous _____ un film super!
3. Bertrand et Ali _____ des photos au parc.
4. Ousmane _____ une nouvelle voiture.
5. Nous _____ jouer au foot mais il _____!

À la québécoise

In Quebec, it's common for people to say **magasiner** instead of **faire les magasins.**

34 **Qu'est-ce qu'on a fait?**

Parlons Dis ce que ces personnes ont fait hier.

1. tu

2. les Gauvin

3. vous

4. je

5. Benjamin

6. nous

35 **À construire**

Écrivons Crée des phrases complètes avec les éléments donnés pour dire ce que Laurent et sa famille ont fait le week-end dernier.

Papa	avoir	le journal
Mon frère	lire	un film
Je	prendre	un accident
Maman et moi	ne pas vouloir	du surf
Mes grands-parents	voir	le bus
	faire	aller au café

Digital **performance space**

Communication

36 **Interview**

Écrivons/Parlons Prépare une liste de six activités. Puis, demande à tes camarades de classe s'ils ont fait ces activités récemment *(recently)*. Essaie de trouver quatre activités que la majorité de tes camarades ont faites récemment.

MODÈLE Est-ce que tu as joué au tennis? Quand?

Application 2

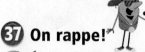

37 On rappe!

Écoute la chanson **Je peux vous aider?** Fais une liste de toutes les choses que les clients veulent acheter à la Boutique magique.

38 Qu'est-ce qui se passe?

Écrivons Crée des conversations pour les situations suivantes.

> **MODÈLE** —Elle coûte combien, la montre?
> —Elle coûte cent soixante euros.

1.

2.

3.

4.

Un peu plus

Adverbs with the *passé composé*

Here are some common adverbial expressions used when talking about the past. They can be placed at the beginning or at the end of a sentence.

hier matin/après-midi/soir
yesterday morning/ afternoon/ evening

lundi (mardi…) dernier
last Monday (Tuesday…)

la semaine dernière/le mois dernier/ l'année dernière
last week/last month/last year

> Vocabulaire et grammaire, *p. 84*
> Cahier d'activités, *pp. 65–67*
> **Online Workbooks**

39 C'est dans le passé

Écrivons Fais des phrases au passé avec les éléments suivants.

1. Élise / hier / étudier / ses maths
2. bibliothèque / jeudi dernier / tu / être
3. faire du piano / je / hier soir
4. les devoirs / dans son sac / le prof / mettre / vendredi dernier
5. le mois dernier / voir / nous / un bon film
6. Jamila et Ahmed / cinéma / hier soir / vouloir aller

40 Deux semaines occupées

Lisons/Parlons Aujourd'hui, c'est le 24. Utilise le calendrier et des adverbes pour dire quand Maurice a fait chaque activité.

MODÈLE **Hier matin, il a eu un match** (game) **de football.**

Lundi	Mardi	Mercredi	Jeudi	Vendredi	Samedi	Dimanche
11	**12**	**13** voir un film avec Marc	**14**	**15** café avec Marie	**16** jouer au tennis avec Paul	**17** travailler au restaurant
18	**19** téléphoner à Mémé	**20**	**21**	**22** faire les devoirs	**23** match de foot	**24**

Communication

Digital performance space

41 Interview

Parlons Pose des questions à deux camarades pour savoir qui a fait ces activités le week-end dernier.

MODÈLE — **Est-ce que tu as joué au foot samedi dernier?**
— **Oui, j'ai joué au foot.**

étudier	faire tous ses devoirs	mettre un tailleur/ une cravate
travailler à la maison	jouer au foot	voir un film au ciné
prendre un taxi	écouter de la musique	acheter un nouveau CD

42 Une boutique chère

Parlons Yasmina a fait les magasins hier. Elle a trouvé une robe qu'elle aime bien et elle veut l'essayer. Avec un(e) camarade, vous allez jouer le rôle de Yasmina et de la vendeuse. Lisez les questions ci-dessous et répondez-y de manière logique. Ensuite, échangez les rôles.

— **Je peux vous aider?**
—

— **Quelle taille faites-vous?**
—

— **Alors, elle vous plaît, la robe?**
—

— **Elle coûte 230 euros.**
—

Télé-roman

Que le meilleur gagne!

Épisode 7

DVD

STRATÉGIE

Recognizing different points of view When characters have different perspectives on people and events, it is important to keep track of why they think the way they do in order to determine the truth. Recalling previous scenes that the various characters witnessed or in which they showed opinions and feelings helps to understand their points of view. In this episode, Laurie and Yasmina show very different opinions of Kevin. Why is Laurie thinking the way she does and why is Yasmina resisting her friend's warnings?

Laurie et Yasmina achètent un cadeau pour Adrien...

La vendeuse Bonjour, mesdemoiselles.
Laurie Bonjour. On cherche quelque chose pour l'anniversaire d'un copain.

Yasmina Tu préfères ce tee-shirt en vert ou en noir?
Laurie En vert. Adrien aime beaucoup le vert.

Laurie Et ces lunettes, elles coûtent combien, s'il vous plaît?
La vendeuse Vingt-deux euros.

Laurie Oh! J'ai un message d'Adrien... «Reçu la dernière énigme. Chez moi, 6 heures. Parle à Yasmina...»

Yasmina De quoi est-ce que tu dois me parler?
Laurie De Kevin.

Télé-roman

6

Yasmina De Kevin? Pourquoi?

Laurie Ben, l'autre jour, on a vu Kevin au café avec une fille… et il a dit qu'il te parlait seulement à cause du concours, pour avoir les réponses.

7

Yasmina Non. Impossible. Kevin n'est pas comme ça. Bon! On va chez Adrien?

Chez Adrien…

8

9

Adrien Alors, pour la dernière énigme, on doit trouver un endroit dans Nice qui va nous indiquer le nom du lycée mystérieux. Mademoiselle N'Guyen m'a donné un plan de Nice pour nous aider.

Yasmina Je voudrais faire une photocopie du plan pour l'étudier un peu avant dimanche.

À la photocopieuse…

10 *Yasmina fait une photocopie du plan de Nice et modifie la copie.*

AS-TU COMPRIS?

1. Qu'est-ce que Yasmina et Laurie cherchent dans le magasin?

2. Combien coûtent les lunettes de soleil?

3. Qui envoie un message à Laurie? Pourquoi?

4. De qui Adrien veut que Laurie parle à Yasmina?

5. D'après ce que Yasmina dit, qu'est-ce qu'elle veut faire avec le plan?

Prochain épisode:
D'après toi, qu'est-ce que Yasmina va faire avec le plan de Nice qu'elle a copié et modifié?

Lecture et écriture

STRATÉGIE pour lire

Facts and opinions When you read, be careful to separate facts from opinions. A fact is something that can be proven by observation or specific information. An opinion is someone's personal view of something.

A Avant la lecture

Regarde les photos. Comment est-ce que tu penses que les jeunes s'habillent au Sénégal? Est-ce que tu crois que la mode fait partie de leurs préoccupations? Qu'est-ce qu'ils aiment ou n'aiment pas?

«» Le Sénégal : la mode et les jeunes «»

Dakar est en train de devenir[1] la capitale de la mode en Afrique. Les maisons de couture sont de plus en plus nombreuses. Les couturiers[2] sénégalais comme Oumou Sy ou Mame Faguèye Bâ, meilleure[3] styliste d'Afrique de l'Ouest en 2002, aiment retravailler les habits traditionnels que les Sénégalais font encore faire sur mesure[4] chez leur tailleur[5].

Et les jeunes, qu'est-ce qu'ils préfèrent?

66 *Qu'est-ce que les ados portent de nos jours à Dakar?* 99

A Moi, j'aime porter des jeans et des tee-shirts. Mais, j'aime aussi les vêtements traditionnels. Je porte toujours un moussor[6], même si je suis en jean et en tee-shirt.

Aminata

Y Moi, je suis toujours en jean et en chemise.

Youssou

66 *Et c'est quoi, le vêtement traditionnel sénégalais?* 99

A Le pagne[7] et le boubou. Le boubou, c'est un vêtement large que l'on enfile[8] par la tête. C'est super coloré. Les femmes portent aussi le moussor. C'est un foulard qui se porte sur la tête.

Y Je porte des vêtements traditionnels comme le grand boubou complet seulement les jours de fête. C'est un pantalon, une chemise et par-dessus[9] on met un grand boubou.

66 *Qui est votre styliste préféré?* 99

A J'adore ce que fait Mame Faguèye Bâ. C'est cool!

Y J'aime bien Diarra Diop.

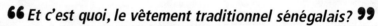

1. is becoming   2. fashion designers   3. best   4. custom made   5. tailor   6. traditional scarf worn on the head   7. traditional African cloth   8. to slip on   9. on top

Lecture et écriture

B Compréhension

Réponds aux questions suivantes avec des phrases complètes.

1. Quelle ville est le centre de la mode au Sénégal?
2. Quels sont les noms de deux grands couturiers sénégalais?
3. Qu'est-ce qu'Aminata porte en général?
4. Quels vêtements est-ce que Youssou aime porter?
5. Qui préfère porter des vêtements traditionnels: Aminata ou Youssou?

C Après la lecture

Read the text again and see if you can distinguish between statements that reflect facts and those that express opinions. Then, write a short paragraph in French about current fashion trends you see in magazines or at your school and give your opinion.

Espace écriture

Vêtement	J'aime.../ Je n'aime pas	Mon ami(e) aime/ n'aime pas

STRATÉGIE pour écrire

Using charts to visualize and contrast
When you write about differing opinions, it helps to choose terms that show sharp, clear contrasts. Using charts can help you visualize and contrast differing perspectives.

Ça me va comme un gant!

Imagine that you are shopping for clothes with a friend. However, you and your friend can't agree about anything today! If you think something looks good and fits well, your friend says it looks awful. Write a short story about your shopping trip.

1 Plan

In a column, list at least five pieces of clothing. In the next column, write what you like or don't like about each item. In a third column, write the contrasting opinions your friend has.

2 Rédaction

Using your chart, write about your shopping trip. Include your and your friend's opinions about the clothes: how they fit, if they look good, and whether they are in style or not. Include details to back up each opinion.

3 Correction

Read your draft at least two times, comparing it with your chart. Are the contrasting opinions clear? Check spelling and punctuation.

4 Application

Share your paragraph with the class. Ask your classmates to respond by giving their opinions or preferences regarding the clothing.

Prépare-toi pour l'examen

@ HOMETUTOR

1 Décris ce que chaque personne porte.

1 Vocabulaire 1
• to offer and ask for help
• to ask for and give opinions
pp. 222–225

1. Alain   2. Thuy   3. Binata   4. Raoul   5. Corinne

2 Grammaire 1
• demonstrative adjectives
• interrogative adjectives
Un peu plus
• the verb *mettre*
pp. 226–231

2 Complète les dialogues avec une forme de **ce, quel** ou avec la forme correcte du verbe **mettre**.

1. —Paul, qu'est-ce que tu penses de _____ coupe-vent?
   —Je préfère _____ anorak.
2. —Qu'est-ce que tu _____ pour aller au ciné ce soir?
   —Je vais mettre _____ pantalon bleu et _____ chemise.
3. —_____ cravate préfères-tu, Hélène?
   —Je préfère _____ cravate-ci.
4. —André, Nicole et toi, qu'est-ce que vous _____ ce soir?
   —Je _____ un pantalon gris et une chemise et Nicole _____ une robe noire.
5. —_____ chaussures est-ce que tu vas porter?
   —_____ chaussures-là.

3 Choisis la meilleure réponse à chaque question.

3 Vocabulaire 2
• to ask about and give prices
• to make a decision
pp. 234–237

1. Qu'est-ce que tu penses de cette chaîne?
2. Vous avez décidé?
3. Elle me va, cette ceinture?
4. Regardez, ce bracelet n'est pas cher.
5. Elles coûtent combien, ces jumelles?

a. Non, elle est un peu tape-à-l'œil.
b. Oui, il est très bon marché!
c. Elle est jolie! Elle est en or?
d. Elles sont soldées à 1.000 CFA.
e. Je ne sais pas quoi choisir.

4 Complète la conversation entre Claire et son amie Zoë avec le verbe logique **au passé composé.**

—Claire, tu ___1___ (trouver / pleuvoir) quelque chose au centre commercial, hier?

—Oui, je/j' ___2___ (boire / acheter) une très jolie jupe rouge.

—Sacha ___3___ (écouter / acheter) quelque chose aussi?

—Oui. Elle ___4___ (mettre / essayer) un chemisier blanc, mais elle ___5___ (décider / faire) de prendre un chemisier orange.

—Qu'est-ce que vous ___6___ (faire / être) après?

—Nous ___7___ (boire / voir) un film au ciné.

5 Réponds aux questions suivantes.

1. What is **batik**?

2. What are the two French words for "size"? What is the difference between the two words?

3. What are the rules governing **les soldes** in France? When do they occur? How long do they last?

4. What is the currency used in Senegal?

6 Écoute chaque phrase et décide qui parle: **a) le vendeur/ la vendeuse** ou **b) le client/la cliente.**

7 Aujourd'hui, ton/ta camarade et toi faites les magasins. Vous essayez plusieurs articles *(items)* et vous discutez de vos choix. D'abord, lisez les instructions pour chaque réplique *(exchange)*. Ensuite, créez votre dialogue en utilisant des expressions de ce chapitre et d'autres chapitres.

Élève A:	Choisis un vêtement et demande son opinion à ton/ta camarade.
Élève B:	Donne ton opinion à ton/ta camarade et demande-lui ce qu'il/elle pense de ton choix de vêtement.
Élève A:	Donne ton opinion et demande à ton/ta camarade le prix du vêtement.
Élève B:	Réponds à la question de ton/ta camarade.
Élève A:	Donne ton opinion sur le prix *(price)* du vêtement et demande à ton/ta camarade sa préférence sur un accessoire.
Élève B:	Montre *(show)* un accessoire et dis que tu préfères cet accessoire. Demande le prix de l'accessoire.
Élève A:	Réponds à ton/ta camarade.
Élève B:	Donne ton opinion sur le prix de l'accessoire.

4 Grammaire 2
• the *passé composé* of *-er* verbs
• the *passé composé* of irregular verbs

Un peu plus
• adverbs with the *passé composé*
pp. 238–243

5 Culture
• Comparaisons p. 233
• Flash culture pp. 224, 227, 228, 236

Prépare-toi pour l'examen

Grammaire 1
- demonstrative adjectives
- interrogative adjectives

Un peu plus
- the verb *mettre*
  pp. 226–231

Résumé: Grammaire 1

To say *this*, *that*, *these*, or *those*, use the demonstrative adjective **ce.**

MASCULINE	FEMININE	PLURAL
ce pull	**cette** chemise	**ces** bottes
cet imperméable		

Quel is an interrogative adjective that means *which* or *what*. It has four forms: **quel, quels, quelle,** and **quelles.**

The forms of **mettre** (*to put/to put on something*) are: je **mets,** tu **mets,** il/elle/on **met,** nous **mettons,** vous **mettez,** ils/elles **mettent**

Grammaire 2
- the *passé composé* of *-er* verbs
- the *passé composé* of irregular verbs

Un peu plus
- adverbs with the *passé composé*
  pp. 238–243

Résumé: Grammaire 2

The **passé composé** has two parts, a helping verb (usually **avoir**) and a past participle. To form the past participle of most **-er** verbs, replace the **-er** with **-é.**

regard**er** → regard**é**   j'ai regardé

Some verbs have irregular past participles:

être → été	avoir → eu	vouloir → voulu
boire → bu	lire → lu	voir → vu
mettre → mis	prendre → pris	faire → fait

Here are some adverbial expressions used to talk about the past: **hier, lundi dernier, la semaine dernière, le mois dernier.**

Lettres et sons

The glides [j], [w], and [ɥ]

A glide is a vowel that is pronounced together with, or glided into a neighboring vowel. One glide is [j], which is pronounced much like the *y* in the English word *yet*. The letter **i** when followed by **e** is pronounced this way: **bien, chemisier.** The letters **ll** after i are also pronounced this way: **gentille, maillot, travailler.**

Another glide is [w], which is pronounced much like the *w* in the English word *wet*. The letter **o** when followed by **i** is pronounced this way: **moi, trois.** The letters **ou** when followed by another vowel are also pronounced this way: **Louis, jouer.**

The last glide is [ɥ]. This sound is pronounced like [w] but with the tongue kept close to the roof of the mouth. The letter **u** when followed by **i** is pronounced this way: **cuir, huit, juillet, lui.**

Jeux de langue
La gentille petite fille Louise joue en maillot de bain au mois de juillet sur la plage.

Dictée
Écris les phrases de la dictée.

Résumé: Vocabulaire 1

PRACTICE FRENCH WITH HOLT MCDOUGAL APPS!

To offer and ask for help

les **accessoires** (m.)	accessories	un **manteau**/une **veste**	coat/jacket
un **anorak**	hooded winter jacket	un **pantalon**	pants
des **bottes** (f.)	boots	un **pull**	pullover
une **casquette**/un **chapeau**	cap/hat	une **robe**	dress
des **chaussettes** (f.)	socks	des **sandales** (f.)	sandals
des **chaussures** (f.)	shoes	les **vêtements** (m.)	clothes
une **chemise**/un **chemisier**	shirt/blouse	J'aime porter…	I like to wear . . .
un **costume**/un **tailleur**	man's suit/woman's suit	Je cherche… pour mettre avec…	I'm looking for . . . to go with . . .
une **cravate**	tie	Je fais du…	I wear size . . . (in clothing/shoes).
une **écharpe**	scarf (like a long woolen scarf)	Je peux essayer…?	May I try on . . . ?
en **coton**/en **cuir**	made of cotton/made of leather	Je peux vous aider?	Can I help you?
en **laine**/en **lin**	made of wool/made of linen	Je voudrais quelque chose pour…	I'd like something for . . .
en **jean**/en **soie**	made of denim/made of silk	Non merci, je regarde.	No thank you, I'm just looking.
étroit(e),serré(e)/**large**	tight/loose	Quelle taille/pointure faites-vous?	What clothing/shoe size do you wear?
un **foulard**	scarf (as in a dressy silk scarf)	Vous avez… en vert/en 40?	Do you have . . . in . . . ?
un **imperméable**	raincoat		
un **jean**	jeans		
une **jupe**	skirt		
les **lunettes** (f.) de soleil	sun glasses		

To ask for and give opinions .... *see p. 224*

Résumé: Vocabulaire 2

To ask about and give prices

une **bague**/un **bracelet**	ring/bracelet	une **montre**	watch
bon marché	inexpensive	des **palmes** (f.)/un **tuba**	fins/mask and snorkel
des **boucles** (f.) d'oreilles	earrings	un **parapluie**	umbrella
une **canne à pêche**	fishing rod	une **planche de surf**	surf board
une **ceinture**	belt	un **portefeuille**	wallet
un **cerf-volant**	kite	un **porte-monnaie**	coin purse
une **chaîne**/un **collier**	chain/necklace	le **rayon bijouterie**	jewelry department
des **chaussures** (f.) de randonnée	hiking boots	le **rayon maroquinerie**	leather goods department
cher/chère	expensive	le **rayon sport et plein-air**	sporting goods department
un **coupe-vent**	wind-breaker	un **sac** (à main)	handbag/purse
en **argent**/en **or**/en **diamant**	in silver/in gold/diamond	un **skate** (board)	skateboard
des **gants** (m.)	gloves	un **vélo tout terrain** (VTT)	mountain bike
une **glacière**	ice chest	Il/Elle coûte…	It costs . . .
une **tente**	tent	Il/Elle coûte combien,…?	How much does . . . cost?
une **grande surface**	big department store	Oui,ils/elles sont soldé(e)s à…	Yes, they are on sale for . . .
des **jumelles** (f.)	binoculars	…en solde,…?	. . . on sale . . . ?
un **maillot de bain**	bathing suit		
un **masque de plongée**	diving mask		

Les nombres de mille à million .... *see p. 236*

To make a decision .... *see p. 237*

Prépare-toi pour l'examen

Révisions cumulatives

🎧 **1** Monique et Amélie ont fait du shopping. Choisis l'image qui correspond à chaque conversation.

a.   b.   c.   d.   e.

2 Regarde cette publicité pour un magasin sénégalais. Indique si les phrases qui suivent sont **a) vraies** ou **b) fausses.**

🐘 Afrique Bazar

Jupe longue en batik

Trois styles disponibles:
jupe droite, à plis ou portefeuille
Saisons : Printemps, Été.
Couleurs: beige, bleu, vert, rose
Tailles: 28, 30, 32, 34, 36
14.000 FCFA – 15.500 FCFA

Bijoux exotiques

Beaux bracelets en argent et en cuivre,
garnis de perles en bois de différentes couleurs.
Faits au Sénégal par des artisans locaux.
19.000 FCFA – 22.000 FCFA

Porte-monnaie

Faits en cuir coloré.
Avec fermeture
éclair ou à pression,
assortis au sac.
Couleurs:rouge,
marron, olive, noir.
2.155 FCFA – 2.600 FCFA

Pantalon et tunique pour femmes

Pantalon à deux poches.
Fermeture éclair et agrafes.
Saisons : Printemps, Été.
Couleurs : bleu, rose,
jaune, orange et
pourpre.
Tailles: P, M, L.
Ensemble 14.200 FCFA

1. Les bracelets coûtent de neuf mille à vingt-deux mille FCFA.
2. Si Aminata a 50.000 FCFA, elle peut acheter une jupe et un porte-monnaie.
3. Le bracelet est disponible en or.
4. Les pantalons sont pour les hommes et les femmes.
5. On peut acheter le pantalon en jaune.
6. On trouve le pantalon en quatre tailles différentes.

3 Demande a un(e) camarade de classe ce qu'il/elle a acheté la dernière fois qu'il/elle est allé(e) *(went)* au centre commercial. Si ton/ta camarade a acheté des vêtements, demande la couleur et pour quels événements *(events)* il/elle pense mettre ses nouveaux vêtements.

4 Regarde ce tableau fait par l'artiste sénégalaise Anne-Marie Diam et réponds aux questions suivantes.

1. Décris les caractéristiques physiques des personnes de ce tableau.
2. Qu'est-ce que l'homme et la femme portent? De quelles couleurs sont leurs vêtements?
3. Selon toi, est-ce que ces personnes préfèrent des vêtements traditionnels ou modernes?
4. À ton avis, ces vêtements sont faits en quel tissu *(fabric)*?
5. Qu'est-ce que tu penses de ce tableau?

Un tableau d'Anne-Marie Diam

5 Tu as gagné un concours. Le prix? 500 euros que tu peux dépenser au centre commercial! Écris un e-mail à un(e) ami(e) pour décrire ce que tu as acheté. Dis à ton ami(e) où tu as acheté chaque chose.

6 **À ton tour** **Les Galeries Farfouillettes** Create a classroom department store. Make signs for different departments such as school supplies, clothing, leather goods, electronics, sporting goods, and jewelry. Tell which items each department has for sale and include the prices. Act out the roles of salespeople and shoppers who buy and sell the merchandise.

Révisions cumulatives

Révisions cumulatives (rotated)

À la maison

Objectifs

In this chapter, you will learn to

- ask for, give, and refuse permission
- tell how often you do things
- describe a house
- tell where things are

And you will use

- the verbs **pouvoir** and **devoir**
- the **passé composé** with **-ir** and **-re** verbs
- negative expressions
- the verbs **dormir, sortir,** and **partir**
- the **passé composé** with **être**
- **-yer** verbs

▶ *Que vois-tu sur la photo?*

Où sont ces personnes?

Qu'est-ce que ces personnes font?

Et toi, qu'est-ce que tu fais quand tu es chez toi *(at home)*? Est-ce que tu prépares le repas?

Cérémonie du thé dans une famille, à Dakar

Objectifs
- to ask for, give, or refuse permission
- to tell how often you do things

Vocabulaire
à l'œuvre **1**

DVD
Télé-vocab

Les corvées chez les Bâ au Sénégal

faire la cuisine

mettre la table

balayer

nettoyer

débarrasser la table

faire la vaisselle

faire la lessive

▶ Vocabulaire supplémentaire—Les corvées, p. R8

Les corvées chez les Leclerc, à Québec

laver la voiture

faire son lit

arroser les plantes

promener/ sortir le chien

ranger sa chambre

tondre la pelouse

vider le lave-vaisselle

passer l'aspirateur

sortir la poubelle

Exprimons-nous!

To ask for permission	To give or refuse permission
Tu es d'accord si je vais au cinéma? *Is it OK with you if . . . ?*	**D'accord, si** tu fais la vaisselle. *It's OK if . . .*
Est-ce que je peux aller chez Laurent? *Can I . . . ?*	**Bien sûr, mais il faut d'abord donner à manger** au chien. *Of course, but first you have to feed . . .*
	Pas question! *Out of the question!*
	Non, tu dois tondre la pelouse. *No, you have to . . .*

Vocabulaire et grammaire,
pp. 85–87

Online Workbooks

❶ Écoutons

🎧 Les enfants de Mme Loum demandent la permission de faire des activités. Dans chaque cas, indique si elle **a) donne la permission** ou **b) refuse la permission.**

❷ Chasse l'intrus!

Lisons Choisis l'expression qui n'appartient pas à chaque groupe.

1. balayer / nettoyer / passer l'aspirateur / tondre la pelouse
2. laver la voiture / tondre la pelouse / ranger sa chambre / promener le chien
3. faire la lessive / faire la vaisselle / mettre la table / laver la voiture
4. passer l'aspirateur / faire la lessive / arroser les plantes / balayer
5. faire la vaisselle / faire la cuisine / faire son lit / vider le lave-vaisselle

❸ Quel désordre!

✏️ **Écrivons** Ces jeunes veulent faire des activités mais ils ont des corvées à faire d'abord. Écris une petite conversation entre les parents et les jeunes.

♻️ *Souviens-toi!* Les endroits et les activités, pp. 52–53, 162

Chloé et Samuel

MODÈLE —**Papa, tu es d'accord si nous allons au cinéma?**
—**D'accord si vous rangez votre chambre.**

1. Anne

2. Sébastien

3. Jérôme

4. Perrine et Thomas

5. Julie et Max

6. Florent

Exprimons-nous!

To tell how often you do things

Je fais mon lit **tous les** jours.	*. . . every . . .*
D'habitude, mon frère range sa chambre le samedi.	*Usually, . . .*
C'est toujours moi **qui** fais la vaisselle.	*It's always . . . that . . .*
Ma mère passe l'aspirateur une **fois par** semaine.	*. . . time(s) a . . .*
Je **ne** fais **jamais** la cuisine.	*. . . never . . .*

Vocabulaire et grammaire, pp. 85–87

 Online Workbooks

4 **Et toi?**

Parlons Dis si tu fais souvent les corvées suivantes.

faire son lit	ranger sa chambre	faire la cuisine
vider le lave-vaisselle	laver la voiture	sortir la poubelle

MODÈLE promener le chien: **Je promène le chien tous les jours.**

5 **Qu'est-ce que tu fais?**

Écrivons Un journaliste fait un sondage sur les adolescents et les corvées. Réponds à ses questions avec des phrases complètes.

MODÈLE —Qu'est-ce que tu fais comme corvées tous les matins?
　　　　　　—Je fais mon lit tous les matins.

1. Quelles corvées est-ce que tu fais tous les jours?
2. Quelles corvées est-ce que tu fais quelques fois par semaine?
3. Quelles corvées est-ce que tu ne fais pas souvent?
4. Chez toi, qui fait la cuisine, d'habitude?
5. Quelles corvées est-ce que tu ne fais jamais?
6. Complète cette phrase: C'est toujours… qui…

Digital performance space

Communication

6 **Sondage**

Parlons Fais un sondage pour découvrir s'il y a vraiment des corvées typiquement féminines ou masculines. Si tu veux, utilise les questions de l'activité 5 pour ton sondage. Partage tes résultats avec la classe.

MODÈLE —Katie, qu'est-ce que tu fais comme corvées?
　　　　　　—D'habitude, je donne à manger au chien et…
　　　　　　—Et toi David, qui fait… chez toi?

Vocabulaire 1

Le Sénégal

Objectifs
- the verbs *pouvoir* and *devoir*
- the *passé composé* of *-ir* and *-re* verbs

The verbs *pouvoir* and *devoir*

1 The verbs **pouvoir** *(to be able to, can)* and **devoir** *(to have to, must)* are irregular. Here are the forms of these verbs.

pouvoir		devoir	
je **peux**	nous **pouvons**	je **dois**	nous **devons**
tu **peux**	vous **pouvez**	tu **dois**	vous **devez**
il/elle/on **peut**	ils/elles **peuvent**	il/elle/on **doit**	ils/elles **doivent**

2 These verbs are usually followed by an infinitive.

Tu **peux** laver la voiture?
Can you wash the car?

Nous **devons** faire la vaisselle.
We have to set the table.

Vocabulaire et grammaire, *pp. 88–89*
Cahier d'activités, *pp. 71–73*

 Online Workbooks

En anglais

In English, some verbs are often followed by another verb, for example, the verbs *to have to* and *can.*

I have to sweep.

You can go home now.

What other English verbs can you think of that are always or almost always followed by another verb?

In French too, there are verbs that are almost always followed by another verb. **Devoir** and **pouvoir** are two such verbs.

À la québécoise

In Quebec, people use the expression **sortir les vidanges** to say *to take out the trash.*

7 Écoutons

Pour chaque phrase, dis si **a) on demande la permission de faire quelque chose** ou **b) on dit à quelqu'un de faire quelque chose.**

8 Chez les Dialo

Lisons Les Dialo font leur emploi du temps et chaque membre de la famille doit faire quelque chose. Choisis la forme correcte de **devoir** ou de **pouvoir** pour compléter les phrases suivantes.

1. Après le petit-déjeuner, je _____ débarrasser la table.
   a. dois   **b.** devons   **c.** doit

2. Moussa et Mati _____ passer l'aspirateur cet après-midi.
   a. doivent   **b.** devez   **c.** doit

3. Papa _____ sortir la poubelle une fois par semaine.
   a. peux   **b.** peut   **c.** pouvez

4. Nous _____ ranger nos chambres.
   a. devez   **b.** doivent   **c.** devons

5. Leïla, est-ce que tu _____ faire la vaisselle après le repas?
   a. peuvent   **b.** peux   **c.** peut

6. Et vous, Youssef et Ali, vous _____ faire la lessive!
   a. devons   **b.** dois   **c.** devez

Online Practice

my.hrw.com
Grammaire 1 practice

9 Les corvées d'Ibra

Lisons/Écrivons Ibra a envie de sortir aves ses copains, mais son père n'est pas d'accord. Complète leur conversation avec les formes appropriées de **pouvoir** ou de **devoir**.

IBRA   Je ____1____ aller au café avec Julien et Ahmed cet aprèm?

PAPA   Pas question! Tu ne ____2____ pas sortir cet après-midi. Tu ____3____ ranger ta chambre! Nous ____4____ aussi laver la voiture de ta mère aujourd'hui.

IBRA   Quoi!? Je lave toujours les voitures! Et Tarik et Niom, ils ne ____5____ pas t'aider?

PAPA   Non, ils ____6____ promener le chien et faire la vaisselle.

10 On a tous des obligations!

Parlons Regarde les images et dis ce que ces personnes doivent faire et ce qu'elles ne peuvent pas faire ce week-end.

Flore

MODÈLE **Flore doit passer l'aspirateur, alors elle ne peut pas jouer au tennis.**

1. nous

2. je

3. Martine et Anna

4. tu

11 Chez moi...

Écrivons Qui fait les corvées chez toi? Écris un paragraphe pour décrire ce que chaque personne doit faire habituellement.

MODÈLE **D'habitude, ma mère doit..., mais je dois... toujours... Mon frère et moi, nous devons...**

Communication

Digital **performance space**

12 Scénario

Parlons Tu demandes la permission à ton père de faire quatre activités. Ton père va accepter ou refuser parce qu'il y a des corvées à faire à la maison. Jouez cette scène avec ton/ta camarade.

MODÈLE —Papa, je peux...?
            —Non, tu dois...

The *passé composé* of *-ir* and *-re* verbs

1 You've seen how to form the **passé composé** of **-er** verbs. Most **-ir** and **-re** verbs also use the helping verb avoir.

2 Here's how you form the past participles of **-ir** and **-re** verbs:

-ir verbs, drop the final -r

choisi**r**　　choisi

Tu **as choisi** quelque chose?
Did you pick something out?

-re verbs, change the final -re to -u

perd**re**　　perd**u**

Elle **a perdu** ses devoirs.
She lost her homework.

Vocabulaire et grammaire, *pp. 88–89*
Cahier d'activités, *pp. 71–73*
Online Workbooks

Déjà vu!

The **passé composé** is formed by adding the past participle of a verb to the present tense of a helping verb. To form the past participle of regular **-er** verbs, replace **-er** with **-é**.

parler

j'**ai parlé**

tu **as parlé**

il/elle/on **a parlé**

nous **avons parlé**

vous **avez parlé**

ils/elles **ont parlé**

---

13 **Une matinée bien chargée**

Lisons/Écrivons Il s'est passé beaucoup de choses chez les Thiam ce matin. Complète les phrases avec le passé composé des verbes entre parenthèses.

1. Oumar _____ la pelouse à 8h. (tondre)
2. Tarek et Jamila _____ un restaurant pour aller dîner. (choisir)
3. Papa et moi, nous _____ les livres à la bibliothèque. (rendre)
4. Vous _____ votre frère pour aller faire les magasins? (attendre)
5. Oumar, tu _____ la poubelle après le petit-déjeuner? (sortir)
6. Moi, je/j' _____ mon vélo à M. Diouf! (vendre)

14 **La liste de Mamadou**

Lisons/Parlons Regarde la liste de Mamadou et dis ce qu'il a fait et ce qu'il n'a pas fait.

MODÈLE Il n'a pas tondu la pelouse. Il a…

tondre la pelouse	*vendre mes livres*
✓*répondre à l'e-mail de Salima*	✓*choisir la musique pour la fête*
sortir le chien	*finir mes devoirs*

15 Ce qui est arrivé récemment

Écrivons Choisis un mot de chaque boîte et utilise **le passé composé** pour faire des phrases. Fais les changements nécessaires.

MODÈLE **J'ai perdu le bracelet de maman.**

Je	attendre	un nouveau chapeau
Mon père	perdre	des copains au café
Mes copains et moi	finir	l'examen d'histoire
Les élèves	choisir	les devoirs de maths
Mon petit frère	réussir à	le bracelet de maman
	entendre	le nouveau CD de Youssou N'dour

16 Un dimanche pas terrible

Parlons Décris ce que les personnes sur les photos ont fait dimanche. Utilise les éléments donnés.

MODÈLE **Elles ont vendu des légumes.**

elles / vendre

1. tu / attendre

2. nous / perdre

3. il / sortir

4. je / tondre

Digital **performance space**

Communication

17 Scénario

Parlons Il y a eu un crime chez les Mottier. L'inspecteur de police pose des questions à M. Mottier. Avec un(e) camarade, jouez cette scène. Utilisez les mots de la boîte et le passé composé.

répondre	une amie	attendre	mari
finir	hier soir	dîner	chien
téléphoner	perdre	entendre	maison

MODÈLE —À quelle heure est-ce que vous avez…?
—J'ai… à huit heures et j'ai…

Application 1

18 Écoutons

Madame Giraud doit travailler. Elle demande à ses enfants de faire des corvées. Qu'est-ce que chaque personne doit faire?

Maison-Mains-Ménage

Retrouver un intérieur impeccable après une journée active est si agréable !

On vous propose de faire
- votre ménage (balayer, nettoyer la salle de bain/la cuisine, passer l'aspirateur, sortir les poubelles, faire les lits)
- votre lessive et votre repassage

Et pour encore plus de liberté, on peut...
- ✓ préparer vos repas
- ✓ promener votre chien
- ✓ faire du baby-sitting

Pour plus de renseignements, appelez le service des MMM au
06.38.40.03.44

19 Dis adieu au ménage!

Lisons/Parlons Le père de Lola est en voyage d'affaires *(business trip)* et sa mère a le bras cassé *(broken arm)*. Lis la publicité et décide si le service MMM peut l'aider avec ses corvées.

1. La pelouse est haute *(high)*.
2. Elle doit faire la cuisine.
3. La maison est sale *(dirty)*.
4. Elle doit laver la voiture.
5. Les vêtements sont sales.
6. Le chat a faim.

Un peu plus

Negative expressions

1. You've already used the expressions ne… pas, ne… ni… ni and ne… jamais. Here are some other negative expressions.

ne… pas encore	*not yet*	ne… personne	*no one*
ne… plus	*no longer*	ne… rien	*nothing*

2. The negative pronouns **rien** *(nothing)* and **personne** *(nobody)* come before **ne** and the verb when used as subjects.

> **Personne n'a** joué avec moi au parc.
> **Rien n'est** facile.

In the **passé composé, rien** goes immediately after the helping verb, but **personne** goes after the whole verb phrase.

> Je **n'ai rien** fait au parc.
> Je **n'ai** vu **personne** au parc.

Vocabulaire et grammaire, *p. 90*
Cahier d'activités, *pp. 71–73*

20 **Questions et réponses**

Lisons/Écrivons Complète les conversations de façon logique avec des expressions de négation. Attention à l'ordre des mots!

1. —Florent, il y a encore du pain?

—Ah non, il _____ y a _____ de pain!

2. —Vous attendez Henri?

—Non, on _____ peut _____ attendre Henri. Il est 9h00!

3. —Qui a fait la vaisselle ?

—_____ _____ a fait la vaisselle!

4. —Lucas a déjà nettoyé sa chambre?

—Non, il _____ a _____ nettoyé sa chambre.

21 **Contradictions**

Lisons/Parlons Utilise des expressions négatives pour dire l'opposé de chaque phrase.

MODÈLE Léonie fait beaucoup de choses à la maison.
Léonie ne fait rien à la maison.

1. Christian a encore *(still)* des devoirs à faire.

2. Tout *(everything)* est facile.

3. Seydou doit faire son lit et ranger sa chambre.

4. Mariama a beaucoup mangé au déjeuner.

5. Papa sort toujours la poubelle le soir.

6. Maman a débarrassé la table.

22 **La lettre de Cendrillon**

Écrivons Cendrillon écrit à sa belle-mère qu'elle ne veut plus faire ses corvées. Écris cette lettre et mentionne cinq à dix corvées.

MODÈLE Chère belle-mère,
C'est toujours moi qui fais…
Vos filles ne font ni… ni…

Communication

23 **Scénario**

Parlons Imagine que tu es directeur/directrice d'une colonie de vacances *(summer camp)*. C'est toi qui décides qui va faire les corvées pour la semaine. Les enfants (tes camarades) se plaignent *(complain)*. Jouez la scène en groupes de quatre.

Culture

La cérémonie du thé au Sénégal

Culture appliquée
La cérémonie du thé

La cérémonie du thé au Sénégal fait partie de l'hospitalité sénégalaise. Le thé à la menthe est offert aux amis et aux visiteurs après le repas. On sert[1] le thé en trois services. Le premier verre est amer[2] comme la mort, le deuxième est un peu plus sucré[3], et le troisième est doux comme l'amour[4].

1. serves 2. bitter 3. sweet 4. love

Thé à la menthe

Ingredients:

- green tea leaves
- fresh mint
- boiling water
- sugar

Step 1 Boil water in a kettle. While the water is boiling, take one sprig of fresh mint and rinse it in cool water, keeping the leaves intact. Set it aside.

Step 2 Rinse one teaspoon of the green tea leaves in boiling water. Put the leaves with the mint in a teapot. Add sugar. Let the tea steep for 3 to 4 minutes before serving.

Step 3 When serving the tea, pour it from high up into a glass, then pour the content of the glass back into the teapot or in another glass. Repeat a few times. You should get froth. The thicker the froth, the better the tea is.

 **Recherches** Fais des recherches pour découvrir s'il existe d'autres types de thé au Sénégal.

Comparaisons

Où sont les toilettes?

Des toilettes

Tu arrives dans la maison de ta famille d'accueil[1] à Paris. Tu veux aller aux toilettes et tu demandes: «Où est la salle de bain, s'il vous plaît?» La pièce qu'on t'indique n'a pas de toilettes. Pourquoi?

a. Les toilettes sont à l'extérieur de la maison.

b. La salle de bain a en général un lavabo et une douche ou une baignoire[2], mais pas de toilettes.

c. Chaque chambre a ses propres toilettes.

Closed doors (bedroom, bathroom) in a French home mean no admittance, except for the door to the toilet which is always closed. It usually is in a room separate from the bathroom, so be precise when you ask for directions, and do not use the French equivalent to the English word *bathroom*, as it is confusing for the French. **Une salle de bain** is a room where you wash yourself or take a bath. To be on the safe side, use the words **les toilettes** as in **Où sont les toilettes?** It may also be a good idea to knock on the door of the toilet before you open it.

ET TOI?

1. Do homes in your culture have any features that are unique? What are they?

2. Do you know of any other differences between a French home and an American one?

Communauté

C'est comment, chez toi?

What types of houses or buildings are there in your community? Are they two-story? Do they have a basement or an attic? What are they made of: brick, wood…? Take a walk around your neighborhood and note the most popular types of houses or buildings. Are these types of buildings typical of your region?

1. host family   2. sink, shower or bathtub

Une lotissement typique aux États-Unis

Objectifs
- to describe a house
- to ask where something is

Vocabulaire
à l'œuvre 2

DVD
Télé-vocab

Bienvenue chez moi à Dakar!

le balcon

Au premier étage

Au rez-de-chaussée

la cuisine

la salle à manger

l'escalier (m.)

les toilettes

la salle de bain

le jardin

Online Practice

my.hrw.com
Vocabulaire 2 practice

le salon

une chaîne stéréo

un tableau

un fauteuil

un sofa

un tapis

une table basse

le garage

la chambre

une étagère

une lampe

une commode

un lit

une table de nuit

une armoire

un placard

Exprimons-nous!

To describe a house

J'habite dans une maison/un appartement.	*I live in a house/an apartment.*
C'est un immeuble de six **étages.**	*It's a building with . . . floors.*
Il y a cinq **pièces chez moi.**	*There are . . . rooms at my place.*
Là, c'est la chambre de mes parents.	*There's . . .*
Dans le salon, il y a un sofa, deux fauteuils et une table.	*In . . .*

Vocabulaire et grammaire,
pp. 91–93

Online
Workbooks

▶ **Vocabulaire supplémentaire—À la maison, p. R10**

24 **La chambre de Naago**

Lisons/Écrivons Naago décrit sa chambre. Complète ses phrases d'après les images.

Mon frère et moi, nous avons une grande chambre!

Dans notre chambre, il y a deux , une et

un . Il y a aussi trois dans la chambre.

J'ai une sur la . Elle est super!

25 **Où sont-ils?**

Parlons Mariama et sa famille sont très occupées dans différentes parties de la maison. D'après leurs actions, dis où ils sont.

MODÈLE Djaineba fait la vaisselle. **Elle est dans la cuisine.**

1. Papa tond la pelouse.
2. Naffisatou et Mariama mettent la table.
3. Maman fait le lit.
4. Léopold gare *(parks)* la voiture.
5. Mamie vide le lave-vaisselle.
6. Le chat joue avec une balle sur le sofa.

26 **Écoutons**

 Amadou est agent immobilier *(realtor)* et il a une liste de ce que ses clients cherchent. Écoute les messages qu'il a laissés pour ses clients. Dans chaque cas, indique ce qu'il **n'a pas trouvé**.

1. *Mme Faye*
   a. big garden
   b. four bedrooms
   c. balcony

2. *Les Simonet*
   a. big kitchen
   b. dining room
   c. near the beach

3. *Les Dialo*
   a. pool
   b. garage
   c. single level

4. *Les Diop*
   a. balcony
   b. five bedrooms
   c. three bathrooms

5. *M. Vaillant*
   a. modern kitchen
   b. dining room
   c. large living room

6. *Mlle Ndoye*
   a. two bedrooms
   b. small garden
   c. no stairs

Exprimons-nous!

To ask where something is	To respond
Où se trouve ta chambre? *Where is . . . ?*	Elle est **au deuxième/troisième étage.** *. . . on the third/fourth floor.*
	Elle est **en bas/en haut.** *. . . downstairs/upstairs.*
	Elle est **à gauche/à droite de** la salle à manger. *. . . to the left of/to the right of . . .*
	Elle est **au fond/au bout du couloir.** *. . . at the end of the corridor.*
	Elle est **en face de** la cuisine. *. . . facing/across from . . .*
Où est ton sac à dos? *Where is . . . ?*	Il est **sur/sous** le lit. *. . . on top of/under . . .*
	Il est **à côté de** l'étagère. *. . . next to . . .*

Vocabulaire et grammaire, pp. 91–93

27 À louer!

Écrivons Regarde le plan de l'appartement de M. Garros. Un élève sénégalais veut louer *(rent)* l'appartement. Écris-lui une lettre pour décrire l'appartement. Donne tous les détails: combien de pièces il y a, comment les pièces sont orientées etc.

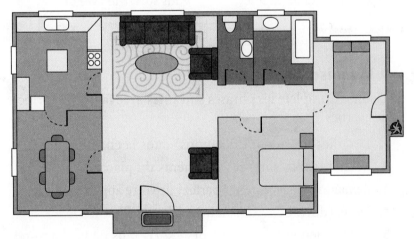

Digital performance space

Communication

28 Informations personnelles

Parlons Décris ta maison ou ton appartement ou la maison de tes rêves *(dream house)* à ton/ta camarade. Est-ce qu'il y a un jardin, une piscine? Donne beaucoup de détails.

MODÈLE Il y a… pièces dans ma maison idéale.
Au rez-de-chaussée, il y a… Le… est à côté de…

Vocabulaire 2

Objectifs
- the verbs *dormir, sortir,* and *partir*
- the *passé composé* with *être*

Grammaire à l'œuvre 2

Grammavision

The verbs *dormir*, *sortir*, and *partir*

Dormir *(to sleep)*, sortir *(to go out, to take out)*, and partir *(to leave)* follow a pattern different from the **-ir** verbs you learned in Chapter 6.

	dormir	sortir	partir
je	dor**s**	sor**s**	par**s**
tu	dor**s**	sor**s**	par**s**
il/elle/on	dor**t**	sor**t**	par**t**
nous	dorm**ons**	sort**ons**	part**ons**
vous	dorm**ez**	sort**ez**	part**ez**
ils/elles	dorm**ent**	sort**ent**	part**ent**

Je **pars** de la maison à 10h30. Ils **dorment** bien.

Il **sort** avec Célia ce soir. Vous **sortez** le livre du sac.

Vocabulaire et grammaire, *pp. 94–95*
Cahier d'activités, *pp. 75–77*

Online Workbooks

29 À la maison

Lisons Complète les phrases suivantes avec la forme correcte des verbes.

1. Les filles (dorment / dormons) dans la chambre verte.
2. Magali (sors / sort) ses vêtements du placard.
3. Le matin, vous (partent / partez) de votre appartement quand?
4. Nous (dormons / dorment) en haut, d'habitude.
5. Avec ce jeu vidéo, tu ne (sors / sort) plus de ta chambre!

30 La famille d'Aristide

Écrivons Aristide décrit ce que sa famille fait aujourd'hui. Complète ses phrases avec les verbes **sortir, partir** ou **dormir.**

1. Séverine a sommeil. Elle _____ dans sa chambre.
2. Papa travaille à midi. Il _____ de la maison à 11h45.
3. Moi, je _____ avec des copains cet après-midi.
4. Nous _____ dans notre chambre.
5. Vous _____ en vacances en juillet?
6. Comme toujours, les chiens _____ sur le sofa!

31 On fait quoi?

Parlons Explique ce qu'on fait d'après les images. Utilise les sujets indiqués.

vous

MODÈLE Vous sortez un livre de l'étagère.

1. les élèves

2. tu

3. Paloma

4. je

5. M. Jourdain

6. nous

32 Nos habitudes

Parlons/Écrivons Réponds aux questions pour décrire les habitudes de ta famille.

1. Est-ce que tu dors tard *(late)* le dimanche?
2. Jusqu'à *(until)* quelle heure est-ce que tes parents dorment?
3. Où est-ce que ta famille part en vacances d'habitude?
4. Tu sors souvent avec tes amis le week-end?
5. Tu pars de la maison à quelle heure pour aller à l'école?

Digital **performance space**

Communication

33 Interview

Parlons Tu interviewes Dominique Leconte, un(e) jeune athlète francophone, pour le journal de ton lycée. Pose-lui des questions sur ses habitudes. Ton/Ta camarade va jouer le rôle de l'athlète. Utilise les verbes **partir**, **sortir** et **dormir** dans tes questions.

MODÈLE —Dominique, tu dors beaucoup, d'habitude?
—Non, je ne dors pas beaucoup parce que...

The *passé composé* with *être*

1 Some verbs, mainly verbs of motion like **aller**, use **être** instead of **avoir** as the helping verb in the **passé composé**. When you write these forms, the participle agrees in gender and number with the subject.

je	suis **allé(e)**	nous	sommes **allé(e)s**
tu	es **allé(e)**	vous	êtes **allé(e)(s)**
il	est **allé**	ils	sont **allés**
elle	est **allée**	elles	sont **allées**

agrees in gender and number

Carol et Marie-Louise sont **rentrées** à neuf heures.

2 When the subject is the pronoun **on**, then the participle agrees with the understood subject that **on** stands for.

if on stands for	*then you write*
ils/nous *(all male or mixed)*	on est **allés**
elles/nous *(all female)*	on est **allées**

Baptiste et moi, on est **allés** au parc hier.

3 These verbs are conjugated with **être** in the **passé composé** and have regular past participles.

arriver	*to arrive*	monter	*to go up*
descendre	*to go down*	partir	*to leave*
entrer	*to enter*	rester	*to stay*
sortir	*to go out*	tomber	*to fall*
retourner	*to return*	rentrer	*to go back*

These verbs are conjugated with **être** in the **passé composé,** but have irregular past participles.

mourir	→ mort		*to die*
naître	→ né		*to be born*
(re)venir/devenir	→ (re)venu/devenu		*to come (back)/to become*

Vocabulaire et grammaire, *pp. 94–95*
Cahier d'activités, *pp. 75–77*

Online Workbooks

34 **Qu'est-ce qu'ils ont fait?**

Lisons Choisis la forme correcte du verbe entre parenthèses.

1. Annabelle, tu (es tombé / es tombée) dans l'escalier?
2. Papa (est descendu / sont descendus) au salon.
3. Ma nouvelle chaîne stéréo (sont arrivés / est arrivée) hier!
4. Les deux commodes (sont restés / sont restées) chez Thomas.
5. Mon amie (est monté / est montée) au deuxième étage.
6. Nos oncles (sont nés / sont nées) dans cette maison.

35 Écoutons

Anna discute avec ses copines au café. Écoute chaque phrase et indique si elle parle de quelque chose qu'elle fait **a) tous les jours** ou qu'elle a fait **b) hier.**

36 Activités diverses

Lisons/Écrivons Complète ces phrases de façon logique. Utilise un verbe qui est conjugué avec **être** au passé composé.

MODÈLE Monsieur Godrèche est allé à l'hôpital parce qu'il…
   …est tombé dans l'escalier.

1. C'est à Tahiti que ma cousine…

2. Les enfants de Sylvie…

3. Jacques et moi, nous… au deuxième étage pour…

4. Les filles, est-ce que vous… à la maison pour… ce week-end?

5. Et toi, Céleste, tu… avec ta famille?

37 La visite des grands-parents

Parlons Raconte ce qui s'est passé chez les Dumez hier. Utilise un verbe avec être au passé composé.

papi et mamie

MODÈLE **Papi et mamie sont arrivés le matin à 10h00.**

1. Élise et Olivier   2. Olivier   3. mamie   4. papi et mamie

Communication

38 Scénario

Parlons Imagine que tu as perdu un devoir de français très important hier. Ton/Ta camarade et toi, vous essayez de retracer tes pas *(to retrace your steps)* pour retrouver ce devoir. Parle de tout ce que tu as fait hier. Puis échangez les rôles.

MODÈLE —**Alors, qu'est-ce que tu as fait hier matin?**
   —**Je suis parti(e) de la maison à 8h30 et…**

Application 2

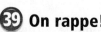
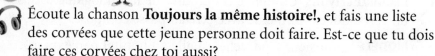

39 On rappe!

Écoute la chanson **Toujours la même histoire!,** et fais une liste des corvées que cette jeune personne doit faire. Est-ce que tu dois faire ces corvées chez toi aussi?

40 Mon journal

Écrivons Tu passes l'été à Dakar avec ton oncle et ta tante. Écris un paragraphe dans ton journal et décris tout ce qu'il y a dans ta chambre.

41 Que des corvées!

Écrivons Tu as fait beaucoup de corvées le week-end dernier et ton frère et ta sœur n'ont pas aidé *(helped)* du tout. Écris un e-mail à ton copain pour lui raconter ton week-end. Utilise des verbes au passé composé et des expressions de négation.

MODÈLE Salut Christophe! J'ai fait beaucoup de corvées le week-end dernier! Samedi matin…

Un peu plus

-yer verbs

Verbs ending in **-yer** have a spelling change in all forms except the **nous** and **vous** forms.

nettoyer *(to clean)*	
je nettoie	nous nettoyons
tu nettoies	vous nettoyez
il/elle/on nettoie	ils/elles nettoient

Verbs like **nettoyer:**

balayer	*to sweep*
envoyer	*to send*
essayer (de)	*to try on (to try to)*
payer	*to pay for*

The past participles for **-yer** verbs follow the regular pattern:

nettoyer → j'ai nettoyé

Vocabulaire et grammaire, *p. 96*
Cahier d'activités, *pp. 75–77*

Online Workbooks

42 Préparations pour le réveillon

Lisons/Parlons Fais des phrases pour expliquer ce que les membres de la famille de Josiane font le 31 décembre.

1. Josiane / payer / dîner au restaurant
2. Vous / essayer / nouveaux vêtements
3. Maman et moi, nous / envoyer / cartes / toute la famille
4. Papa et Philippe / nettoyer / salle de bain
5. Moi, je / balayer / le salon
6. Philippe, tu / nettoyer / la table de la salle à manger.

43 Les tâches de chacun

Écrivons Complète les phrases avec un verbe en **-yer**.

1. Tu _____ quelqu'un pour tondre la pelouse?

2. D'habitude, nous _____ de laver la voiture le dimanche.

3. Mamie et papi _____ des bandes dessinées de Paris.

4. C'est toujours moi qui _____ la salle de bain.

5. Théo _____ le balcon.

44 Préparatifs pour une fête d'anniversaire

Écrivons Tu organises une fête d'anniversaire *(birthday)* chez toi. Qu'est-ce que chaque personne fait? Utilise une expression de chaque boîte pour faire des phrases complètes.

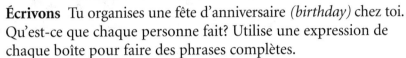

Je	nettoyer	la cuisine
Toi, tu	payer	une jolie robe
Maman	envoyer	la salle à manger
Nous	essayer	une pizza
Vous, les garçons	balayer	les invitations
Mes sœurs		les toilettes

Digital performance space

Communication

45 Où habites-tu?

Parlons Avec un(e) camarade, vous discutez de votre maison et des corvées que vous devez faire. Lisez les questions ci-dessous et répondez-y de manière logique. Ensuite, échangez les rôles.

— **Tu habites dans une maison ou un appartement?**

—

— **Où se trouve ta chambre?**

—

— **Est-ce que tu dois souvent ranger ta chambre?**

—

— **Qui met la table chez toi?**

—

— **Est-ce que tu peux venir au cinéma samedi?**

—

Que le meilleur gagne!

Épisode 8

> **S T R A T É G I E**
>
> **Making deductions** Making deductions based on information you have gathered is an important skill in watching a story unfold on screen. The characters themselves make deductions as they learn more about their situation and the people involved. As a viewer, you may or may not agree with their deductions because you may have information that they don't have. Think about the information you have gathered about Yasmina's situation with Kevin. Have you seen anything happen that Yasmina has not seen? How does the end of this episode reflect what you already knew that she didn't?

Chez Adrien...

1 *C'est le jour de la fête d'Adrien.*

2

Yasmina Bon anniversaire!
Adrien Merci! Merci!

3 *Yasmina met le plan modifié sur le bureau d'Adrien.*

4

5

Laurie Dis, Adrien, j'ai vu Kevin ce matin et il m'a dit qu'il vient à ta fête. Tu l'as invité?
Adrien Non!

Yasmina Moi, je l'ai invité. Il aime beaucoup Adrien, vous savez. Ils font même du sport ensemble, il m'a dit. Alors, j'ai pensé que ça serait sympa.

6

Laurie Oui mais, Yasmina! Après ce qu'il a dit au café… franchement.

Yasmina Oh! Laurie! Je te l'ai dit! Kevin n'est pas comme ça. Et tu vas voir, je vais même te le prouver aujourd'hui.

7

Yasmina Eh! Kevin! Salut.
Kevin Salut, euh… Yasmina. Ça va?

8

Yasmina Tu as vu la chambre d'Adrien? Elle est super-cool!
Kevin Ah oui?
Yasmina Oui! Va voir! Sa chambre, c'est la deuxième à gauche.

9 *Kevin va dans la chambre d'Adrien et prend le plan modifié.*

10 *Yasmina découvre que Kevin a pris le plan modifié. Elle n'est pas contente.*

AS-TU COMPRIS?

1. Pourquoi est-ce qu'il y a une fête chez Adrien?

2. Qui a invité Kevin à la fête d'Adrien? Pourquoi?

3. Qu'est-ce que Yasmina dit à Kevin de faire?

4. Pourquoi est-ce que Kevin prend le plan?

5. Est-ce que c'est le plan de Mlle N'Guyen? Explique.

Prochain épisode:
D'après toi, qui va se perdre dans le prochain épisode? Et qui va trouver la dernière réponse au concours?

Lecture et écriture

STRATÉGIE pour lire

Scanning for specific information means reading to find a particular fact, such as a specific feature, a location, or a price. You do not have to read or understand every word when that is your purpose. Simply scan the text until you find what you are looking for.

A **Avant la lecture**

Regarde les photos et survole (*glance*) les petites annonces suivantes. Est-ce que tu peux deviner où sont les appartements et les maisons? Devine lesquels sont à vendre? À louer?

AGENCE IMMOBILIÈRE *du Rocher* Maisons et Appartements

Grandes Fenêtres!

Proche de la Plage!

A. Paris. À vendre. Bel appartement dans immeuble[1] ancien. Entrée. Salon avec cheminée. 3 chambres. Salle de bain et salle d'eau. **Prix incroyable!**

B. À louer[2]. Sénégal, à 80km de Dakar. Résidence[3] Plein Sud, située dans station touristique. Appartement meublé[4] et équipé. 2 chambres climatisées, 1 salle de bain, cuisine équipée, séjour. Terrasse. Piscine dans la résidence.

Authenticité

À 2min de la Plage!

À Saisir Tout de Suite!

C. 50 km sud de Paris. À vendre. Très belle ferme ancienne. Surface habitable 150m[2]. Arbres fruitiers, dépendances. 3 chambres. Écoles et commerces à proximité. 465 000 €. Prix négociable.

D. Sénégal, Mbour au sud de Dakar, particulier[5] loue maison avec vue et jardin, cuisine équipée, 4 chambres, 2 salles de bain, 2 terrasses. 180 000 FCFA/Semaine

E. Suisse. À 30 km de Genève. À louer. Magnifique chalet situé au calme avec vue exceptionnelle. Rez-de-chaussée: grand salon avec cheminée et cuisine équipée. Au premier étage: 2 grandes chambres avec salle de bain. État neuf. À saisir[6]!

5 Avenue du Roule • Paris 75006 • Tél. 01.23.45.67.89 • www.agence-rocher@immo.hrw.fr

1. building 2. For rent 3. apartment complex 4. furnished 5. owner 6. Great deal!

B Compréhension

Lis les phrases suivantes. Associe chaque groupe avec l'annonce qui lui correspond le mieux *(the best)*.

1. Une famille de deux enfants et trois chiens veut acheter une maison.

2. Deux amis veulent nager mais ils n'aiment pas la mer.

3. Un couple ne veut pas de jardin.

4. Des amis veulent passer l'été à la montagne.

5. Une famille de quatre enfants veut aller en vacances à la plage.

C Après la lecture

What things do people take into consideration when looking for a home to rent or buy? Would people look for the same things in a vacation home? Use the ads to help explain.

Espace écriture

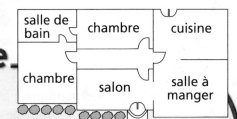

STRATÉGIE pour écrire

Using visuals can help you plan your writing and remember details you might otherwise forget. If you first sketch what you want to describe, your writing may be clearer to your readers.

Une maison de rêve

Describe your dream home. Say how many floors it has, what it is like, who lives there with you, and the chores each person does.

1 Plan

Sketch a floorplan of your dream home, including some furniture in each room. Label each room and the furniture. Then, write one or more chores next to each room and the name of the person who is supposed to do the chore(s). For example, next to the kitchen you might write **faire la vaisselle: papa.**

2 Rédaction

Using your sketch as a guide, write a detailed description of your dream home. Include where rooms and furniture are located in relationship to one another. Then, write a second paragraph about the people who live there with you, the chores each person has to do, and whether they do them well or not.

3 Correction

Read your draft at least two times. Did you accurately describe all the details from your drawing? Check for spelling, punctuation, and correct grammar.

4 Application

You may wish to color in your sketch or redraw it on poster board to display with your paragraphs. You might also give your classmates a guided tour of your dream home.

Lecture et écriture

Prépare-toi pour l'examen

@**HOME**TUTOR

1 Dis ce que ces personnes font à la maison.

1 Vocabulaire 1
• to ask for, give or refuse permission
• to tell how often you do things
  pp. 256–259

1. vous

2. Alisha

3. M. Fayyad

4. Benjamin

5. tu

6. je

2 Grammaire 1
• the verbs *pouvoir* and *devoir*
• the *passé composé* of *-ir* and *-re* verbs
Un peu plus
• negative expressions
  pp. 260–265

2 Complète la conversation entre Laurent et Penda avec la forme appropriée des verbes **pouvoir** ou **devoir**.

LAURENT   J'ai envie d'aller au ciné. Tu ___1___ venir avec moi?

PENDA   Pas maintenant. Je ___2___ ranger ma chambre, et après, mes sœurs et moi, nous ___3___ faire la vaisselle.

LAURENT   Et cet après-midi, tu ___4___ faire quelque chose?

PENDA   Vers six heures et demie, je ___5___ mettre la table, mais avant ça je ___6___ faire quelque chose. Qu'est-ce que tu veux faire?

PENDA   Bon! Allons au concert cet aprèm!

3 Vocabulaire 2
• to describe a house
• to ask where something is
  pp. 268–271

3 Réponds aux questions suivantes.

1. Tu habites dans une maison ou un appartement?
2. Il y a combien de pièces chez toi?
3. Qu'est-ce qu'il y a dans le salon chez toi?
4. Où sont les toilettes chez toi?
5. Où se trouve ta chambre?
6. Qu'est-ce qu'il y a dans ta chambre?

4 Complète ce paragraphe avec le verbe **au passé composé.**

Qu'est-ce qu'Amina ___1___ (faire) ce week-end? Samedi, elle ___2___ (sortir) avec des copains. Ils ___3___ (faire) les magasins et puis ils ___4___ (aller) au cinéma. Amina ___5___ (rentrer) à la maison vers dix heures. Elle ___6___ (entrer) dans sa chambre et elle ___7___ (dormir) jusqu'à neuf heures. Dimanche, Amina ___8___ (rester) à la maison. Elle ___9___ (tondre) la pelouse.

5 Réponds aux questions suivantes.

1. Describe the tea ceremony in Senegal.
2. What's the difference between a **salle de bain** and **les toilettes**?

6 Jaineba parle de son appartement à sa copine Caroline. Est-ce que les phrases suivantes sont **a) vraies** ou **b) fausses?**

1. L'appartement de Jaineba est petit.
2. Il y a six pièces dans l'appartement.
3. La salle de bain est au fond du couloir.
4. Il n'y a pas de tapis dans le salon.
5. La chambre de Jaineba est en face de la cuisine.

7 Tu parles avec un(e) camarade de votre maison ou appartement et de vos corvées. D'abord, lisez les instructions pour chaque réplique *(exchange)*. Ensuite, créez votre dialogue en utilisant des expressions de ce chapitre et des autres chapitres.

Élève A:	Demande à ton/ta camarade quel est son type d'habitation.
Élève B:	Réponds et pose la même question.
Élève A:	Dis où tu habites et donne des détails sur ton habitation.
Élève B:	Donne aussi des détails sur ton habitation.
Élève A:	Parle de corvées précises et demande qui les fait chez ton/ta camarade.
Élève B:	Réponds et demande à ton/ta camarade ce qu'il/elle fait comme corvées.
Élève A:	Réponds en donnant trois corvées.
Élève B:	Mentionne une corvée que tu ne fais jamais.

Online Assessment

my.hrw.com
Chapter Self-test

4 Grammaire 2
- the verbs *dormir, sortir* and *partir*
- the *passé composé* with *être*

Un peu plus
- *-yer* verbs
  pp. 272–277

5 Culture
- Comparaisons
  p. 267
- Flash culture
  pp. 259, 270, 272

Prépare-toi pour l'examen

Grammaire 1
- the verbs *pouvoir* and *devoir*
- the *passé composé* of *-ir* and *-re* verbs

Un peu plus
- negative expressions
pp. 260–265

Résumé: Grammaire 1

The verbs **pouvoir** *(to be able to, can)* and **devoir** *(to have to, must)* are conjugated as follows:

pouvoir	
je peux	nous pouvons
tu peux	vous pouvez
il/elle/on peut	ils/elles peuvent

devoir	
je dois	nous devons
tu dois	vous devez
il/elle/on doit	ils/elles doivent

Here's how you form the **past participle** of verbs:
- -er verbs: drop the -er and add é: chanter → chant**é**
- -ir verbs: drop the -r: finir → fin**i**
- -re verbs: drop the -re and add -u: vendre → vend**u**

For most verbs, use avoir as the helping verb in the **passé composé.**

For **negative expressions,** see p. 264.

Grammaire 2
- the verbs *sortir, partir* and *dormir*
- the *passé composé* with *être*

Un peu plus
- *-yer* verbs
pp. 272–277

Résumé: Grammaire 2

These are the forms of **dormir**, **sortir** and **partir**:

dormir		sortir		partir	
je dors	nous dormons	je sors	nous sortons	je pars	nous partons
tu dors	vous dormez	tu sors	vous sortez	tu pars	vous partez
il dort	ils dorment	il sort	ils sortent	il part	ils partent

Several verbs, mostly **verbs of motion** use être as the helping verb in the **passé composé.** Their past participles agree in number and gender with the subject. For a list of these verbs, see p. 274.

Verbs that end in -**yer** like **nettoyer** *(to clean)* have a spelling change in all but the **nous** and **vous** forms: je netto**i**e, tu netto**i**es, il netto**i**e, nous nettoyons, vous nettoyez, ils netto**i**ent.

🎧 Lettres et sons

The nasal sound [ɛ̃]

This sound is similar to the vowel you make when you say "Nah!" and has these possible spellings: **in, im, ain, aim** and **en** or **ien**. Some examples of words that have this sound are **bain, jardin, faim, cousin** and **impossible.**

Jeux de langue
Des blancs pains, des bancs peints, des bains pleins

Dictée
Écris les phrases de la dictée.

Résumé: Vocabulaire 1

To ask for, give or refuse permission

arroser les plantes (f.)	to water the plants	tondre la pelouse	to mow the lawn
balayer/nettoyer	to sweep/to clean	vider le lave-vaisselle	to empty the dishwasher
les corvées (f.)	chores	Bien sûr, mais il faut d'abord…	Of course, but first you must . . .
débarrasser la table	to clear the table	D'accord, si…	OK, if . . .
donner à manger au…	to feed the . . .	Est-ce que je peux…?	Can I . . . ?
faire la cuisine	to cook	Non, tu dois…	No, you have to . . .
faire la lessive	to do the laundry	Pas question!	Out of the question!
faire son lit	to make one's bed	Tu es d'accord si…?	Is it OK with you if . . . ?
faire la vaisselle	to do the dishes		
laver la voiture	to wash the car		
mettre la table	to set the table		

To tell how often you do things

…tous les…/…ne… jamais…	. . . every . . . / . . . never . . .
D'habitude,…/…fois par…	Usually, . . . / . . . times a . . .
C'est toujours…	It's always . . .

passer l'aspirateur (m.)	to vacuum
promener/sortir le chien	to walk the dog
ranger sa chambre	to pick up one's bedroom
sortir la poubelle	to take out the trash

Negative expressions .... see p. 264

Résumé: Vocabulaire 2

To describe a house

l'armoire (f.)	wardrobe	retourner	to return
arriver/entrer	to arrive/to enter	le rez-de-chaussée	first floor
le balcon	balcony	la salle à manger	dining room
la chambre	bedroom	la salle de bain	bathroom
une chaîne stéréo	stereo	le salon	living room
une commode	chest of drawers	un sofa	couch
la cuisine	kitchen	une table basse	coffee table
dormir	to sleep	une table de nuit	night stand
l'escalier (m.)	staircase	un tableau	picture
une étagère	shelf	un tapis	rug
un fauteuil	armchair	les toilettes	restroom/toilets
le garage	garage	tomber	to fall
le jardin	yard/garden	(re)venir/devenir	to come (back)/to become
une lampe	lamp	C'est un immeuble de…étages.	It's a building with . . . floors.
un lit	bed	chez moi	at (my) home
monter/descendre	to go up/to go down	Dans…, il y a…	In. . . , there is / are . . .
mourir/naître	to die/to be born	Il y a…pièces.	There are . . . rooms.
partir/sortir	to leave/to go out, to take out	J'habite dans une maison/ un appartement	I live in a house / an apartment
un placard	closet/cabinet	Là, c'est…	There's . . .
le premier étage	second floor		
rentrer	to go back		
rester	to stay		

To ask where something is .... see p. 271

Prépare-toi pour l'examen

Révisions cumulatives

1 Mariam décrit ce que sa famille fait le samedi matin. Choisis l'image qui correspond à chaque phrase.

a.

b.

c.

d.

2 Ali a des problèmes. Il écrit une lettre à Gigi. Lis sa lettre et puis réponds aux questions qui suivent.

Ma sœur ne fait rien!

Chère Gigi,

Chez moi ma sœur ne fait rien, et moi, je fais toutes les corvées! J'ai seize ans et ma sœur a dix ans. Samedi, je ne peux pas sortir avec mes copains parce que je dois tondre la pelouse et laver la voiture. Je passe l'aspirateur pendant que ma mère lave la vaisselle et fait la cuisine. Mon père fait la lessive et les courses. Et ma sœur? Qu'est-ce qu'elle fait? Elle doit faire son lit et mettre la table, mais après, elle peut regarder la télé et jouer avec ses copains. C'est pas juste!

-Ali, 16 ans

1. Ali a quel âge?
2. Est-ce que la sœur d'Ali est plus jeune *(younger)* ou plus âgée *(older)* qu'Ali?
3. Qu'est-ce qu'Ali doit faire dans la maison?
4. Qu'est-ce que les parents d'Ali font dans la maison?
5. Qu'est-ce que sa sœur doit faire dans la maison?
6. Est-ce que la situation est juste *(fair)* ou injuste à ton avis? Pourquoi?

3 Avec un/une camarade, jouez une scène où il/elle t'invite à faire des activités le week-end mais tu ne peux pas accepter pour différentes raisons. Ton/Ta camarade va proposer au moins quatre activités avant de décider quelque chose.

4 Imagine que tu es décorateur/décoratrice et que tu vas redécorer la chambre de Van Gogh. Écris un e-mail à ton assistant et décris-lui en détail ce qu'il y a dans la chambre. Ensuite, mentionne trois choses que tu voudrais acheter pour mettre dans la chambre.

Gogh, Vincent van (1853–1890), Bedroom at Arles. Musée d'Orsay, Paris, France

La chambre de Van Gogh à Arles de Vincent Van Gogh

5 Écris une lettre pour décrire ta famille à un nouvel ami/une nouvelle amie au Sénégal. Décris chaque personne, comment elle est, ce qu'elle aime faire, et décris les corvées que chaque personne doit faire. N'oublie pas de poser des questions à ton ami(e) au sujet de sa famille.

6

À ton tour

Le Club français You're having the next French club party at your house. You're going to serve a small meal with at least one Senegalese dish and have some fun activities. Three of your friends volunteer to help you get ready for the party. Decide what foods to serve, what activities everyone likes, and which chores each of you will do to get ready for the party. Act out your conversation for the class.

DVD
Géoculture

Géoculture
Le Midi

▲ **La lavande** est cultivée partout dans le Midi depuis le 19ᵉ siècle.

▼ **Le viaduc de Millau**
Ce pont, au-dessus du Tarn, fait 343 mètres de haut. Il est plus haut que la tour Eiffel.

Almanach

Population
Plus de 6 millions d'habitants

Villes principales
Marseille, Nice, Avignon, Cannes, Aix-en-Provence

Industries
tourisme, industrie agro-alimentaire, agriculture

▲ **Le pont du Gard**
Les Romains ont construit cet aqueduc pour amener de l'eau d'Uzès jusqu'à Nîmes.

▼ **La Côte d'Azur** attire les touristes du monde entier à cause de tout ce qu'elle a à offrir.

Savais-tu que...?

Le nom «Languedoc» vient de «langue d'oc», langue parlée au Moyen Âge dans le Midi. Dans le nord de la France, on parlait la «langue d'oïl».

288

▲ **Carcassonne** est la plus grande cité médiévale d'Europe. Elle a été complètement restaurée au 19e siècle.

▲ **Èze** est un village perché, caractéristique de la Provence.

SUISSE

PROVENCE-ALPES-CÔTE D'AZUR

ITALIE

Millau

LANGUEDOC-ROUSSILLON

Uzès
Nîmes
Pont du Gard
Arles
Camargue

Avignon

Aix-en-Provence

Marseille

Menton
Nice
Èze
Cannes

St.-Tropez

Les gorges du Verdon

Carcassonne

Perpignan

Mer Méditerranée

▼ **Les gorges du Verdon**
Ce canyon de 700 mètres de profondeur est unique en Europe.

▼ **La Camargue**
Dans cette réserve naturelle, il y a des flamants roses, des chevaux blancs et des taureaux à l'état sauvage.

Géo-quiz
Qu'est-ce qu'on trouve en Camargue?

289

Découvre le Midi

Artisanat

Les santons sont des figurines en terre cuite, peintes à la main, qui représentent des scènes de la Nativité ainsi que différents aspects de la vie provençale.

Les produits de la lavande La lavande est utilisée dans des domaines très variés: parfumerie, médecine et même cuisine.

Les tissus provençaux sont des tissus en coton imprimé selon une tradition importée des Indes. On les trouve sous toutes les formes: nappes, jupes, chemises, sacs et même valises.

Fêtes et festivals

Le festival d'Avignon présente des pièces de théâtre, des ballets et des concerts. Les spectacles ont lieu dans la cour du palais des Papes et dans d'autres endroits à Avignon, en juillet.

Le Festival international du film se déroule au mois de mai à Cannes. Les artistes et les films récompensés reçoivent la Palme d'Or.

La Fête du Citron Le citron de Menton est réputé. Chaque année, en février, la ville organise des défilés de chars décorés seulement de citrons et d'oranges. Ici, une rue est aussi décorée de ces fruits.

Gastronomie

◄ **La bouillabaisse** est une soupe de poissons d'origine marseillaise.

Savais-tu que...?

Le nom du tissu denim vient probablement de «serge de Nîmes», un tissu fabriqué à Nîmes autrefois.

▲ **La ratatouille,** un plat typique de la région, est faite de légumes et d'épices cuits dans de l'huile d'olive.

▲ **La tarte tropézienne** est un gâteau à la crème inventé à Saint-Tropez.

Arts

Museum of Modern Art of the West, Moscow, Russia

▲ **Jean Cocteau** (1889–1963) a été dessinateur, écrivain et homme de théâtre et de cinéma. Parmi ses œuvres, il y a *La Belle et la Bête* et *Orphée*.

▲ **Paul Cézanne** (1839–1906) est un peintre post-impressionniste. Il a peint la montagne Sainte-Victoire dans plusieurs de ses tableaux.

➤ **César** (1921–1998) a créé le «César», statuette remise chaque année aux meilleurs artistes et techniciens du cinéma français. C'est l'équivalent de l'Oscar remis aux *Academy Awards*.

Activité

1. **Artisanat:** Quels sont les produits importants du Midi?
2. **Fêtes et festivals:** Qu'est-ce qu'on peut voir au festival d'Avignon?
3. **Gastronomie:** Qu'est-ce que c'est, **la bouillabaisse?**
4. **Arts:** Quel est l'équivalent français de *l'Oscar?*

chapitre **9**

Allons en ville!

Objectifs

In this chapter, you will learn to
- plan your day
- ask for and give directions
- ask for information
- make requests

And you will use and review
- the verb **voir**
- the verbs **savoir** and **connaître**
- the imperative
- the present tense
- inversion
- the partitive

▶ *Que vois-tu sur la photo?*

Où sont ces adolescents?

Qu'est-ce qu'ils font?

Et toi, où vas-tu pour faire tes courses? Est-ce qu'il y a une rue piétonne dans ta ville?

Une promenade dans la ville de Nice

Objectifs
- to plan your day
- to ask for and give directions

Vocabulaire
à l'œuvre **1**

DVD
Télé-vocab

Dans le centre-ville

J'ai beaucoup de **courses** à faire!

le plan

la boutique

la librairie-papeterie

la banque

la pharmacie

la poste

l'église (f.)

l'hôpital (m.)

Online Practice

my.hrw.com
Vocabulaire 1 practice

le/la fleuriste

le salon de coiffure

le marché

l'arrêt (m.) de bus

la station de métro

On y va. . .

à pied   en voiture

à vélo   en taxi

en bus   en métro

Exprimons-nous!

To plan your day

D'abord, je vais aller à la librairie.   *First, . . .*

Ensuite, j'ai besoin d'aller à la poste.   *Then, . . .*

Après/Et puis, je dois acheter des œufs au marché.
After/And then, . . .

Finalement, je vais trouver un DVD pour Blandine.
Finally, . . .

Et je dois aussi passer chez le fleuriste.
And, I also need to go by . . .

Vocabulaire et grammaire,
pp. 97–99

Online
Workbooks

D'autres mots utiles

un bouquet de fleurs	*a flower bouquet*
le ticket (de bus)	*ticket*
un endroit	*place*
près de/loin de	*near/far from*
derrière/devant	*behind/in front*
entre	*between*
le carrefour	*intersection*
le feu (rouge)	*traffic light*
la rue	*street*
le pont	*bridge*

▶ Vocabulaire supplémentaire—En ville, p. R12

1 **Le bon endroit**

Lisons/Écrivons Devine où vont les membres de la famille Latellier. Utilise les mots de la boîte.

à la pharmacie	à la librairie	à la boutique
à l'hôpital	à la poste	au marché

La famille Latellier est très occupée. Mme Latellier veut envoyer une lettre, alors elle va ___1___ et après elle doit acheter du poulet et des fruits ___2___. Sa fille, Sarah, cherche une robe pour une fête, alors elle va ___3___ de vêtements. Son fils Max a besoin de livres. Il est allé ___4___. Les grands-parents vont ___5___ pour acheter de l'aspirine. Et le pauvre M. Latellier a eu un petit accident! Il va ___6___.

2 **La Journée verte**

Parlons Aujourd'hui, c'est la **Journée verte** et personne ne prend sa voiture. Regarde les images et dis quel moyen de transport chaque personne prend.

MODÈLE **Ronan va à la banque en taxi.**

Ronan / banque

1. Mlle Corbet / marché

2. mes copains / école

3. Valérie et moi / hôpital

4. je / poste

3 **Où vont-ils?**

Écrivons Sophie et Claude ont fait des courses dans le centre-ville hier. Crée cinq phrases complètes au passé composé avec les éléments donnés. Ajoute des mots si nécessaire.

D'abord	acheter	bibliothèque
Ensuite	rendre	pharmacie
Après	trouver	librairie
Et puis	essayer	marché
Finalement	chercher	boutique

Exprimons-nous!

To ask for directions	To give directions
Excusez-moi monsieur, **je cherche** une pharmacie, s'il vous plaît. *Excuse-me . . . , I'm looking for . . .*	**Prenez** la première rue **à gauche/à droite**. *Take . . . on the left/right.*
Pardon madame, **savez-vous où est/ où se trouve** la banque? *Excuse-me . . . , do you know where I'd find . . . ?*	**Continuez/Allez tout droit vers** le/**jusqu'**au feu. *Continue/Go straight towards/until . . .*
	Traversez l'avenue du Général de Gaulle. *Cross . . .*
Est-ce que vous pouvez me dire où il y a une librairie? *Can you tell me where there's . . . ?*	**Tournez au prochain** carrefour/**à la prochaine** rue. *Turn at the next . . .*
	C'est là tout de suite sur votre droite. *It's just right there on your . . .*

Vocabulaire et grammaire, pp. 97–99

Online Workbooks

④ Écoutons

Thierry est sur le pont de la ville et il demande son chemin *(way)*. Décide si on lui indique **a) le bon** ou **b) le mauvais** chemin.

Digital performance space

Communication

⑤ Scénario

Parlons Tu es touriste en France et tu ne connais *(know)* pas bien la ville. Tu demandes comment aller à trois endroits à ton/ta camarade. Puis échangez les rôles.

MODÈLE —Excusez-moi… Où se trouve…, s'il vous plaît?
—Prenez la deuxième rue à droite…

Objectifs
• the verb *voir*
• the verbs *savoir* and *connaître*

Grammaire
à l'œuvre 1

DVD
Grammavision

The verb *voir*

---

1 The verb **voir** *(to see)* is irregular. Notice that **i** changes to **y** in the **nous** and **vous** forms.

je vois	nous vo**y**ons
tu vois	vous vo**y**ez
il/elle/on voit	ils/elles voient

Vous **voyez** la voiture blanche dans la rue?
Do you see the white car on the street?

2 The past participle of **voir** is **vu**.

Tu as **vu** un film hier?
Did you see a movie yesterday?

Vocabulaire et grammaire, *pp. 100–101*
Cahier d'activités, *pp. 81–83*

 Online Workbooks

6 Fais la paire

Lisons Complète chaque phrase logiquement.

1. Les élèves
2. Le matin, nous
3. Le mois dernier, tu
4. Mon père
5. Est-ce que vous

a. as vu Vincent avec Célia, non?
b. ont vu le dernier film de Luc Besson.
c. voyez vos grands-parents le week-end?
d. voyons souvent Isabelle au marché.
e. n'a vu personne sur la plage.

7 Un voyage à Paris

Lisons/Écrivons Colin et sa famille passent une semaine à Paris. Complète leurs commentaires avec une forme du verbe **voir**.

1. Tu _____ cette station de métro? C'est la station Châtelet.
2. Vous _____ l'église du troisième étage de la tour Eiffel?
3. Maman _____ toujours un film français au théâtre Rex.
4. Le matin, nous _____ M. Calais dans le métro.
5. Papa et maman adorent _____ des expositions d'art.

Grammaire 1

8 Où ça?

Parlons Dis ce que ces gens voient. Fais
attention à la préposition qui va avec l'endroit.

MODÈLE Il voit des fleurs chez le fleuriste.

il / fleuriste

1. je / carrefour   2. nous / rue   3. tu / boutique   4. elles / marché

9 Et toi?

Parlons Réponds aux questions suivantes.

1. Est-ce que tu vois souvent tes amis?
2. Où est-ce qu'on voit beaucoup de monde le samedi
   après-midi dans ta ville?
3. Est-ce que tes parents voient souvent des films français?
4. D'habitude, quand est-ce que tu vois tes oncles et tes tantes?
5. Qui est-ce que tu ne vois pas souvent?

10 Mon journal

Écrivons Tu es à la terrasse d'un café français avec des amis. Écris
un paragraphe dans ton journal pour décrire ce que vous voyez.

MODÈLE Nice, le 18 octobre
Mes amis et moi, nous sommes dans un café du
centre-ville. Nous voyons beaucoup de gens dans
la rue. En face de…, il y a…

Digital
performance space

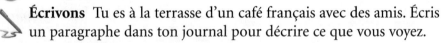
Communication

11 Scénario

Parlons Un(e) élève francophone est perdu(e) et cherche le lycée.
Il te demande comment aller au lycée, mais il/elle ne comprend
rien à tes explications! Crée une scène humoristique avec ton/ta
camarade. Puis, échangez les rôles.

MODÈLE —Pardon, où est le lycée Beckham?
—Alors, c'est facile. Tu vois la banque, là?
—Non, je ne vois pas la banque.
—Là-bas, au carrefour, à droite…

The verbs *savoir* and *connaître*

1 The verbs savoir and connaître both mean *to know* and they're irregular.

savoir *(to know)*			
je	sais	nous	savons
tu	sais	vous	savez
il/elle/on	sait	ils/elles	savent

connaître *(to know; to be familiar with)*			
je	connais	nous	connaissons
tu	connais	vous	connaissez
il/elle/on	connaît	ils/elles	connaissent

2 Savoir means *to know,* as in **to know information or a fact** or **to know how to do something.**

Je sais la date! | Il sait faire du ski.
I know the date! | *He knows how to ski.*

3 Connaître means *to know* as in **to be familiar with a person** or a **place.**

Tu connais Jacques? | Nous connaissons ce restaurant.
Do you know Jacques? | *We're familiar with this restaurant.*

4 The past participle of savoir is **su** and that of connaître is **connu.** When used in the passé composé, these verbs can take on a slightly different meaning. See the examples below:

J'ai su la date hier. | J'ai connu Luc le mois dernier.
I found out the date yesterday. | *I met Luc (for the first time) last month.*

Vocabulaire et grammaire, *pp. 100–101*
Cahier d'activités, *pp. 81–83*

En anglais

In English, we use the same verb to say that we know a person, we know a fact, and we know how to do something.

How could you convey the same thing as these sentences, without using the verb "know"?

I *know* Paul.

I *know that* they speak French in Quebec.

I *know how to* ski.

In French, there are two different verbs that mean *"to know."* They're used in different contexts.

---

⑫ En ville

Lisons Choisis entre **savoir** et **connaître** pour compléter les phrases suivantes.

1. Joséphine, tu (sais / connais) où se trouve la rue du Bac?
2. Je (sais / connais) bien la vendeuse dans cette boutique.
3. Nous avons (su / connu) les Belmond à Lyon l'année dernière.
4. Ils ne (savent / connaissent) pas nager.
5. Vous ne (savez / connaissez) pas Marseille?

⑬ Écoutons

Patricia parle avec ses copains mais son mobile ne marche *(work)* pas bien. Écoute ce qu'elle dit et choisis le verbe qui manque *(missing)*.

1. sais / connais
2. sais / connais
3. savons / connaissons
4. savent / connaissent
5. savez / connaissez
6. savent / connaissent

14 Sur le pont d'Avignon...

Écrivons Mia et Alisha ne connaissent pas Avignon. Complète leur conversation avec Manu en utilisant une forme de **savoir** ou de **connaître**.

—Excuse-moi, Manu. Tu ___1___ où est la rue des Teinturiers?

—C'est très simple Alisha. Tu ___2___ le restaurant Chez Marcel?

—Oui, oui, je ___3___ bien ce restaurant!

—C'est tout près. Tu ___4___ où se trouve le cinéma Gaumont?

—Oui, oui, on ___5___ une fille qui travaille là-bas.

—Ben, la rue des Teinturiers est la rue à droite, près du cinéma.

—Nous ___6___ où elle est maintenant, cette rue. Merci, Manu!

15 Tu connais ou pas?

Parlons Ta correspondante française te demande si on connaît ou si on sait faire ces choses chez toi. Invente ses questions en utilisant les images et les sujets donnés. Puis, réponds de façon logique.

tu

MODÈLE —Est-ce que tu connais Paris?
—Non, je ne connais pas Paris.

1. ton père

2. les Américains

3. tes amis et toi

4. vous

Communication

Digital **performance space**

16 Sondage

Écrivons/Parlons Fais une liste de six questions au sujet de la culture française (sur la France, l'art, la musique, la cuisine, etc.). Pose tes questions à tes camarades de classe. Utilise les verbes **savoir** et **connaître** et ton imagination!

♻ *Souviens-toi!* Géoculture, pp. xxiv–3, 144–147, 288–291

MODÈLE —**Tu sais ce que c'est** (*what*) **le camembert?**
—**Oui, c'est un fromage.**

Application 1

⑰ Écoutons

Louis a beaucoup de choses à faire aujourd'hui. Écoute ce qu'il dit et dis où il doit aller.

⑱ Lettre à mon professeur

Écrivons Tu vas passer l'été en France. Tu ne connais pas la France. Écris une lettre à ton professeur et pose-lui des questions sur la France. Utilise les verbes **savoir** et **connaître**.

MODÈLE   Monsieur Smith,
Je pars en France cet été, mais je ne connais pas la France. Est-ce que vous savez où…? etc.

Un peu plus   Révisions

The imperative

1. To make commands with most French verbs, you use the tu, nous, or **vous** form of the present tense, without the subject pronoun. Remember to drop the final **-s** when you're using the tu form of -er verbs.

Écoute ta mère!

Finissons nos devoirs!

Attendez le prof!

2. To make commands negative, put **ne… pas** around the verb.

Ne va pas à la poste!

Vocabulaire et grammaire, *p. 102*
Cahier d'activités, *pp. 81–83*

 Online Workbooks

⑲ Que faire?

Lisons Dis à ces personnes ce qu'elles doivent faire.

1. Mes cheveux sont trop longs.
2. J'ai besoin d'argent.
3. Nous devons prendre le bus.
4. Il n'y a rien à manger chez moi!
5. Le feu est vert.
6. Le cinéma est à droite.

a. Tournons à droite!
b. Passe à la banque!
c. Traversons la rue!
d. Va au salon de coiffure!
e. Allez à l'arrêt!
f. Déjeune au café!

Flash culture

The French use the **système métrique** as their system of measurement. The system was proposed and adopted during the French Revolution in 1789. In the metric system, all the units are divisible by 10. In the table below, you can find a few measurement equivalences.

Do you know of other countries that use the metric system?

Metric system	US system
1 mètre (distance)	39.37 inches
1 kilomètre (distance)	0.6214 miles

20 Des conseils

Lisons/Parlons Dis à tes amis ce qu'ils doivent faire ou ce qu'ils ne doivent pas faire. Utilise l'impératif!

MODÈLE Julia a mal à la tête.
Va à la pharmacie! / Ne regarde pas la télé!

1. Nous voulons visiter la tour Eiffel, mais c'est loin.
2. On n'a pas envie de rester à la maison.
3. Emmanuel a froid.
4. Il est deux heures de l'après-midi et nous avons faim.
5. Martine ne connaît pas bien la ville.

Communication

21 Scénario

Parlons Tu es au café au coin de la rue d'Italie et de l'avenue Durante. Un touriste te demande comment arriver à trois endroits différents. Réponds-lui en utilisant le plan. Puis, échangez les rôles.

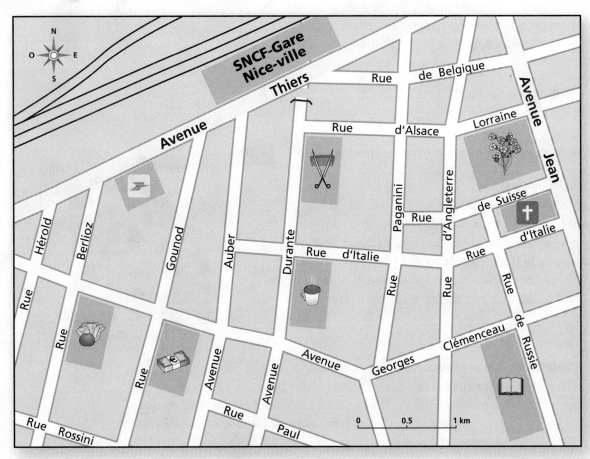

Culture appliquée
La ville en chanson

Place du Capitole à Toulouse

La ville joue un rôle clé[1] dans l'histoire de la chanson française. Les plus grands chanteurs français ont tous chanté Paris, mais Paris n'est pas la seule ville célébrée en chanson. Par exemple, Jacques Brel chante *Bruxelles* en Belgique et Claude Nougaro chante *Toulouse* dans le Midi. Ou encore plus récemment Faudel chantait *Mantes-La-Jolie*.

Compositeur de chansons

Now it's your turn to compose lyrics for a song about your city! Read this excerpt from *J'aime Paris au mois de mai* by Charles Aznavour for inspiration.

> *J'aime Paris au mois de mai*
> *Avec ses bouquinistes[2]*
> *Et ses aquarellistes[3]*
> *Que le printemps a ramenés[4]*
> *Comme chaque année le long des quais[5]...*

Choose a melody you like, then write lyrics that describe your city using vocabulary from this chapter. You might want to begin your song with **J'aime...** and continue with new vocabulary. For example, **J'aime la boutique au coin de la rue...** Present your song to the class. If you know how to play an instrument or how to sing, perform it for the class or if you prefer, read it as a poem.

Dans l'introduction, des noms de chansons et de chanteurs sont mentionnés. Fais des recherches pour trouver les paroles[6] de ces chansons et des informations sur ces villes. Comment est-ce que les villes sont décrites dans les chansons? Est-ce que leur description correspond aux informations que tu as trouvées sur ces villes?

---

1. key 2. booksellers 3. watercolor painters 4. brought back 5. along the banks 6. lyrics

Comparaisons

Une pharmacie à Nice

Les médicaments en France

Tu es en visite en France et tu vas faire une randonnée de deux semaines dans les Alpes. Tu as besoin d'emporter une petite trousse de premiers soins (aspirine, désinfectant, pansements, etc.). Tu vas l'acheter:

    a. à l'épicerie

    b. au supermarché

    c. à la pharmacie

In French grocery stores, you can buy many things, but they're primarily food-related. Grocery stores don't sell over-the-counter drugs like aspirin, allergy medicine, or cold remedies. French supermarkets, like American supermarkets, do sell health and beauty items such as toothpaste, soap, and shampoo, but they do not sell drugs. For drugs, the only place where you can go is the **pharmacie.** When you shop at a **pharmacie** you must usually ask the **pharmacien** to locate those items for you.

ET TOI?

1. What is different about the way medicines are sold in France compared to the U.S.?

2. What other types of French stores are different from stores in the U.S.? How do they differ?

Communauté

Plan de ta ville

How is your town or city organized? Are all the shopping centers located downtown, or are they spread throughout the city? Does your city have a historical district? Take a tour of your city and find out what activities and attractions it has to offer. Write a brief description of your town in French and share it with your class or a pen pal.

La ville de Boston

Objectifs
- to ask for information
- to make a request

Vocabulaire
à l'œuvre 2

Télé-vocab

À Nice

À la pharmacie

Voilà du sirop.

Je tousse beaucoup.

le pharmacien
(la pharmacienne)

le sirop

un médicament

le pansement

le comprimé

À la banque

l'employé (m.)
l'employée (f.)

les billets (m.)

les pièces (f.)

Au distributeur de billets/d'argent

DISTRIBUTEUR DE BILLETS

la carte bancaire

À la poste

le colis

le facteur

le timbre

la lettre

Chère Joju,

Je passe des super vacances avec mes parents à Nice : soleil, plage et baignades tous les jours. À plus
Bisous   Charlotte

Juliette Denis
3, allée des Acacias
44 000 Nantes

le code postal

la carte postale

l'enveloppe (f.)

M. & Mme Coulon
5, rue des Chalets
06300 Nice

PRIORITAIRE
PRIORITY

D'autres mots utiles

déposer	to deposit	avoir mal à	to hurt
retirer	to withdraw	un rhume/une toux	a cold/a cough
le courrier	mail	l'argent (m.)	money
la gorge	throat	la cabine téléphonique	phone booth
la tête	head	la carte téléphonique	phone card

Exprimons-nous!

To ask for information

À quelle heure **ouvre/ferme** la banque?	. . . open/close . . .
Savez-vous où je peux trouver un plan du métro?	Do you know . . . ?
Est-ce que vous pouvez me dire où il y a une pharmacie?	Can you tell me . . . ?
Dites-moi, est-ce que vous acceptez les cartes de crédit?	Tell me, do you accept credit cards?
C'est combien pour envoyer ce colis aux États-Unis?	How much is it to . . . ?

Vocabulaire et grammaire,
pp. 103–105

Online
Workbooks

▶ Vocabulaire supplémentaire—Les commerces, p. R8

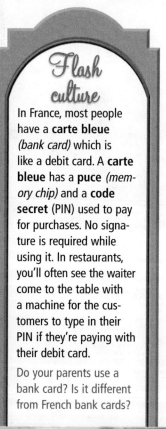

22 **Écoutons**

Mme Souchet fait des courses en ville. Écoute chaque conversation et décide si les phrases suivantes sont **a) vraies** ou **b) fausses.**

1. Mme Souchet parle au pharmacien.
2. Mme Souchet paie avec de l'argent.
3. Mme Souchet veut envoyer un colis aux États-Unis.
4. La poste est près de la pharmacie.
5. La poste ferme à cinq heures.

23 Le spectacle doit continuer!

Lisons Valérie fait partie d'un club de théâtre qui va monter une pièce qui s'appelle *Le colis mystérieux*. Décide de quels objets elle va avoir besoin pour chaque scène.

des pansements	des médicaments	une carte bancaire
un distributeur	des billets	des pièces
un colis	des lettres	une carte de crédit
des timbres	du sirop	des cartes postales
les enveloppes	le téléphone	une carte téléphonique

Scène 1 : Valérie Dupont a très mal à la gorge et elle a un rhume. Elle va à la pharmacie pour chercher quelque chose pour sa toux. La pharmacie n'accepte pas les cartes de crédit.

Scène 2 : Valérie va à la banque pour retirer de l'argent. Là-bas, l'employé de banque lui demande d'envoyer un colis. Elle accepte.

Scène 3 : Valérie arrive à la poste. Le facteur lui dit que le colis n'a pas de code postal.

Scène 4 : Valérie cherche une cabine téléphonique. Elle téléphone à la banque, mais il n'y a personne à la banque qui connaît l'employé.

24 Dans la rue

Écrivons Complète ces phrases avec des mots ou des phrases logiques.

1. Excusez-moi, monsieur, _____ où il y a une pharmacie? J'ai _____ et il me faut _____ parce que j'ai mal à la gorge.
2. _____ où je peux trouver un _____? Je vais en vacances et je voudrais _____ de l'argent.
3. —_____ la poste?
   —À 19h00.
4. —_____ pour envoyer ce colis à Nice?
   — 18 €, madame.

Exprimons-nous!

To make a request	To respond
Avez-vous de la monnaie sur cinq euros? *Do you have change for . . . ?*	**Oui, bien sûr./Absolument.** *Yes, of course./Absolutely.*
Vous avez quelque chose pour calmer la douleur? *Do you have something for the pain?*	**Non, je regrette.** *No, I'm sorry.*
Je voudrais changer de l'argent. *I would like to exchange . . .*	**Adressez-vous** au troisième **guichet.** *Ask at the . . . window.*
Pour prendre de l'argent, **s'il vous plaît?** *Where do I go to . . . ?*	

Vocabulaire et grammaire, *pp. 103–105* Online Workbooks

25 **Des scènes de la vie**

Écrivons Imagine les conversations entre ces personnes.

MODÈLE —Est-ce que vous avez quelque chose
pour la toux?
—Absolument, monsieur. Voilà du sirop.

1. 2. 3. 4.

Digital **performance space**

Communication

26 **Scénario**

Parlons Joue une scène à la pharmacie et à la poste avec ton/
ta camarade. L'un(e) de vous va être le/la client(e) et l'autre
l'employé(e). Échangez les rôles.

MODÈLE —Bonjour, monsieur. Est-ce que vous avez…?
—Voilà…, mademoiselle…

Vocabulaire 2

Grammavision

 Révisions The present tense

To conjugate a regular verb in the present tense, drop the **-er**, **-ir**, or **-re** of the infinitive and add these endings.

	regular -er verbs parler	regular -ir verbs choisir	regular -re verbs perdre
je	parle	choisis	perds
tu	parles	choisis	perds
il/elle/on	parle	choisit	perd ← *no ending*
nous	parlons	choisissons	perdons
vous	parlez	choisissez	perdez
ils/elles	parlent	choisissent	perdent

Some irregular verbs:

aller, avoir, connaître, devoir, être, faire, mettre, nettoyer, pouvoir, prendre, savoir, venir, voir

Vocabulaire et grammaire, *pp. 106–107*
Cahier d'activités, *pp. 85–87*

Online Workbooks

27 **Une brochure**

Lisons Complète cette brochure sur la ville d'Orange avec les verbes de la boîte.

recommandons	devez	peut	est
choisissent	sont	a	voulez

ORANGE *vous accueille!*

Orange _____ une petite ville en Provence.
Les touristes _____ souvent cette ville pour leurs
vacances parce qu'elle _____ de belles ruines
romaines. Au centre-ville, on _____ voir le théâtre
antique et l'arc de triomphe. Les commerçants du
centre-ville _____ très sympathiques et nous _____
leurs boutiques. Alors, si vous _____ visiter une jolie
petite ville du Midi, vous _____ venir à Orange!

Office du tourisme **04-90-34-70-88** • Gare SNCF **08-36-35-35-35**

Le TGV ne s'arrête pas à Orange : descendre
à Valence et prendre la correspondance.

Grammaire 2

28 Les habitudes des lycéens français

Parlons Lucille te parle des habitudes des lycéens français. Complète ses phrases avec le présent des verbes entre parenthèses.

1. On _____ avec des amis au café après les cours. (discuter)

2. Après le déjeuner, nous _____ un café en ville. (boire)

3. Nos parents _____ qu'on rentre assez tôt le soir. (vouloir)

4. Moi, je _____ la boutique de ma mère le week-end. (nettoyer)

5. Je _____ mes cours à midi le mercredi. (finir)

6. Et vous, est-ce que vous _____ rentrer tout de suite après l'école? (devoir)

29 Au quotidien dans les villes françaises

Écrivons Dis où on est et ce qu'on fait sur ces photos. Utilise des verbes variés et les sujets indiqués.

le pharmacien

MODÈLE le pharmacien
Ils sont à la pharmacie. Le pharmacien vend des médicaments.

1. nous   2. tu   3. vous   4. ils

Digital
performance space

Communication

30 Interview

Écrivons/Parlons Un(e) jeune francophone t'interviewe sur ta vie quotidienne. Il/Elle te pose des questions sur ton lycée, tes profs, ta famille, tes amis, ta ville, tes activités de tous les jours, etc. Joue cette scène avec un(e) camarade, puis échangez les rôles.

MODÈLE —Steven, tu prends... pour aller au lycée?
—Moi, je vais au lycée...
—Tu aimes tes cours au lycée?
—J'adore... mais...

Inversion

1 In a more formal context and in written French, you will often see questions formed with inversion. To make a question with inversion, simply reverse, or invert, the subject and verb and add a hyphen between them.

Tu vas à la banque? → **Vas-tu** à la banque? *Are you going to the bank?*

Vous faites du ski? → **Faites-vous** du ski? *Do you ski?*

2 If you're inverting a question with **il, elle,** or **on** as the subject, and the verb ends in a vowel, add a **-t-** between the verb and subject. The **-t-** has no meaning and only serves to make the pronunciation easier.

Il y a deux chaises là? → Y **a-t-il** deux chaises là?

Elle parle espagnol? → **Parle-t-elle** espagnol?

3 Notice how you form inversion questions if the subject is a noun.

Est-ce que Janine vient avec nous? → Janine **vient-elle** avec nous?

Un cours sans prof est possible? → Un cours sans prof **est-il** possible?

4 Information questions follow the same rules as yes-no questions.

Où vous allez? → Où **allez-vous?**

5 To make an inversion question in the **passé composé,** reverse the subject and the helping verb.

Tu as trouvé un plan de la ville? → **As-tu** trouvé un plan de la ville?

Vocabulaire et grammaire, *pp. 106–107*
Cahier d'activités, *pp. 85–87*
 Online Workbooks

Déjà vu!
You already know how to form questions with intonation or est-ce que.

Marcus travaille au café?
Est-ce qu'il chante bien?

31 Écoutons

 Tu entends ces phrases dans la rue en France. Dis si chaque phrase est **a) une question** ou **b) une phrase affirmative.**

32 Le professeur Tournesol

Lisons/Parlons Le professeur Tournesol est un personnage de la bande dessinée *Tintin*® qui ne comprend jamais ce qu'on lui dit. Répète ces questions au professeur en utilisant l'inversion.

1. Professeur, est-ce que vous allez en ville aujourd'hui?
2. Le capitaine Haddock et vous, vous avez pris le bus?
3. Est-ce que Tintin est chez le coiffeur?
4. Le chien de Tintin s'appelle Milou?
5. Est-ce que Dupont et Dupond connaissent Paris?
6. Est-ce que Tintin aime les aventures (*adventures*)?

À la cajun
In Louisiana, people use the word **un char** instead of **une voiture** and **une piastre** instead of **un dollar.**

33 A-t-on...?

Écrivons Regarde les images et pose des questions pour savoir ce qui s'est passé hier. Utilise l'inversion et le passé composé.

Mme Leroy / tomber

MODÈLE **Madame Leroy est-elle tombée dans la rue?**

1. tu / acheter

2. il / attendre

3. ton frère / aller

4. nous / prendre

5. Tina et Carole / étudier

6. vous / laver

34 Si je pouvais rencontrer...

Écrivons Fais une liste de huit questions que tu voudrais poser à une personne célèbre que tu admires. Utilise l'inversion.

MODÈLE **Où habitez-vous?**
Où travaillez-vous?...

Digital **performance space**

Communication

35 Scénario

Parlons Il y a eu un hold-up à la Banque Nationale hier. L'inspecteur Adunez pose des questions au directeur de la banque, M. Rochedor pour savoir ce qui s'est passé à la banque. Joue cette scène avec un(e) camarade. Utilise l'inversion, le présent et le passé composé.

MODÈLE —Bonjour, monsieur. Je suis l'inspecteur Adunez.
À quelle heure êtes-vous parti de la banque hier?
—Je suis parti à...

Application 2

36 On rappe!

Écoutons Écoute la chanson **Est-ce que vous pouvez me dire?** et réponds aux questions suivantes.

1. Quels moyens de transport est-ce qu'on peut prendre pour aller à la pharmacie?

2. Qu'est-ce qui est près de la poste?

3. Où se trouve le distributeur de billets?

37 Je veux savoir...

Écrivons Tu vas rendre visite à tes cousins qui habitent une petite ville française. Écris-leur un e-mail et pose dix questions sur leur ville. Utilise l'inversion dans tes questions.

MODÈLE **Salut cousins! J'ai beaucoup de questions sur votre ville. La ville de… est-elle jolie? Y a-t-il beaucoup de boutiques et de cafés?…**

Un peu plus **Révisions**

The partitive

1. When you're talking about part of an item, use the partitive articles du, de l', de la, and des before the noun.

> Je voudrais des céréales.
> *I'd like some cereal.*

2. When you're talking about a whole item or items, use un, une, or des before the noun.

> J'achète une tarte.
> *I'm buying a (whole) pie.*

3. In a negative sentence, the partitive and indefinite articles become de.

> Je ne prends pas de poisson.
> *I'm not having any fish.*

Vocabulaire et grammaire, *p. 108*
Cahier d'activités, *pp. 85–87*

 Online Workbooks

38 Faisons des courses

Lisons Marc et sa sœur font des courses. Choisis l'article approprié pour compléter les phrases qui suivent.

1. D'abord, nous devons retirer (des / de l') argent au distributeur.

2. Bonjour, monsieur. Je voudrais (de la / des) comprimés et (du / de la) sirop pour la toux.

3. Adrienne, il faut envoyer (une / un) colis. Allons à la poste.

4. Bonjour, monsieur. Je veux (du / des) timbres, s'il vous plaît?

5. Marc, tu ne vas pas prendre (des / de) fruits pour maman?

6. Allons au supermarché. Maman m'a demandé d'acheter (du / des) pâtes, (un / une) pamplemousse, et (du / de la) poulet.

39 **Tout le monde fait des courses**

Lisons Tout le monde fait des courses en ville. Complète les phrases suivantes avec l'article (**du, de la, de l', un, une** ou **des**) qui convient.

1. Bonjour, madame. Je voudrais acheter _____ tarte aux pommes, s'il vous plaît.
2. Maman, je voudrais _____ eau minérale.
3. Je dois retirer _____ argent à la banque.
4. Bonjour, monsieur. Je voudrais _____ comprimés.
5. Mon copain va à la poste pour envoyer _____ colis.
6. Et moi, je vais prendre _____ sandwich au fromage.

40 **Les achats**

 Écrivons Écris un paragraphe pour décrire les choses que ta famille achète généralement au supermarché. Décris aussi ce qu'on a mangé chez toi au déjeuner ou au dîner hier. Utilise les articles appropriés, selon le contexte.

MODÈLE **On achète toujours du pain, des œufs, du jus d'orange… Hier, on a mangé…**

Flash culture

The post office in France is not just a place from where you can send mail and packages. Post offices in France often offer financial services similar to those at a bank. As of January 2006, the financial division of the post office became the **banque postale**, offering all the services that a regular bank would offer, including loans.

Do post offices in the U.S. offer similar services?

Communication

Digital **performance space**

 **41** **Où est la banque?**

Parlons Tu es un(e) touriste dans une ville française et tu demandes des renseignements à ton/ta camarade. Lisez les questions ci-dessous et répondez-y de manière logique. Ensuite, échangez les rôles.

— **Pardon, est-ce que vous pourriez me dire où il y a une banque?**

—

— **À quelle heure ferme la banque?**

—

— **Et savez-vous où je peux trouver des timbres?**

—

— **Où est la poste?**

—

— **Savez-vous combien c'est pour envoyer une lettre aux États-Unis?**

—

Télé-roman

Que le meilleur gagne!
Épisode 9

DVD

STRATÉGIE

Making predictions As you near the conclusion of a story, it is only natural to start making predictions about how it is going to end. Based on what you already know, make predictions about the characters and their situations: Will Kevin become Yasmina's friend? Will he solve the last clue thanks to the map he stole? Who will win the competition?

Les trois amis ont rendez-vous pour trouver la dernière énigme...

1

Yasmina Vous aviez raison pour Kevin. À la fête d'Adrien, il a pris la photocopie du plan que j'avais laissée dans la chambre.

2

Laurie Tu as laissé une photocopie du plan dans la chambre d'Adrien?

Yasmina C'est un plan que j'ai modifié pour voir si Kevin le prendrait.

Au marché aux fleurs...

3

Adrien Alors, pour prouver qu'on a trouvé les différents endroits, on doit prendre des photos.

4

Adrien «Sur la Terrasse, elles ont besoin de soleil et d'eau.»

Laurie Eh! La rue de la Terrasse est tout près d'ici... Près de la rue de la Terrasse, il y a le marché aux fleurs.

5

Adrien Alors, indice Numéro 2: «Escalier ou ascenseur vont vous mener à la belle vue.»

Laurie C'est peut-être la colline du Château. On peut y monter par un escalier ou en ascenseur.

À la colline du Château...

6

Laurie Quelle belle vue!

7

Adrien Bon. Le troisième indice: «Une ancienne ville romaine.»

Laurie Une ville romaine… hmmm… Attendez! À Cimiez, il y a des ruines romaines!

Aux ruines romaines de Cimiez...

8

Adrien Quatrième indice: «Tout près d'ici, vous trouverez mon nom.»

9

CENTRE
CULTUREL
BIRAGO DIOP

Yasmina Regardez! «Centre Birago Diop.» Birago Diop, c'est un écrivain sénégalais. Ça doit être le nom du lycée de Saint-Louis, vous ne pensez pas?

10

Yasmina Je me demande où est Kevin avec son faux plan sans indices…

AS-TU COMPRIS?

1. Pourquoi est-ce que Yasmina est triste au début de l'épisode?

2. Pourquoi est-ce que les trois amis doivent prendre des photos?

3. Dans quelle partie de Nice y a-t-il des ruines romaines?

4. Qui est Birago Diop?

5. Pourquoi le nom «Birago Diop» est important?

Prochain épisode:
Est-ce que tu peux deviner ce qui va se passer à l'épisode 10? D'après toi, qui va gagner le concours?

Lecture et écriture

STRATÉGIE pour lire

Reading aloud Before you focus on what a poem means, read it aloud at least once. Poets often use *alliteration*, the repetition of a letter, and *onomatopoeia*, sounds that imitate or suggest the meaning of a word, to communicate their ideas. You will find it easier to understand a poem if you hear how it sounds.

A Avant la lecture

Lis le poème à haute voix. Quelle lettre de l'alphabet se répète? Quelle image et quel sentiment est-ce que cette répétition donne? Quels mots, à ton avis, sont des exemples de l'onomatopée?

L'embouteillage
de Jacques Charpentreau

Feu vert Feu vert Feu vert !
Le chemin est ouvert !
Tortues blanches, tortues grises,
   tortues noires,
Tortues têtues Tintamarre¹ !
5 Les autos crachotent²,
Toussotent, cahotent³
Quatre centimètres
Puis toutes s'arrêtent.

Feu rouge Feu rouge Feu rouge !
10 Pas une ne bouge !
Tortues jaunes, tortues beiges,
   tortues noires,

Tortues têtues Tintamarre !
Hoquettent⁴, s'entêtent⁵,
Quatre millimètres,
15 Pare-chocs⁶ à pare-chocs
Les voitures stoppent.

Blanches, grises, vertes, bleues,
Tortues à la queue leu leu⁷,
Jaunes, rouges, beiges, noires,
20 Tortues têtues Tintamarre !
Bloquées dans vos carapaces
Regardez-moi bien : je passe !

1. racket 2. crackle 3. jolt 4. hiccup 5. persist 6. bumpers 7. all lined up

B Compréhension

Réponds aux questions suivantes avec des phrases complètes.

1. Qu'est-ce que les tortues représentent?
2. Où sont les tortues?
3. Comment sont-elles?
4. Est-ce qu'elles font peu ou beaucoup de bruit *(noise)?*
5. Pourquoi est-ce que tu penses que le narrateur peut passer?

C Après la lecture

What situation does the poem describe? What images help describe it? How does the use of alliteration and onomatopoeia contribute to the description?

Espace écriture

STRATÉGIE pour écrire

Using a map to write directions can help you identify each step in the process and arrange the steps sequentially. This will make your directions clear and easy to follow.

Des courses

A friend is going downtown and has offered to run some errands for you. Write your friend a note telling three things that you need, where to go to get the items, and how to get to each place.

1 Plan

Make a list of the things you need and where to buy them. Then, draw the route your friend should take from school to the three places. Check your map to be sure that your friend is running the errands in a logical order and that no time is wasted.

2 Rédaction

Write the note to your friend, stating the three things that you need and where to get them. Ask your friend if he or she is familiar with these places. Then, using your map, give your friend directions to each place in a logical order. Include any types of transportation that he or she should use.

3 Correction

Read your note and compare your directions with the map you drew. Did you include all the steps in your instructions? Check spelling and punctuation.

4 Application

Read your note to the class. Your classmates will draw a map based on what they hear. Do their maps match the one you drew? Post your directions and map on the class bulletin board.

Prépare-toi pour l'examen

@**HOME**TUTOR

1 Dis où ces gens vont d'après les images.

1 Vocabulaire 1
• to plan your day
• to ask for and give directions
pp. 294–297

1. Philippe et moi   2. tu   3. Catherine et Gilles   4. André

2 Yasmina parle de son voisin Martin. Complète sa conversation avec les formes appropriés des verbes **voir, savoir** ou **connaître.**

2 Grammaire 1
• the verb *voir*
• the verbs *savoir* and *connaître*
Un peu plus
• review of the imperative
pp. 298–303

YASMINA   Est-ce que tu ___**1**___ Martin Dubois? Il m'a dit qu'il travaille ici.

ANTOINE   Je ne ___**2**___ pas Martin. C'est qui?

YASMINA   C'est un garçon qui habite près de chez moi. Il ___**3**___ parler anglais, chinois et espagnol. Ses parent sont musiciens. Son père ___**4**___ jouer du piano. Tu sais, il ___**5**___ Patricia Kaas.

ANTOINE   Ouah! Vraiment?

YASMINA   Oui! Et la sœur de Martin travaille au Louvre. Elle ___**6**___ tous les tableaux et les sculptures du Louvre. Elle adore le cinéma et elle ___**7**___ souvent les nouveaux films américains et chinois.

3 Réponds aux questions suivantes.

3 Vocabulaire 2
• to ask for information
• to make a request
pp. 306–309

1. Qu'est-ce qu'on peut acheter à la pharmacie?
2. Où est-ce qu'on peut changer de l'argent?
3. Où est-ce qu'on va pour envoyer un colis?
4. À quelle heure ferme la poste près de chez toi?
5. Qu'est-ce que tu prends quand tu as mal à la gorge?
6. D'habitude, à quelle heure ouvrent les banques?
7. Est-ce que tu as une carte de crédit?
8. Est-ce que tu as jamais (*ever*) acheté une carte téléphonique?

4 Complète cette description de Nice avec la forme correcte du verbe qui convient. Fais attention! Il y a des verbes à l'impératif.

À Nice, il y a quelque chose pour tous les goûts. Si vous ____**1**___ (aimer) le sport, vous ____**2**___ (pouvoir) faire du ski nautique et nager. Ou bien ____**3**___ (prendre) un bain de soleil sur la plage! Si vous ____**4**___ (préférer) faire les magasins, il y a beaucoup de boutiques pour vous tenter. Dans les restaurants, ____**5**___ (essayer) les plats traditionnels du sud de la France comme la pissaladière et la ratatouille. Si vous ne ____**6**___ (connaître) pas encore cette ville magnifique, ____**7**___ (venir) nous rendre visite!

5 Réponds aux questions suivantes.

1. What is a **rond-point?**
2. Can you buy medicines at a grocery store in France?
3. In France, what do you need to enter each time you use a bank card to pay at a restaurant?

6 Écoute la conversation et indique trois choses que Patrick a achetées au centre-ville.

7 Tu visites Nice et tu veux acheter des cartes postales. Ton/ta camarade va jouer le rôle du passant *(passer-by)* qui va t'indiquer le chemin *(route)*. D'abord, lisez les instructions pour chaque réplique *(exchange)*. Ensuite, créez votre dialogue en utilisant des expressions de ce chapitre et des autres chapitres.

Élève A:	Dis bonjour. Demande où acheter des cartes postales.
Élève B:	Réponds à ton/ta camarade.
Élève A:	Demande où est le magasin.
Élève B:	Indique le chemin.
Élève A:	Remercie et demande où est la poste.
Élève B:	Indique où se trouve la poste.
Élève A:	Remercie. Demande si la poste à un distributeur de billets.
Élève B:	Réponds de manière positive.

4 Grammaire 2
• review of the present tense
• inversion
Un peu plus
• review of the partitive
pp. 310–315

5 Culture
• Comparaisons
p. 305
• Flash culture
pp. 296, 298, 302, 308, 313, 315

Prépare-toi pour l'examen

Grammaire 1
- the verb *voir*
- the verbs *savoir* and *connaître*

Un peu plus
- review of the imperative
  pp. 298–303

Résumé: Grammaire 1

The irregular verb **voir** means *to see.*

je vois	nous vo**y**ons
tu vois	vous vo**y**ez
il/elle/on voit	ils/elles voient

Use **connaître** to say *someone is familiar with a person, place, or thing.* Use **savoir** to say *a person knows information or how to do something.* For the conjugations of these verbs, see **p. 300.**

To make commands in French, use the **tu, nous,** or **vous** form of a present tense verb *without the subject pronoun.*

Grammaire 2
- review of the present tense
- inversion

Un peu plus
- review of the partitive
  pp. 310–315

Résumé: Grammaire 2

To conjugate **-er, -ir,** and **-re** verbs in the present tense, drop the final two letters from the infinitive and add these endings:
- For **-er** verbs: -e, -es, -e, -ons, -ez, -ent
- For **-ir** verbs: -is, -is, -it, -issons, -issez, -issent
- For **-re** verbs: -s, -s, [nothing], -ons, -ez, -ent

Some verbs that are irregular in the present tense are: **avoir, être, faire, aller, venir, vouloir, prendre, boire, mettre, pouvoir, devoir, nettoyer, voir, connaître,** and **savoir.**

Ask questions in French by inverting the subject and verb and separating them with a hyphen. If you are using **il, elle,** or **on** as the subject and the verb begins with a vowel, separate the subject and verb with a **-t-.**

You use the **partitive du, de l',** and **de la** to talk about *part of an item.* On the other hand, when talking about a *whole item,* you use the articles **un, une,** and **des.**

🎧 Lettres et sons

The sounds [u] and [y]

The sound **[u]** occurs in English words such as *Sue, shoe,* and *too.* The French **[u]** is usually represented by the letter combination **ou.** It is shorter, terser, and more rounded than the vowel sound in English as in the words **tout, nous,** and **vous.**

The sound **[y]** is represented in the words **salut, tu,** and **rue.** Start by saying [i] as in the English word *me.* Then, round your lips as if you were going to say *moon,* keeping your tongue pressed behind your lower teeth.

Jeux de langue
La roue sur la rue roule; la rue sous la roue reste.

Dictée
Écris les phrases de la dictée.

Prépare-toi pour l'examen

To plan your day

l'arrêt de bus (m.)	bus stop	le salon de coiffure	hairdresser
la banque	bank	la station de métro	subway station
un bouquet de fleurs	bouquet of flowers	le ticket	ticket
la boutique	shop	à pied	on foot
le carrefour	intersection	à vélo	by bicycle
le centre-ville	downtown	en bus	by bus
les courses (f.)	errands	en métro	by subway
l'église (f.)	church	en taxi/en voiture	by taxi/by car
l'endroit	place	après	after
entre	between	derrière	behind
le feu (rouge)	traffic light	devant	in front of
le/la fleuriste	flower shop	d'abord	first
l'hôpital (m.)	hospital	ensuite	then
la librairie-papeterie	book and stationery store	et puis	and then
le marché	open air market	loin de	far from
la pharmacie	pharmacy	près de	near
le plan	map	Et je dois passer…	And, I need to go by . . .
le pont	bridge	finalement	finally
la poste	post office	On y va…	One can go there . . .
la rue	street		

To ask for and give directions .... *see p. 297*

Résumé: Vocabulaire 2

To ask for information

l'argent (m.)	money	un médicament	medicine
avoir mal à la gorge/ à la tête	to have a sore throat / a headache	le pansement	bandage
le billet	bill/banknote	le/la pharmacien(ne)	pharmacist
la cabine téléphonique	phone booth	la pièce	coin
la carte bancaire/ téléphonique	bank card/phone card	retirer	to withdraw
		un rhume/une toux	a cold/a cough
la carte postale	postcard	le sirop	syrup
le code postal	zip code	le timbre	stamp
le colis	package	tousser	to cough
le comprimé	pill	C'est combien pour envoyer…?	How much is it to send . . .?
le courrier	mail	Dites-moi, est-ce que vous acceptez les cartes de crédit?	Tell me, do you accept credit cards?
déposer	to deposit		
le distributeur de billets/ d'argent	ATM	Est-ce que vous pouvez me dire…?	Can you tell me . . .?
l'employé(e) (m.,f.)	employee	Savez-vous…?	Do you know . . .?
l'enveloppe (f.)	envelope	À quelle heure ouvre/ferme…?	At what time does . . . open/close?
le facteur	mail carrier		
la lettre	letter		

To make a request .... *see p. 309*

Révisions cumulatives

🎧 **1** Indique la photo qui correspond à chaque conversation.

a.

b.

c.

d.

2 Regarde l'annonce et réponds aux questions suivantes.

PHARMACIE DU GARDET

Mehdi Akrout, Docteur en pharmacie, est heureux de vous accueillir avec son équipe. En collaboration avec votre médecin, votre pharmacien est là pour vous fournir les médicaments et vous conseiller sur leur utilisation. Si vous avez une question au sujet de : votre santé au quotidien, vaccins, préparation d'un voyage, ou effets secondaires d'un médicament, n'hésitez jamais à lui demander conseil.

Horaire :	Du lundi au vendredi	Samedi
	9h00 à 12h30	9h00 à 12h30
	14h00 à 20h00	14h00 à 19h00

162 rue Aimé Ramond   11000 Carcassonne   Tél : 04 68 24 39 71   Fax : 04 68 29 04 64

1. Où se trouve cette pharmacie?
2. Quel est le numéro de téléphone de la pharmacie?
3. Comment s'appelle le pharmacien/la pharmacienne? C'est un homme ou une femme?
4. À quelle heure la pharmacie ouvre-t-elle le matin? À quelle heure ferme-t-elle le soir?
5. Est-ce que le pharmacien/la pharmacienne sait quelles vaccinations sont nécessaires si on veut voyager à l'étranger *(foreign country)*?
6. Qu'est-ce que le pharmacien/la pharmacienne peut expliquer, d'après l'annonce?

3 Tes amis et toi, vous voulez dîner au restaurant. Avec des camarades de classe, décidez où vous allez manger. Puis, dites à un(e) de vos ami(e)s comment arriver au restaurant.

4 Regarde cette peinture de van Gogh. Où se passe cette scène? Que font les personnes que tu vois? Où sont ces personnes? Est-ce que tu voudrais aller dans cette ville? Pourquoi ou pourquoi pas?

La Maison jaune de Vincent van Gogh

5 Ton/Ta correspondant(e) français(e) vient te rendre visite. Écris un e-mail pour expliquer comment arriver de l'aéroport à chez toi. Mentionne les bâtiments *(buildings)* importants qu'il/elle va voir entre l'aéroport et ta maison/ton appartement.

6

À ton tour

Ma ville Your local chamber of commerce has asked your French club to write some materials for French visitors about your town. Write a brief description of your town. List buildings tourists might be interested in (hotels, banks, historical sites, etc.) and tell where they are located in relation to each other. You might want to refer to street names, bridges, and rivers as part of your directions.

10

Enfin les vacances!

Objectifs

In this chapter, you will learn to
- give advice
- get information
- ask for information
- buy tickets and make a transaction

And you will use and review
- the verb **appeler**
- prepositions with countries and cities
- Idioms with **faire**
- the **passé composé** with **avoir**
- the **passé composé** with **être**
- ordinal numbers

▶ *Que vois-tu sur la photo?*

Où sont ces adolescents?

Qu'est-ce qu'ils font?

Et toi, est-ce que tu as déjà pris le train? Pour aller où? Quel autre moyen de transport est-ce que tu prends pour voyager?

COLONIE
DE
VACANCES

La gare de Nice

Objectifs
- to give advice
- to get information

Vocabulaire
à l'œuvre 1

DVD
Télé-vocab

À l'hôtel Negresco, à Nice

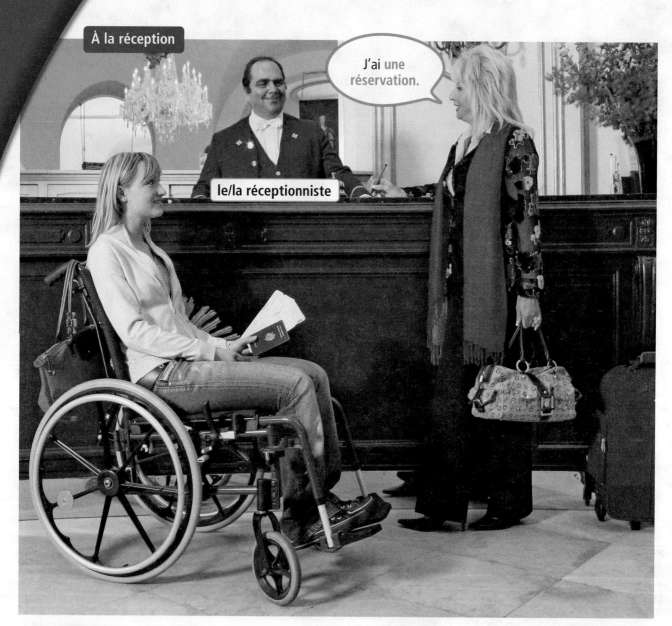

À la réception

J'ai une réservation.

le/la réceptionniste

le passeport

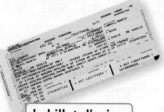

le billet d'avion

le billet de train

les chèques (m.) de voyage

Je monte vos bagages?

le sac de voyage

la valise

le bagage
(à main)

ACCUEIL

l'accès (m.)
handicapé

la trousse de toilette

D'autres mots utiles

la climatisation	*air conditioning*	l'ascenseur (m.)	*elevator*
le lit simple/double	*single/double bed*	la clé	*key*
la chambre non-fumeur	*non-smoking room*	le parking	*parking lot*
la chambre avec vue	*room with a view*	le visa	*travel visa*

Exprimons-nous!

To give advice

N'oublie pas tes clés!	*Don't forget . . . !*
Tu ne peux pas partir sans ton parapluie.	*You can't leave without . . .*
Tu devrais/Vous devriez faire une réservation.	*You should . . .*
Je te conseille de prendre un sac de voyage.	*I advise you to . . .*
Tu as intérêt à emporter des chèques de voyage.	*You'd better take along . . .*

Vocabulaire et grammaire,
pp. 109–111

Online
Workbooks

1 Écoutons

🎧 Gabrielle donne des conseils à ses copains qui vont partir en vacances. Choisis l'image qui correspond à chaque conseil.

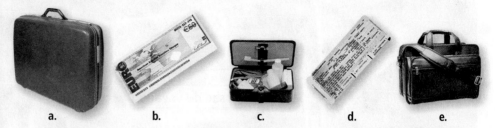

a.　　　　　b.　　　　　c.　　　　　d.　　　　　e.

2 Qu'est-ce que je fais?

Parlons Martin va passer un an à voyager. Quel conseil est-ce que tu peux lui donner pour chaque chose qu'il dit?

> a. N'oublie pas ton passeport!
> b. Alors, tu devrais emporter un bagage à main.
> c. Tu ne peux pas partir sans ton parapluie!
> d. Tu as intérêt à acheter ton billet sur Internet.

1. Je vais prendre le train de Paris à Cannes.
2. Le mois prochain, je vais aller à Tokyo.
3. Je ne prends pas beaucoup de vêtements.
4. Il pleut beaucoup en France au mois d'octobre.

3 Nouvelles de Nice!

Lisons Stéphanie est en vacances à Nice. Complète sa carte postale à son amie Eva.

Nice

Salut,

Nice, c'est super comme ville! L'hôtel, par contre, n'est pas terrible. Il fait très chaud et l'hôtel n'a pas de __1__. J'ai fait une __2__ pour une chambre avec __3__, mais je ne peux pas voir la mer. Et puis, ma chambre est au dixième étage, et il n'y a pas d' __4__. Il faut monter par l'escalier. Je vais aller tout de suite à la __5__ pour demander une autre chambre.

Grosses bises, Stéphanie

Eva Menton

5, rue Anatole

51100 Reims

Exprimons-nous!

To get information

Est-ce que vous avez une chambre **disponible pour** le 7 mai? *. . . available for . . .*	Désolé(e), **c'est complet.** *. . . , it's full.*
Je voudrais réserver une chambre du 9 **au** 15 juin, s'il vous plaît. *I'd like to reserve a room from . . . to . . .*	Très bien. **À quel nom?** *. . . Under what name?*
Est-ce que vous faites pension complète? *Are all meals included with the room?*	**Non, nous ne faisons que demi-pension.** *No, we only offer breakfast and one other meal.*
Jusqu'à quelle heure est-ce que la réception est ouverte? *Until what time . . . ?*	**Toute la nuit.** *All night long.*

Vocabulaire et grammaire, *pp. 109–111*

Online Workbooks

4 À l'auberge de jeunesse

Écrivons Tu fais une réservation à l'auberge de jeunesse de Nice. Complète ta conversation avec le réceptionniste.

— _____ ?

— Du 21 au 22 juillet? Absolument. À quel nom?

— _____ . _____ ?

— Non, nous ne faisons que demi-pension. Et qu'est-ce que vous voudriez comme chambre?

— _____ .

— Je regrette. Nous n'avons plus de chambres à deux lits.

— _____ .

— Très bien. Toutes nos chambres sont non-fumeurs.

— _____ ?

— Toute la nuit.

Digital **performance space**

Communication

5 Scénario

Parlons Tu essaies de réserver une chambre pour deux nuits à St.-Tropez. Tu veux une chambre pour deux, non-fumeur, avec salle de bain, vue et climatisation. Le réceptionniste de l'hôtel ne te comprend pas. Joue cette scène avec un(e) camarade.

MODÈLE —**Je voudrais réserver une chambre du 14 au 15 mai.**
—**Très bien. Une chambre du 4 au 5 mai?**

Objectifs
- the verb *appeler*
- prepositions with countries and cities

Grammaire
à l'œuvre **1**

DVD
Grammavision

The verb *appeler*

1 The verb **appeler** *(to call)* has a spelling change in some of its forms. Notice that the consonant is doubled in some forms.

j' appe**ll**e	nous appelons
tu appe**ll**es	vous appelez
il/elle/on appe**ll**e	ils/elles appe**ll**ent

The past participle of appeler is **appelé.**

> Est-ce que tu **appelles** l'hôtel pour réserver une chambre?
>
> Nous **avons appelé** la gare pour vérifier l'heure du départ.

2 Do you remember what **Je m'appelle** means? The **m'** before the verb is a reflexive pronoun. You'll learn more about these pronouns next year. For now, just remember that **Je m'appelle** literally means *I call myself,* while **J'appelle** means *I call (someone else).*

Verbs like **appeler:**	
jeter	*to throw (away)*
épeler	*to spell*
rappeler	*to call back*

Vocabulaire et grammaire, *pp. 112–113*
Cahier d'activités, *pp. 91–93*

Online
Workbooks

---

6 ## Les deux font la paire

Lisons Trouve la fin de chaque phrase de la colonne de gauche dans la colonne de droite.

1. Comment est-ce qu'on…
2. Nous…
3. Tu sais comment ils…
4. Ce soir, vous…
5. C'est mon passeport. Regardez! Je…
6. Est-ce que tu…

a. jetons nos vieux billets de train.
b. m'appelle Yves Rivière.
c. jettes toujours ton sac de voyage comme ça?
d. épelle «Avignon»?
e. rappelez la réception de l'hôtel?
f. appellent ce monument?

Hôtel Negresco

7 Projets de vacances

Parlons Utilise les éléments donnés pour faire des phrases complètes.

1. le réceptionniste / appeler / la chambre de M. Bourdain
2. Martin et Gilles / épeler / leurs noms / pour le professeur
3. nous / appeler / nos parents / à l'hôtel
4. je / jeter / l'adresse de cet hôtel
5. vous / rappeler / une table / le restaurant / pour réserver
6. M. Duchesne / épeler / son nom / pour le réceptionniste

8 Que font-ils?

Parlons/Écrivons Décris ces illustrations.
Utilise les sujets donnés.

Salim

MODÈLE **Salim appelle la réceptionniste.**

1. mes frères

2. l'employée

3. nous

4. vous

5. M. Fourget

6. tu

Digital
performance space

Communication

9 Scénario

Parlons Imagine que tu as passé un an en France. Tu vas dans une agence de voyages pour acheter ton billet pour rentrer aux États-Unis. L'agent ne comprend pas ton nom et tu dois l'épeler pour lui. Donne-lui toutes les informations importantes (nom, date du voyage, etc.). Joue cette scène avec un(e) camarade.

MODÈLE —Bonjour. Je voudrais faire une réservation pour un billet d'avion pour…, s'il vous plaît.

Prepositions with countries and cities

1 In French, most countries that end with **-e** are feminine. Countries that end in letters other than **-e** are generally masculine. There are exceptions like **le Mexique.**

la Chine	les États-Unis (m.)	l'Espagne (f.)
la Russie	l'Angleterre (f.)	l'Italie (f.)
le Canada	l'Australie (f.)	la Tunisie
le Japon	l'Allemagne (f.)	les Pays-Bas (m.)
le Maroc	l'Égypte (f.)	le Brésil

2 To say *in* or *to* a country, use the following prepositions: **au** with masculine countries, **en** with **feminine countries**, **aux** with **countries that have plural names**.

3 To say *from* a country, use the following prepositions: **du** with masculine countries, **de** with **feminine countries**, **des** with **countries that have plural names**.

> Nous allons **aux** États-Unis.   Brigitte revient **de** Chine.

4 To say *in* or *to* most cities, use **à**. To say *from* most cities, use **de**.

> Je pars **de** Chicago à 11h et j'arrive **à** Boston à 14h.

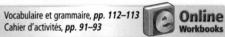

Vocabulaire et grammaire, *pp. 112–113*
Cahier d'activités, *pp. 91–93*

Online Workbooks

Vocabulaire et grammaire, *pp. 112–113*
Cahier d'activités, *pp. 91–93*

Déjà vu!

Do you remember what happens to the preposition **à** and **de** before the articles **le, la, l',** and **les**?

À and de contract with le and les,

Nous allons au café.

Je parle des élèves.

but not with la or l'.

Je vais à la piscine.

Elle revient de la gare.

10 Écoutons

Écoute les messages sur ton répondeur *(answering machine)* et dis si tes amis **a) vont dans** ou **b) reviennent d'**un pays ou d'une ville.

11 Mon journal

Lisons/Écrivons Julien écrit dans son journal de voyage. Complète ses phrases avec les prépositions de la boîte.

à l'	au	de	à la	à	en	aux

Je suis parti __1__ Seattle jeudi matin et maintenant,
je suis __2__ France. Je passe la semaine __3__ Paris
avec mes parents. Hier, on est allés __4__ la Tour
Eiffel et aujourd'hui on va __5__ Musée d'Orsay. On dort
__6__ hôtel Rivière, __7__ Invalides. J'adore Paris!
La semaine prochaine, on va prendre l'avion pour revenir
__8__ États-Unis.

12 Les nouveaux correspondants

Écrivons Tu as plusieurs nouveaux correspondants. Regarde les photos et explique de quel pays ils sont et dans quelle ville ils travaillent.

Yoko

MODÈLE Yoko est du Japon. Elle travaille à Tokyo.

| Pise | Sydney | Québec | Paris | New York | Alexandrie |

1. vous

2. nous

3. Sophie

4. Luigi et Maria

5. Ian

6. Moustafa

13 Ma carte postale

Écrivons Imagine que tu es en vacances. Écris une carte postale à ta classe de français. Dis où tu es et ce que tu fais.

MODÈLE Salut les copains! Je suis en vacances à… Je suis parti(e) de… Je vais aller…

Digital
performance space

Communication

14 Opinions personnelles

Parlons Tes camarades et toi, vous avez gagné un voyage d'une semaine dans un pays francophone de votre choix. En groupes de quatre, essayez de choisir un pays et une ville. Ensuite, parlez de ce que vous voulez faire et voir là-bas et préparez un itinéraire.

MODÈLE —Moi, je voudrais bien aller…
—Moi aussi! Tu veux aller à… ?
—Pas moi. Moi, je veux aller…
—Bon, d'accord. Qu'est-ce qu'on va voir… ?

Grammaire 1

Application 1

15 **Le voyage de mes rêves!**

Écrivons Imagine que tu peux faire le voyage de tes rêves pendant un mois. Dans quel pays est-ce que tu vas aller? Quelles villes est-ce que tu vas visiter? Pourquoi? Écris un paragraphe pour décrire ce voyage de rêve.

MODÈLE D'abord, je vais aller au Sénégal parce que j'ai envie de… Ensuite, je vais aller…

Un peu plus

Idioms with *faire*

You've already learned some expressions with **faire**, like activities and weather expressions. Here are some others:

faire escale (à)	*to have a layover (at)*
faire les valises	*to pack (suitcases)*
faire la queue	*to stand in line*
faire un voyage	*to take a trip*
faire (la France)	*to visit (France)*

Vocabulaire et grammaire, p. 114
Cahier d'activités, pp. 91–93

 **Online Workbooks**

16 **Écoutons**

Célia va partir en voyage le mois prochain. Écoute le message de sa mère et indique les préparatifs qu'elle mentionne dans la liste suivante.

a. faire escale

b. faire ses valises

c. acheter son billet d'avion

d. faire une réservation de billet de train

e. aller à l'ambassade pour le visa

f. prendre des chèques de voyage

g. faire des réservations d'hôtel

17 **On fait quoi?**

Parlons Utilise les sujets donnés et des expressions avec **faire** pour créer une phrase complète.

1. mes copains   2. vous   3. nous   4. tu

18 **Les préparatifs de mon cousin**

Écrivons Ton cousin va bientôt partir en vacances. Écris-lui un e-mail pour lui donner des conseils. Utilise autant d'expressions avec **faire** que possible.

MODÈLE   **Salut Max! Alors, tu fais un voyage en…? Quand est-ce que tu pars? N'oublie pas de prendre…**

Digital **performance space**

19 **Scénario**

Parlons Ton/Ta camarade et toi, vous voulez faire un voyage. Lisez la brochure de l'agence de voyages et discutez du vol, de l'hôtel et des activités proposées. Parlez aussi des préparatifs que vous devez faire avant de *(before)* partir.

MODÈLE   **—Ça te dit de faire un voyage à Tozeur, en Tunisie?**
—Qu'est-ce qu'on peut faire là-bas?
—On peut…

SÉJOUR À TOZEUR EN TUNISIE

Passez une semaine relaxe!

❖ Aller-retour de Paris à Tozeur avec escale de 45 minutes à Tunis

❖ Hôtel Hassan: hôtel de luxe; 52 chambres avec salle de bain/douche et téléphone. Jardin, piscine, restaurant, café

590€ par personne

ACTIVITÉS

❖ Visite du zoo du Paradis, avec son jardin botanique et ses animaux du désert

❖ Visite du musée Dar Cheraït

❖ Visite de la mosquée du village de Bled el Hader

❖ Possibilité de faire le désert à dos de chameau

❖ Randonnées à cheval

Application 1

Culture

L'atelier d'une fabrique de santons

Culture appliquée
Les santons

Les santons sont des statuettes en terre cuite[1]. Le mot **santon** veut dire «petit saint». Les premiers santons ont été créés au 18e siècle par un moine[2] de Marseille qui s'appelait Jean-Louis Langel. Aujourd'hui, les santons représentent souvent des métiers[3] dont les plus populaires sont le boulanger[4], le cuisinier, et le fromager[5].

1. clay   2. monk   3. professions   4. baker   5. cheese maker

Santons en pâte à modeler

Materials:

- tempera paint
- paintbrush
- modeling tools (toothpicks, craft sticks, pencils)
- modeling clay

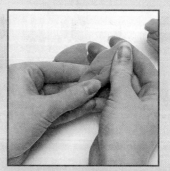

Step 1 Look at the images of **santons** provided on this page or on the Internet for inspiration. Choose a profession you would like to portray. Knead the dough for 1–2 minutes.

Step 2 Shape your **santon.** Your figurine should not be more than 4–6 inches high. Add details and props.

Step 3 Once you have modeled your **santon,** let it dry and paint it in bright colors.

 **Recherches** Quelles villes françaises sont célèbres pour la fabrication de santons? Où peut-on les acheter? Combien coûtent-ils?

Comparaisons

Une prise électrique française

L'électricité

Ton amie Lisa va passer une année à Nice. Elle veut emporter son sèche-cheveux[1] et un ordinateur portable. Qu'est-ce que tu lui conseilles?

a. Pas de problème. Le système électrique en France est le même qu'aux États-Unis.

b. N'oublie pas de prendre des adaptateurs de prises[2] et un transformateur.

c. Tu ne peux pas emporter d'appareils électriques en France.

Most countries in Europe have electric systems that operate on 220 and 240 volts. In Japan and in most of the Americas the voltage is between 100 and 127 volts. To use U.S. appliances in France, you first need adapters that have two round prongs. They allow a dual-voltage appliance to be plugged into the wall outlet. If your appliances are not dual-voltage, then you will also need a voltage transformer or a converter. Most laptop battery chargers and AC adapters are dual voltage so they can be used in France with only an adapter.

ET TOI?

1. Do you own any dual-voltage appliances? How do you know that they are dual-voltage?

2. If you visited a friend in Québec, would you need electrical adapters and voltage converters?

Communauté

Souvenirs

Santons are souvenirs typical of southern France. What souvenirs do tourists buy when they visit your city or state? What images represent your community to visitors? Go to a local souvenir shop and find out what image is most emblematic of your city or state. Is it a monument or landmark or a concept? If a French friend wanted a souvenir from your hometown, what would you recommend?

Un magasin de souvenirs

1. hairdryer   2. plug

Objectifs
- to ask for information
- to buy tickets and make a transaction

Vocabulaire
à l'œuvre 2

DVD
Télé-vocab

Bon voyage!

À la gare

le train

le wagon

le quai

la voie

le distributeur de billets (de train)

le wagon-restaurant

le compartiment

le contrôleur (la contrôleuse)

la couchette

la passagère (le passager)

le porte-bagages

la place assise

▶ **Vocabulaire supplémentaire**—Les pays et les villes, pp. R11–12

À l'aéroport

le terminal

le tableau d'affichage

la porte
d'embarquement

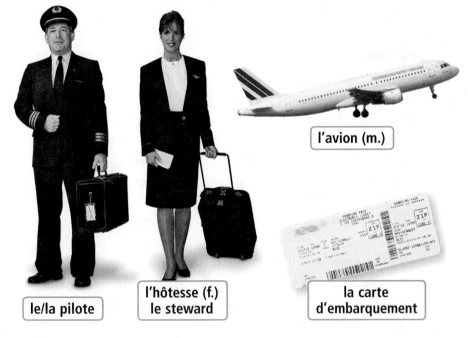

le/la pilote

l'hôtesse (f.)
le steward

l'avion (m.)

la carte
d'embarquement

le bureau de change

Exprimons-nous!

To ask for information

Où est-ce qu'on peut composter les billets?
Where can we punch the tickets?

Avez-vous les horaires des trains **entre** Paris **et** Lyon?
Do you have the . . . schedules between . . . and . . . ?

Est-ce que je dois enregistrer mon sac?
Should I check in . . . ?

Quand part l'avion **à destination de** Nice?
When does the . . . for . . . leave?

À quelle heure arrive le train **en provenance de...** ?
At what time does the . . . from . . . arrive?

Est-ce qu'il y a un vol direct pour Strasbourg?
Is there a direct flight to . . . ?

Vocabulaire et grammaire,
pp. 115–117

Online
Workbooks

D'autres mots utiles

en avance	*early*
à l'heure	*on time*
en retard	*late*
l'arrivée (f.)/	*arrival/*
le départ	*departure*
la correspondance	*connection*
annuler	*to cancel*
manquer/rater	*to miss*
la première/	*first/second*
deuxième classe	*class*
la consigne	*locker*

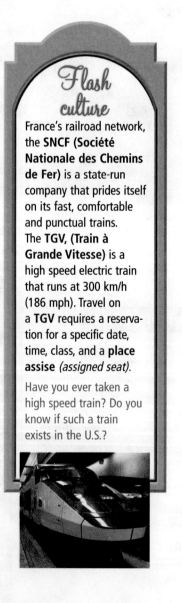
20 Écoutons

Thierry travaille comme agent à l'aéroport de Montpellier. Il est chargé de la formation *(training)* des nouveaux employés. Qu'est-ce que chaque employé lui demande?

1. Robert		**a.**	when a plane is leaving.
2. Michel		**b.**	when a plane is arriving.
3. Patrice		**c.**	whether or not a flight has a layover.
4. Claire		**d.**	whether or not passengers have to check their bags.
5. Victor		**e.**	whether a flight has been cancelled.

21 Des conseils

Lisons/Parlons Alyssa vient d'arriver en France. Elle va prendre le train pour la première fois et sa famille française lui donne des conseils. Complète leurs phrases avec les mots qui conviennent.

première classe	manquer	contrôleur
wagon-restaurant	couchette	passager

1. Tu as intérêt à arriver à l'heure à la gare si tu ne veux pas _____ ton train.

2. N'achète pas un billet de _____. Ça coûte trop cher!

3. Tu dois réserver une _____ si tu veux dormir dans le train.

4. Je te conseille d'emporter quelque chose à manger. Il n'y a pas de _____ dans tous les trains.

5. N'oublie pas de composter ton billet. Le _____ peut demander à voir ton billet.

22 À l'aéroport

Lisons/Érivons Jérémie fait escale à Paris. Il essaie de dormir, mais il entend des bouts de conversations autour de lui. Complète les parties qu'il n'entend pas d'une façon logique.

1. Nous sommes en retard! Nous allons rater notre _____!

2. Je ne vais pas avoir besoin de ces euros à Chicago! Allons au _____ de change.

3. Votre carte d'_____, s'il vous plaît.

4. À ton avis, est-ce que je dois _____ ce sac?

5. Regarde maman! Les _____ sont arrivées. Elles sont belles!

6. Attention! Le vol Air India numéro 378 arrive dix minutes en _____ à la _____ B27.

7. Quand part l'avion _____ Marrakesh?

8. Le vol est en retard? Regardons le _____.

Exprimons-nous!

Vocabulaire 2

23 De petites scènes

Parlons/Écrivons Qu'est-ce que ces personnes disent? Crée une question et une réponse pour chaque image.

1.

2.

3.

4.

5.

6.

Digital **performance space**

Communication

24 Scénario

Parlons Tu es à la gare de Nice et tu veux acheter un billet pour aller à Paris par TGV. Pose des questions à l'agent. Joue cette scène avec un(e) camarade.

MODÈLE —Bonjour! Est-ce que vous avez les horaires…?
—Oui, bien sûr. Voilà…
—Combien coûte…?

Objectifs
• review of the *passé composé* with *avoir*
• review of the *passé composé* with *être*

Grammaire à l'œuvre 2

Grammavision

Révisions The *passé composé* with *avoir*

1 To conjugate most French verbs in the **passé composé,** use the helping verb **avoir** and add the past participle of the main verb. To form the past participle of regular verbs, drop **-er, -ir,** or **-re** and add these endings: **parlé, fini,** and **attendu.**

> Nous avons trouvé un bel hôtel à Toulouse.

2 Some verbs have irregular past participles that you have to memorize:

avoir	→ eu	écrire	→ écrit	pouvoir	→ pu
boire	→ bu	être	→ été	prendre	→ pris
connaître	→ connu	faire	→ fait	savoir	→ su
devoir	→ dû	lire	→ lu	voir	→ vu
dire	→ dit	mettre	→ mis	vouloir	→ voulu

3 To make a sentence in the **passé composé** negative, put **ne… pas** around the helping verb.

> Je n'ai pas fait mon lit ce matin.

Vocabulaire et grammaire, pp. 118–119
Cahier d'activités, pp. 95–97

Online Workbooks

25 Écoutons

Écoute chaque phrase et dis si on parle **a) du présent** ou **b) du passé.**

26 Tu as fait bon voyage?

Lisons/Écrivons Nathalie vient d'arriver à Boston. Complète sa conversation avec son amie avec un verbe au passé composé.

avoir	être	prendre
faire	manger	oublier

—Alors, tu __1__ des problèmes pendant le voyage?

—Non, l'avion __2__ un peu en retard, mais pas trop.

—Tu __3__ un vol direct?

—Non, nous __4__ escale à Lausanne.

—Et vous __5__ dans l'avion?

—Oui, des sandwichs. Oh zut! J'__6__ mon baladeur dans l'avion!

Grammaire 2

27 À la gare

Lisons/Parlons Fais des phrases pour dire ce que ces gens ont fait à la gare. Utilise un élément de chaque boîte et le passé composé.

Je	chercher	le tableau
Toi, tu	prendre	d'affichage
Mme Panin	dire	le quai
Nous	voir	les billets
Vous	demander où se trouvait	la voie B
Les enfants	*(was located)*	le train
	attendre	au revoir à sa fille

28 Hier, à l'aéroport

Parlons Décris ce qui s'est passé à l'aéroport hier.

MODÈLE **Emmanuelle a acheté des bracelets.**

Emmanuelle

1. les pilotes

2. le vol de 13h30

3. M. Corriveau

4. vous

Digital
performance space

Communication

29 Scénario

Parlons Ta famille vient de faire un horrible voyage en avion. Raconte quatre problèmes que vous avez eus à ton/ta camarade. Tu peux t'inspirer des verbes de la boîte. Puis, échangez les rôles.

attendre	être en retard	oublier	prendre
devoir	rater	perdre	faire

MODÈLE —On a fait un très mauvais voyage.
—Ah oui? Pourquoi?
—D'abord, … Ensuite, …

1 These are some verbs conjugated with **être** in the **passé composé**: aller, arriver, descendre, devenir, entrer, monter, mourir, naître, partir, rentrer, rester, retourner, revenir, sortir, tomber, and venir.

2 To form the **passé composé** of these verbs, use the present tense form of **être** and add the past participle of the main verb. Remember that the past participle will agree in number and gender with the subject.

Pauline **est arrivée** à la gare à deux heures et demie.

Jean-Pierre et Alain **sont entrés** dans la maison.

Vocabulaire et grammaire, *pp. 118–119*
Cahier d'activités, *pp. 95–97*

 Online Workbooks

30 Des questions

Lisons/Parlons Choisis la forme du participe passé qui convient pour compléter les questions suivantes.

1. Vanessa est _____ dans la voie F?
   a. descendu b. descendue c. descendues

2. Les parents des Gauthier sont _____ dans un accident de train, non?
   a. mort b. mortes c. morts

3. Où est-ce que tes amies sont _____ en vacances?
   a. allées b. allé c. allés

4. Pierre est _____ à la gare en retard, n'est-ce pas?
   a. arrivée b. arrivé c. arrivés

5. Géraldine est _____ à Biarritz, non?
   a. née b. né c. nées

6. Vos cousines ne sont pas _____ en train?
   a. venu b. venue c. venues

31 Un voyage

Lisons/Écrivons La classe de M. Lefèvre a fait un petit voyage en train à la fin de l'année. Utilise les éléments donnés pour raconter ce voyage. Fais tous les changements nécessaires.

1. Deux élèves / arriver / en retard / gare

2. Les filles / monter / dans le compartiment

3. Myriam / venir / gare / avec son copain

4. Le professeur / partir / maison / 10h

5. La femme du professeur / aller / voir / les horaires des trains

6. Les garçons / descendre du train / pour acheter / sandwichs

32 À la gare d'Avignon

Écrivons Décris les actions des personnes dans cette image. Utilise le passé composé.

MODÈLE Un homme est resté sur le quai.

33 Une excursion

Écrivons Raconte une excursion intéressante que ta famille a faite récemment.

MODÈLE Avec ma famille, nous sommes allés à… le mois dernier. Nous sommes partis en voiture à… Quand on est arrivés là-bas…

Digital performance space

Communication

34 Scénario

Parlons Ton/Ta cousin(e) revient de France où il/elle a passé ses vacances avec sa famille. Tu vas chercher ton/ta cousin(e) à l'aéroport. Demande-lui comment s'est passé son voyage et ses vacances. Joue cette scène avec un(e) camarade.

MODÈLE —Bonjour, Laura. Tu as passé de bonnes vacances?
—Oui, merci.
—À quelle heure est-ce que ton avion est parti?…

Grammaire 2

Application 2

35 **On rappe!**

Écoutons Écoute la chanson **Je pars en vacances!** Fais une liste des conseils donnés par **1) la mère, 2)** l'hôtesse à la porte d'embarquement, **3) le contrôleur** et **4) la réceptionniste** de l'hôtel.

36 **Mon journal**

Écrivons Imagine que tu as passé la journée dans une grande ville avec tes camarades de la classe de français. Dans ton journal, raconte où vous êtes allés et ce que vous avez fait.

♻ *Souviens-toi!* Les endroits, pp. 162, 294–295

Un peu plus

Ordinal numbers

Ordinal numbers are used to say *first, second, third, etc.* You've already used some of these to talk about your house or apartment. The word for *first* in French is **premier (première)**. To form the rest of the ordinal numbers, just add **-ième** to the end of the number (**deuxième**). Ordinal numbers larger than **premier** do not agree in gender with the noun that follows.

The other rules to remember are:

* if the number ends in an **-e**, drop the **-e** before adding **-ième**: **quatrième**

* if the number ends in an **-f**, change **-f** to **-v** before adding **-ième**: **neuvième**

* and if the number ends in **-q**, add **-u** before **-ième**: **cinquième**

Vocabulaire et grammaire, *p. 120*
Cahier d'activités, *pp. 95–97*

 Online Workbooks

37 **Les deux font la paire**

Lisons Pour chaque terme anglais, choisis son équivalent français.

1. third	**a.** neuvième
2. fourteenth	**b.** onzième
3. ninth	**c.** vingt-cinquième
4. first	**d.** quarantième
5. eleventh	**e.** premier
6. thirty-fourth	**f.** troisième
7. twenty-fifth	**g.** trente-quatrième
8. fortieth	**h.** quatorzième

38 **Les vols d'aujourd'hui**

Écrivons Écris (en toutes lettres) le numéro de ces vols d'Air Maroc.

MODÈLE Vol 21
　　　　vingt et un

1. Vol 84	**4.** Vol 80
2. Vol 48	**5.** Vol 22
3. Vol 378	**6.** Vol 200

39 À quel étage?

Parlons Explique où se trouvent les endroits suivants, d'après la liste des bureaux *(offices)* d'Air Canada.

MODÈLE Parking: **Le parking est au premier étage.**

Bureaux	9	Réservations	25
Cargaison	33	Cafétéria	18
Parking	1	Salle du personnel	45
Renseignements	12	Salle de conférences	16

40 Attention au décollage

 Écrivons Regarde les heures de départ de ces avions et dis dans quel ordre ils vont partir.

MODÈLE **L'avion pour Atlanta va être le quatrième avion.**

Atlanta	16h20	Abidjan	17h30
Paris	11h45	Tunis	22h10
Milan	14h25	Montréal	18h20
Genève	8h55	Dakar	20h17

Digital
performance space

Communication

41 En vacances

Parlons Imagine que ton/ta camarade et toi, vous êtes à la gare à Paris. L'un(e) de vous va demander des renseignements et l'autre va jouer le rôle de l'employé(e) de la gare. Lisez les questions ci-dessous et répondez-y de manière logique. Ensuite, échangez les rôles.

— **Je voudrais un billet de train et une chambre d'hôtel pour Nice, s'il vous plaît.**

—

— **À quelle heure part le train pour Nice?**

—

— **Combien côute un aller-retour en deuxième classe?**

—

— **Je voudrais une chambre du 3 mai au 5 mai.**

—

— **Claude Moneau. Est-ce que l'hôtel fait pension complète?**

—

Que le meilleur gagne!

Épisode 10

STRATÉGIE

Summarizing Before you watch the final episode of **Que le meilleur gagne!**, go back and summarize what happened in the previous nine episodes. Pick only the most important moments that you think will help you understand the final episode. Write one or two sentences summarizing what happened in each episode. Do you see a pattern in your summary? Which characters appear the most often? Does summarizing help you predict what might happen at the end?

Mlle N'Guyen retrouve les trois amis au lycée...

Mlle N'Guyen J'ai une très bonne nouvelle! Birago Diop est bien le nom du lycée sénégalais que vous deviez trouver et donc... vous êtes les gagnants du concours!

Adrien C'est super!
Laurie Merci beaucoup, mademoiselle.

Quelques semaines plus tard, chez Adrien...

Mme Ortiz Tu veux prendre la valise ou le sac de voyage?
Adrien Euh... Je préfère la valise.

Adrien Dis, maman, qu'est-ce que je prends comme vêtements, à ton avis?
Mme Ortiz Surtout des shorts et des tee-shirts. Et prends aussi un ou deux pantalons et une chemise.

Adrien Et comme chaussures, des baskets.

Télé-roman

Mme Ortiz Tu as ton billet d'avion?
Adrien Oui, là, sur mon bureau. Et mon passeport aussi.

Yasmina Salut, le grand voyageur! Tu es prêt?
Adrien Presque, oui. J'ai mes chèques de voyage…

Adrien Dites, au fait, vous savez ce qui est arrivé à l'équipe de Kevin?

Yasmina Mademoiselle N'Guyen nous a dit qu'ils ont fait le tour de toute la ville! Et tout ça pour rien!

AS-TU COMPRIS?

1. Qui a gagné le concours?

2. Qu'est-ce que Mme Ortiz conseille à Adrien de prendre pour son voyage?

3. Qu'est-ce qu'Adrien prend comme chaussures?

4. De quels documents les voyageurs ont besoin pour aller au Sénégal?

5. Qu'est-ce qui est arrivé à l'équipe de Kevin?

Improving comprehension To improve your comprehension of a story, stop after each paragraph and ask yourself the **who, what, where, when,** and **why** of the story. Focusing on these questions helps you check your comprehension and make reading French more fun.

A **Avant la lecture**

Est-ce que tu connais le roman de Jules Verne, *Le Tour du monde en 80 jours?* Quelle est l'histoire? Si tu ne sais pas, devine de quoi ça pourrait *(could)* parler.

Le Tour du monde en 80 jours

« Le tour du monde¹, murmura-t-il.

— En quatre-vingts jours, répondit Mr. Fogg. Ainsi, nous n'avons pas un instant à perdre.

— Mais les malles² ?… » dit Passepartout, qui balançait inconsciemment sa tête³ de droite et de gauche.

« Pas de malles. Un sac de nuit seulement. Dedans deux chemises de laine, trois paires de bas⁴. Autant pour vous. Nous achèterons en route. Vous descendrez mon mackintosh⁵ et ma couverture⁶ de voyage. Ayez de bonnes chaussures. D'ailleurs, nous marcherons peu ou pas. Allez. » Passepartout avait voulu répondre. Il ne put⁷. Il quitta la chambre de Mr. Fogg, monta dans la sienne⁸, tomba sur une chaise, et employant une phrase assez vulgaire de son pays :

« Ah bien, se dit-il, elle est forte, celle-là⁹ ! Moi qui voulais rester tranquille !… » Et, machinalement, il fit¹⁰ ses préparatifs de départ. Le tour du monde en quatre-vingts jours ! Avait-il affaire à un fou¹¹ ? Non… C'était une plaisanterie¹² ? […]

À huit heures, Passepartout avait préparé le modeste sac qui contenait sa garde-robe¹³ et celle de son maître ; puis, l'esprit¹⁴ encore troublé, il quitta sa chambre, dont il ferma soigneusement¹⁵ la porte, et il rejoignit Mr. Fogg. Mr. Fogg était prêt¹⁶. […]

« Vous n'avez rien oublié ? demanda-t-il.

— Rien, monsieur.

— Mon mackintosh et ma couverture ?

— Les voici.

— Bien, prenez ce sac. »

Mr. Fogg remit le sac à Passepartout.

1. Around the world 2. trunks 3. unconciously shaking his head 4. stockings 5. raincoat 6. cloak 7. He could not.
8. his (room) 9. it's a bummer! 10. made 11. madman 12. joke 13. clothes 14. his mind 15. carefully 16. was ready

B Compréhension

Réponds aux questions suivantes.

1. Qu'est-ce que Phileas Fogg et Passepartout vont faire?
2. Combien de temps va durer leur voyage?
3. Qu'est-ce que Passepartout doit préparer?
4. Qu'est-ce que Passepartout pense?
5. Qu'est-ce que Passepartout fait avant de retrouver Mr. Fogg?

C Après la lecture

What do you think Phileas Fogg and Passepartout are like? Which words and phrases give you clues about their personality? What do you think "Passepartout" means? What is their relationship like? Explain. What are some other famous duos in literature that have the same sort of relationship?

 Espace écriture

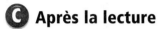 D'abord...   Ensuite,   Après
          j'ai fait...   je suis allé...

STRATÉGIE pour écrire

When narrating a series of events, it is helpful to **create a timeline** with the events listed in chronological order. Then use transitional phrases, such as **d'abord, ensuite, après** and **finalement** to link the events. This can help organize and give coherence to your writing.

Un voyage à l'étranger

Imagine you're taking a trip abroad. Write an entry in your journal telling what you did to prepare for your trip and what happened while you traveled. Narrate the events in the order that they occurred.

1 Plan

Create a timeline of the actions or events you will report. Then, brainstorm words and phrases that will link them together logically (**d'abord, ensuite, après, finalement**).

2 Rédaction

Using the **passé composé** with **avoir** and **être**, tell what you did to get ready for your trip—the reservations you made, tickets you bought, what you packed, etc. Then tell about the trip itself and what happened. Tell what happened during your flight or trip. Work in linking words like **et, mais, parce que**…

3 Correction

Exchange journals with a classmate. Read each other's journals, checking for a logical order of events and appropriate use of transitions. Check use of grammar, spelling, and punctuation.

4 Application

Post your journal entry on the bulletin board. Can you guess where your classmates went? Who would make a good traveling companion for you?

Lecture et écriture

Chapitre 10

Prépare-toi pour l'examen

@**HOME**TUTOR

1 Rappelle à ton ami(e) de prendre les objets suivants.

1.   2.   3.   4.   5.

1 Vocabulaire 1
- to give advice
- to get information
  pp. 328–331

2 Complète la lettre avec la forme du verbe ou la préposition appropriée.

> Chère Magali,
>
> En juillet, ma famille et moi, nous allons faire un voyage super! Le dix-huit juillet, nous allons ___1___ Italie. Nous commençons le voyage ___2___ Rome. Puis, on prend le train pour aller ___3___ Florence et ___4___ Venise. Après ça, on va ___5___ Suisse. Mon oncle André habite ___6___ Zurich. Nous ___7___ (appeler) oncle André et il va venir nous chercher à l'aéroport. Le premier août, on prend l'avion pour aller ___8___ Allemagne. On va passer quelques jours ___9___ Munich, avant de renter ___10___ France. Je t'envoie une carte postale ___11___ Florence. Je sais que tu adores l'Italie. Je vais envoyer une carte à Léo aussi. Comment est-ce qu'on ___12___ (épeler) son nom de famille?
>
> Bisous,
> Amélie

2 Grammaire 1
- the verb *appeler*
- prepositions with countries and cities
Un peu plus
- idioms with *faire*
  pp. 332–335

3 Vocabulaire 2
- to ask for information
- to buy tickets and make a transaction
  pp. 340–343

3 Complète les phrases suivantes avec les mots appropriés.

1. On attend le train sur le _____.
2. Dans le train, on mange dans le _____.
3. _____ fait voler (*flies*) l'avion.
4. Pour monter dans un avion, on passe par _____.
5. Si on veut savoir à quelle heure un train part, on doit regarder _____.
6. On peut payer par _____, avec une _____ ou en _____.

4 Hector et Gilles parlent de ce qu'ils ont fait le week-end dernier. Complète la conversation en mettant le verbe au passé composé.

HECTOR   Qu'est-ce que tu ___1___ (faire) samedi dernier?

GILLES   Ma famille et moi, nous ___2___ (prendre) le train pour Versailles. Nous ___3___ (visiter) le château. Le soir, mes parents ___4___ (aller) voir une pièce de théâtre, et moi, je ___5___ (rester) à la maison. Et toi?

HECTOR   Samedi, Martine et moi, nous ___6___ (boire) un chocolat chaud au café. Dimanche, je/j' ___7___ (finir) mes devoirs de maths.

4 Grammaire 2
- *passé composé* with *avoir*
- *passé composé* with *être*

Un peu plus
- ordinal numbers
  pp. 344–347

5 Answer the following questions.

1. What is a **gîte?**
2. What do you need to use American appliances in France?
3. What is a **TGV?** Do you need reservations to travel on a **TGV?**

5 Culture
- Comparaisons
  p. 339
- Flash culture
  pp. 330, 332, 342, 346

6 Écoute cette conversation entre Alex et Dina et puis indique si chaque phrase est **a) vraie** ou **b) fausse.**

1. Le père de Dina est pilote.
2. Alex est allé en Italie.
3. Alex a eu une chambre avec vue.
4. Dina a oublié son parapluie.

7 Tu parles avec un(e) camarade de tes vacances en France. D'abord, lisez les instructions pour chaque réplique *(exchange)*. Ensuite, créez votre dialogue en utilisant des expressions de ce chapitre et des autres chapitres.

Élève A:	Annonce tes vacances dans un pays francophone.
Élève B:	Demande comment ton/ta camarade va y aller.
Élève A:	Réponds et dis dans quelle(s) ville(s) tu vas aller.
Élève B:	Demande des détails sur l'itinéraire.
Élève A:	Donne les détails de ton itinéraire.
Élève B:	Conseille ton/ta camarade sur les choses importantes à ne pas oublier.
Élève A:	Parle d'autres choses que tu vas emporter.
Élève B:	Exprime un souhait *(wish)* à ton/ta camarade.

Préparez-toi pour l'examen

Grammaire 1
- The verb *appeler*
- Prepositions with countries and cities

Un peu plus
- idioms with *faire*
  pp. 332–335

Résumé: Grammaire 1

Here are the forms of the verb **appeler:**

j' appel**le**	nous appelons
tu appel**les**	vous appelez
il/elle/on appel**le**	ils/elles appel**l**ent

Verbs that follow the same pattern are **jeter, épeler,** and **rappeler.**

Use the preposition à to say *to, at,* or *in* most cities. Use **de** to say *from* most cities. To say *to/in* or *from* a country, use **en** or **de** with feminine countries, **au** or **du** with masculine countries and **aux** or **des** before countries with plural names.

The verb **faire** is irregular: je **fais,** tu **fais,** il/elle **fait,** nous **faisons,** vous **faites,** ils/elles **font.** For expressions using **faire,** see p. 336.

Grammaire 2
- Review of the *passé composé* with *avoir*
- Review of the *passé composé* with *être*

Un peu plus
- ordinal numbers
  pp. 344–347

Résumé: Grammaire 2

To form the **passé composé,** you use a present tense form of **avoir** or **être** followed by the **past participle of the main verb.** The past participles of regular **-er, -ir,** and **-re** verbs follow this pattern:

regard**er** → j'**ai** regard**é**   fin**ir** → il **a** fin**i**   vend**re** → tu **as** vend**u**

The past participles of verbs conjugated with **être** agree in number and gender with the subject.

To say *first* in French, use **premier (première).** You form all other ordinal numbers by adding **-ième** to the number.
- if the number ends in an **-e,** drop the **-e** before adding **-ième**
- if the number adds in an **-f,** change **-f** to **-v** before adding **-ième**
- if the number ends in **-q,** add **-u** before adding **-ième**

🎧 Lettres et sons

The combinations th and gn

To pronounce the combination **th,** just ignore the letter **h** and pronounce the **t.** You can hear this sound in the following words: **théâtre, mathématiques,** and **athlète.**

The pronunciation of the combination **gn** is similar to the English sound /ny/, as in the word *onion.* This sound is heard in the words: **Espagne, montagne** and **consigne.**

Jeux de langue
Une bête noire se baigne dans une baignoire noire.

Dictée
Écris les phrases de la dictée.

Résumé: Vocabulaire 1

PRACTICE FRENCH WITH HOLT MCDOUGAL APPS!

To give advice

l'accès (m.) handicapé	handicapped access
(r)appeler	to call (back)
l'ascenseur (m.)	elevator
le bagage (à main)	(carry-on) luggage
le billet d'avion/de train	plane/train ticket
la chambre avec vue/ non-fumeur	room with a view/non-smoking
les chèques de voyage (m.)	traveler's checks
la climatisation	air conditioning
épeler	to spell
l'hôtel (m.)	hotel
jeter	throw (away)
le lit simple/double	single/double bed
le parking	parking lot
le passeport/le visa	passport/visa
la réception	reception
le/la réceptionniste	receptionist
le sac de voyage	traveling bag

la trousse de toilette	toiletry bag
la valise	suitcase
Je te conseille de/d'…	I advise you to . . .
N'oublie pas…	Don't forget . . .
Tu as intérêt à emporter…	You'd better take along . . .
Tu devrais/Vous devriez…	You should . . .
Tu ne peux pas partir sans…	You can't leave without . . .

To get information

À quel nom?	Under what name?
C'est complet.	It's booked.
demi-pension	breakfast and one other meal
disponible (pour)	available (for)
Est-ce que vous faites pension complète?	Are all meals included with the room?
Je voudrais réserver une chambre du… au…	I would like to book a room from . . . to . . .
Jusqu'à quelle heure…?	Until what time . . . ?

Résumé: Vocabulaire 2

To ask for information

à l'heure	on time
l'aéroport (m.)	airport
annuler	to cancel
l'arrivée (f.)/le départ	arrival/departure
l'avion (m.)/le vol	plane/flight
le bureau de change	currency exchange office
la carte d'embarquement	boarding pass
le compartiment	compartment
la consigne	baggage locker
le contrôleur/la contrôleuse	ticket collector
la correspondance	connecting flight / connection
la couchette	built-in bunk
le distributeur de billets de train	ticket machine
en avance/en retard	early/late
la gare	train station
l'hôtesse (f.)/le steward	flight attendant
manquer/rater	to miss
le passager/la passagère	passenger
le/la pilote	pilot

la place assise	seat
le porte-bagages	luggage carrier/rack
la porte d'embarquement	boarding gate
la première/deuxième classe	first/second class
le quai/la voie	platform/track
le tableau d'affichage	information board
le terminal	terminal
le train/le wagon	train/car (in a train)
le wagon-restaurant	buffet car
Quand part… à destination de…?	When does the . . . for . . . leave?
À quelle heure arrive… en provenance de…?	At what time does the . . . from . . . arrive?
Est-ce qu'il y a un vol direct pour…?	Is there a direct flight to . . . ?
Avez-vous les horaires… entre… et…?	Do you have the schedules . . . between . . . and . . . ?
Est-ce que je dois enregistrer…?	Should I check in . . . ?
Où est-ce qu'on peut composter les billets?	Where can I validate the tickets?

To buy tickets and make a transaction....*see p. 343*

Prépare-toi pour l'examen

Révisions cumulatives

🎧 **1** Choisis la photo qui correspond à chaque conversation.

a.   b.   c.   d.

2 Aide ces gens à trouver les informations sur ce tableau d'affichage à l'aéroport de Paris.

✈ DÉPARTS INTERNATIONAUX ✈

HEURE	LIGNE AERIENNE	VOL	DESTINATION	PORTE
08H55	BRITISH AIRWAYS	434	LONDRES	B12
10H20	DELTA	927	MONTREAL	C5
12H05	AIR FRANCE	336	LOS ANGELES	B4

✈ ARRIVÉES INTERNATIONALES ✈

HEURE	LIGNE AERIENNE	VOL	ORIGINE	PORTE
09H20	AIR FRANCE	278	NEW YORK	B17
11H40	DELTA	724	FORT DE FRANCE	B3
13H05	AIR FRANCE	129	TUNIS	C8

1. Sandrine veut savoir le numéro du vol de sa mère qui arrive de Fort-de-France.
2. Véronique va retrouver son ami qui vient de Tunis. Elle doit aller à quelle porte?
3. Martin va aux États-Unis. Son vol part à quelle heure?
4. Le vol numéro 278 arrive d'où?
5. Où va le vol numéro 927?
6. À quelle heure part le vol pour Londres?

3 Tes cousins viennent de rentrer de leurs vacances en France. Pose-leur des questions au sujet de leur voyage. Qu'est-ce qu'ils ont fait? Où est-ce qu'ils sont allés? Avec des camarades de classe, présentez cette conversation à la classe.

Online Assessment

my.hrw.com
Cumulative Self-test

4 Regarde ce poster de Daniel Lordey. Où est-ce que cette scène se passe? Où vont ces gens? Écris trois petites conversations entre différentes personnes dans ce tableau.

The Railway Station / Bahnhof / La Gare. Print based on illustration by Daniel Lordey, St. Germain-en-Laye (Éditions M.D.) 1964, Dortmund, Westfaelisches Schulmuseum

La gare de Daniel Lordey

5 Ton amie Gabrielle n'a jamais voyagé. La semaine prochaine elle part en voyage à Montréal. Écris un e-mail dans lequel *(in which)* tu dis à Gabrielle quels vêtements, documents etc. elle doit prendre. Explique ce qu'elle doit faire à l'aéroport et ce qu'elle doit faire quand elle va arriver à Montréal. Demande qu'elle t'envoie une carte postale!

6 À ton tour

Où aller? Set up two travel agencies in your classroom. Make posters for several destinations. Then, take turns playing the roles of travel agents and customers. Ask and answer questions about what there is to see and do at various destinations, as well as about prices, transportation and lodging, and necessary travel documents.

Variations littéraires

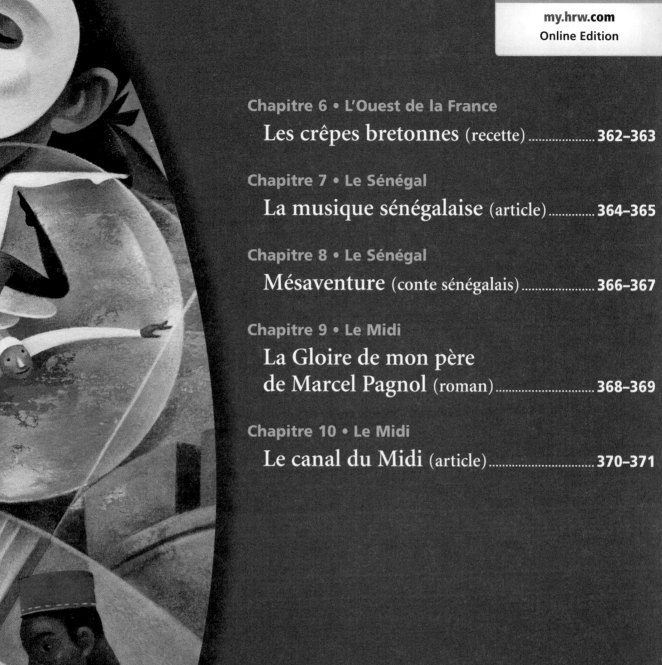

L'Ouest de la France

Les crêpes bretonnes

Crêpes have long been associated with Brittany. These very thin, light pancakes can be eaten with fillings, and might be compared to rice wrappers in Asian cuisine or tortillas in Mexican cuisine.

En France, les crêpes sont associées à la Bretagne. Autrefois, les Bretonnes faisaient cuire[1] les crêpes sur le *billig*, ou plaque chaude[2]. Aujourd'hui, on trouve des restaurants spécialisés appelés « crêperies » un peu partout[3] en France. Les crêperies servent des galettes en plat salé[4] et des crêpes en dessert. On peut aussi trouver des marchands[5] de crêpes et de gauffres[6] dans les rues des grandes villes.

La chandeleur

Le 2 février de chaque année, c'est la chandeleur, ou la *fête des chandelles*[7]. Cette fête remonte[8] aux temps des Romains et des Celtes qui célébraient l'arrivée du printemps. De nos jours, on prépare des crêpes le jour de la chandeleur. Selon une vieille superstition, réussir à faire sauter[9] les crêpes de la main droite tout en tenant dans la main gauche une pièce de monnaie garantit la prospérité toute l'année.

1. cook 2. hot griddle
3. everywhere 4. salty 5. vendors
6. waffles 7. candles 8. dates back
9. flip

Pâte à crêpes

Ingrédients

500 ml de lait
125 g de sucre
250 g de farine
une pincée de sel
1 œuf

Préparation

Verser[1] la farine dans un grand bol. Ajouter[2] le sucre, le sel et l'œuf. Mélanger[3] le tout en incorporant le lait petit à petit pour obtenir une pâte homogène. Laisser reposer[4] au moins deux heures.

Cuisson

Faire chauffer la poêle[5]. Y faire fondre[6] une noix de beurre. Verser une louche[7] de pâte et répartir dans la poêle.

Laisser cuire une ou deux minutes. Retourner la crêpe et laisser cuire encore pendant une minute. Servir.

Suggestions de garnitures[8] sucrées :

chocolat fondu, crème chantilly, confiture, sucre en poudre, glace…

Suggestions de garnitures salées :

jambon, fromage râpé, œuf sur le plat[9], champignons sautés, tomates…

Trucs et astuces[10]

Acheter de bons ustensiles : une poêle à crêpe, un répartiteur[11] et une spatule. Le répartiteur sert à étaler la pâte, la spatule sert à détacher et retourner la crêpe.

Attendre que les bords[12] de la crêpe se détachent de la poêle avant de la retourner.

Ne pas paniquer si la première crêpe n'est pas bonne car c'est souvent le cas.

APRÈS > la lecture

1. Avec quelle région de la France associe-t-on les crêpes?

2. Qu'est-ce qu'on fête le 2 février en France?

3. Comment est-ce qu'on doit retourner les crêpes le jour de la chandeleur?

4. Quels sont les ingrédients nécessaires pour faire des crêpes?

5. Qu'est-ce qu'on peut mettre dans les crêpes?

6. D'après toi, quel est le truc le plus important à savoir?

---

1. pour 2. Add 3. Mix 4. Let (the batter) sit 5. skillet 6. melt 7. ladle 8. fillings 9. fried egg 10. tips 11. spreader 12. edges

Le Sénégal

Youssou N'Dour

La musique sénégalaise

Senegalese music is one of the most popular types of world music. Senegalese music has inspired musicians from other African countries. Some famous Senegalese artists are Youssou N'Dour, Ismaël Lô, and Positive Black Soul.

S T R A T É G I E

Summarizing is restating the main events or ideas of a text, with only a few words. It helps readers understand and remember what they have read.

Musicien sénégalais jouant du balafon

De la musique traditionnelle...

La musique traditionnelle sénégalaise est véhiculée[1] par les griots. Les griots sont des poètes, chanteurs et musiciens ambulants[2] qui transmettent les traditions orales. Ils utilisent les instruments de musique traditionnels comme le sabar, la cora, le djembé ou le balafon.

Le griot le plus connu[3] est sans doute Youssou N'Dour, une des superstars sénégalaises les plus connues dans le monde. Dans les années 60, Youssou N'Dour a décidé de mélanger les rythmes de la musique cubaine et de la musique sénégalaise et surtout de chanter en wolof[4]. Un nouveau style de musique était né[5] : le mbalax (prononcé mbalar).

... à la musique moderne

Le mbalax mélange[6] les rythmes et les instruments traditionnels aux instruments et aux rythmes modernes, comme la pop, le rock, le jazz... Le mbalax est en perpétuelle évolution. Les musiciens sénégalais savent[7] l'adapter à la musique en vogue. De nombreux chanteurs comme Fallou Dieng ou Alioune Mbaye Nder ont suivi[8] l'exemple de Youssou N'Dour.

Une femme sénégalaise dansant aux rythmes des tam-tam

---

1. conveyed   **2.** traveling   **3.** most famous   **4.** language of Senegal
5. was born   **6.** mixes   **7.** know   **8.** have followed

Carlou D

Baaba Maal

Le rap explose !

Le rap a envahi[1] le Sénégal. Le rap sénégalais
a fait ses débuts dans les écoles dans les années 80.
Les jeunes venaient[2] le mercredi ou le week-end
répéter leur composition. Les matchs de
basket-ball de l'école était entrecoupés[3] par des
spectacles de rap. Petit à petit, le mouvement rap
a pris de l'ampleur[4] grâce à un groupe né dans
les quartiers résidentiels de Dakar : le Positive
Black Soul (PBS). Leur rap se distingue[5] par
l'introduction d'instruments traditionnels et
de paroles[6] en wolof en plus de l'anglais et du
français. Le rap sénégalais veut être le représentant
d'une nouvelle idéologie : la raptitude, hymne[7]
à la solidarité et à la fraternité. À l'exemple de
PBS, de nombreux jeunes se lancent dans[8] le rap
pour espérer s'en sortir[9]. Ainsi, une organisation
a recensé 3.000 groupes de rap au Sénégal.
Les autres groupes célèbres sont Daara j, Black
Mboolo, Mc Lida, etc.

---

1. has invaded **2.** came **3.** interspersed **4.** has grown
5. differentiated by **6.** lyrics **7.** hymn **8.** embark **9.** hope to succeed

APRÈS > la lecture

1. Qu'est-ce que c'est un griot?

2. Qui est Youssou N'Dour?

3. Qu'est-ce que c'est le mbalax?

4. Quel genre de musique est
populaire au Sénégal?

5. Est-ce que tu as déjà écouté un
des artistes nommés?

6. Est-ce qu'il y a beaucoup de
différences entre la musique
sénégalaise et la musique que
vous écoutez?

Le Sénégal

Un conte sénégalais

The tale **Mésaventure** is from the Baol region in Senegal, to the East of Dakar. Most people in that area speak Wolof. The stories told by the inhabitants of the Baol region are usually about everyday life. They are about food, their fears, and relationships. In the following story, a man, who is fond of food, is visiting his fiancée.

Mésaventure

C'est l'histoire d'un jeune homme qui va voir sa fiancée. Elle le fait entrer, le reçoit gentiment dans sa case[1], et lui dit de s'asseoir[2] sur la chaise la plus belle et la plus confortable. Elle lui offre ensuite à boire et lui présente une calebasse[3] pleine de lait caillé[4]. Mais, quand on est poli, la coutume est de ne pas boire et de ne pas manger quand on est chez ses beaux-parents ; l'étranger[5] s'excuse donc de ne pas pouvoir boire de ce bon lait. Sa bien-aimée insiste et lui en offre plusieurs fois, mais il refuse d'en prendre une seule goutte[6]. La calebasse est donc replacée[7] sur l'étagère et la conversation reprend. Un moment après, la fille sort de la case.

---

1. hut **2.** sit **3.** a bowl **4.** yogurt-like beverage **5.** stranger (used here to mean *guest*)
6. a drop **7.** put back

Alors, pendant l'absence de sa bien-aimée, l'étranger, qui est très gourmand et qui a très envie de goûter[1] à ce bon lait, se lève et va vers l'étagère où la calebasse est. Mais, dans sa précipitation, il fait tomber la calebasse, et le lait inonde[2] son boubou. Surpris, il attend le retour de sa fiancée. Il est très embarrassé. Heureusement, elle ne revient pas, mais envoie[3] son petit frère chercher[4] la calebasse de lait posée sur l'étagère.

L'enfant entre dans la chambre et voit l'étranger très gêné[5] dans un coin[6], le boubou plein de lait. Il comprend ce qui s'est passé. Le jeune garçon pousse alors un soupir[7], et dit :

—Aïe, je prenais la calebasse, mais elle est tombée et elle s'est renversée[8] sur le boubou de l'étranger !

La sœur, qui entend son petit frère, arrive en courant, fond en larmes[9], et s'excuse auprès de son fiancé pour la maladresse[10] de son petit frère.

Ainsi, l'homme quitte le village pour rentrer chez lui ; il gardera toujours un excellent souvenir de l'enfant qui l'a sauvé.

APRÈS ▶ la lecture

1. Qu'est-ce que la fiancée offre au jeune homme?

2. Quelle est la coutume quand on est chez ses beaux-parents?

3. Qu'est-ce que fait le fiancé quand sa fiancée sort?

4. Qui accepte le blâme?

5. Pourquoi est-ce que l'étranger va avoir «un excellent souvenir du petit frère»?

---

1. to taste 2. soaks 3. sends 4. to get 5. embarrassed 6. corner 7. sigh 8. spilled 9. bursts into tears 10. clumsiness

Le Midi

 ## Les romans de Marcel Pagnol

The following passage is taken from Marcel Pagnol's auto-biographical account of his childhood in Provence, *La Gloire de mon père*. It describes a surprising event that happened one day when he was very young—too young to be enrolled in school. He had learned to read by the age of four. While you read the story, think about why the adults react the way they do.

STRATÉGIE

When you read a story, you don't have to understand all the words to understand the **main idea**. Keep in mind that you can still understand the storyline just by recognizing most of the words.

Marcel Pagnol est né à Aubagne en 1895. Il était le fils d'un instituteur[1] et savait lire dès l'âge de quatre ans. Plus tard, il a raconté son enfance en Provence dans la série *Souvenirs d'enfance*, dont *La Gloire de mon père* (1957) est le premier volume. Marcel Pagnol était aussi poète, dramaturge[2], cinéaste, historien, professeur, homme d'affaires[3] brillant et inventeur. Il est mort à Paris en 1974.

Il a aussi écrit:

- *Le Château de ma mère*
- *Le Temps des secrets*
- *Le Temps des amours*
- *Topaze*

Au cinéma, il a réalisé:

- *La femme du boulanger*
- *Topaze*
- *Le curé de Cucugnan*

---

1. teacher **2.** playwright **3.** businessman

La Gloire de mon père

Lorsqu'elle allait au marché, elle me laissait au passage dans la classe de mon père, qui apprenait à lire à des gamins de six ou sept ans. J'étais assis, bien sage[1], au premier rang[2] et j'admirais la toute-puissance paternelle. Il tenait à la main une baguette de bambou[3] : elle lui servait à montrer les lettres et les mots qu'il écrivait au tableau noir, et quelquefois à frapper sur les doigts d'un cancre inattentif[4].

Un beau matin, ma mère me déposa à ma place, et sortit sans mot dire, pendant qu'il écrivait magnifiquement au tableau : « La maman a puni[5] son petit garcon qui n'était pas sage. »

Tandis qu'il arrondissait un admirable point final, je criai : « Non ! Ce n'est pas vrai ! »

Mon père se retourna soudain, me regarda stupéfait[6], et s'écria « Qu'est-ce que tu dis ? »

— Maman ne m'a pas puni ! Tu n'as pas bien écrit !

Il s'avança vers moi :

— Qui t'a dit qu'on t'avait puni ?

— C'est écrit.

La surprise lui coupa la parole[7] un moment.

— Voyons, voyons, dit-il enfin, est-ce que tu sais lire ?

— Oui.

— Voyons, voyons… répétait-il.

Il dirigea la pointe du bambou vers le tableau noir.

— Eh bien, lis.

Je lus[8] la phrase à haute voix[9].

Alors, il alla prendre un abécédaire[10], et je lus sans difficulté plusieurs pages… Je crois qu'il eut ce jour-là la plus grande joie, la plus grande fierté[11] de sa vie.

APRÈS la lecture

1. À quel âge est-ce que Marcel Pagnol a su lire?

2. Quelles autres professions est-ce que Marcel Pagnol a exercées?

3. Comment est-ce que le petit garçon se fait remarquer dans l'histoire?

4. Quelle est la réaction de son père?

5. Est-ce que l'auteur est modeste dans la description de cet épisode de sa vie?

---

1. well-behaved   2. in the front row   3. bamboo stick   4. an inattentive dunce   5. punished
6. stupefied, stunned   7. left him speechless   8. read   9. aloud   10. from a-b-c-d-aire, a reader book for small children   11. pride

Le Midi

 ## Le canal du Midi

In the southern part of France, you can visit an engineering feat that dates from the 17ᵗʰ century: the **canal du Midi**. The **canal du Midi** connects the Atlantic Ocean to the Mediterranean Sea across France. These days, the canal is used primarily by tourists for enjoyment.

STRATÉGIE

A good way to understand what you're reading is to ask yourself questions about it. While you read the passage that follows, ask yourself the **five "W" questions:** *Who* built the canal? *What* is it like? *When* was it built? *Where* is it located? *Why* was it built?

OCÉAN ATLANTIQUE
Bordeaux
LE CANAL DU MIDI
Toulouse
Carcassonne
Sète
Mer Méditerranée

Un peu d'histoire

Depuis l'Antiquité, on rêvait de construire un canal qui relie[1] la mer Méditerranée à l'océan Atlantique pour faciliter le transport des marchandises. En 1662, un ingénieur audacieux, Pierre-Paul Riquet, a proposé un projet au roi Louis XIV : Riquet investirait sa propre[2] fortune pour construire une partie du canal. En 1666, le roi a approuvé le projet, les travaux ont commencé et on a appelé le nouveau canal, le Canal Royal.

Riquet est mort ruiné[3] en 1680, un an avant que le canal ne soit terminé. À la Révolution, le canal a été rebaptisé le canal du Midi.

Des efforts d'ingénierie[4] particuliers ont dû être développés pour la construction du canal. Ainsi on trouve un système étonnant d'écluses[5] pour passer les collines, dont les huit écluses de Fontsérannes, à Béziers et des ponts-canaux[6] pour passer les cours d'eau[7].

---

1. links   **2.** own   **3.** ruined (financially)   **4.** engineering   **5.** locks, an enclosed section of a canal whose gates can be opened or closed to change the water level   **6.** canal on a bridge   **7.** water ways

Une des écluses du canal

Des promeneurs au bord du canal

Un pont-canal à Béziers

Informations pratiques

Il est fortement recommandé de faire le tour du canal en plusieurs étapes[1]. Prévoyez 5 à 7 jours pour une découverte tranquille et faites des réservations à l'avance. Des maisons d'hôte se trouvent dans les villages qui bordent[2] le parcours. Plusieurs formules de découverte sont possibles :

En croisière : Les adultes en possession d'un permis de conduire A[3] peuvent louer des bateaux habitables. D'anciennes péniches[4] transformées en hôtels accueillent des groupes de 6 à 8 passagers.

À vélo : On compte 65 km de pistes cyclables le long du canal. Les vélos de course sont déconseillés : les VTT sont à préférer.

À pied ou en rollers : Il vaut mieux rechercher des pistes goudronnées[5] dans un guide du canal.

De nombreux guides et cartes du canal sont disponibles dans les offices de tourisme de Carcassonne et de Béziers. Pour des informations générales, visitez le site Web du Comité Régional du Tourisme de Languedoc-Roussillon.

1. stages   2. along   3. boating permit A   4. barges   5. paved roads

APRÈS > la lecture

1. Quelles mers est-ce que le canal relie?
2. Qui a construit le canal du Midi?
3. Quels efforts ont dus être développées pour construire le canal?
4. De quelle manière pouvez-vous visiter le canal?
5. Y a-t-il quelque chose de ce genre à visiter dans votre région?

Références

La France

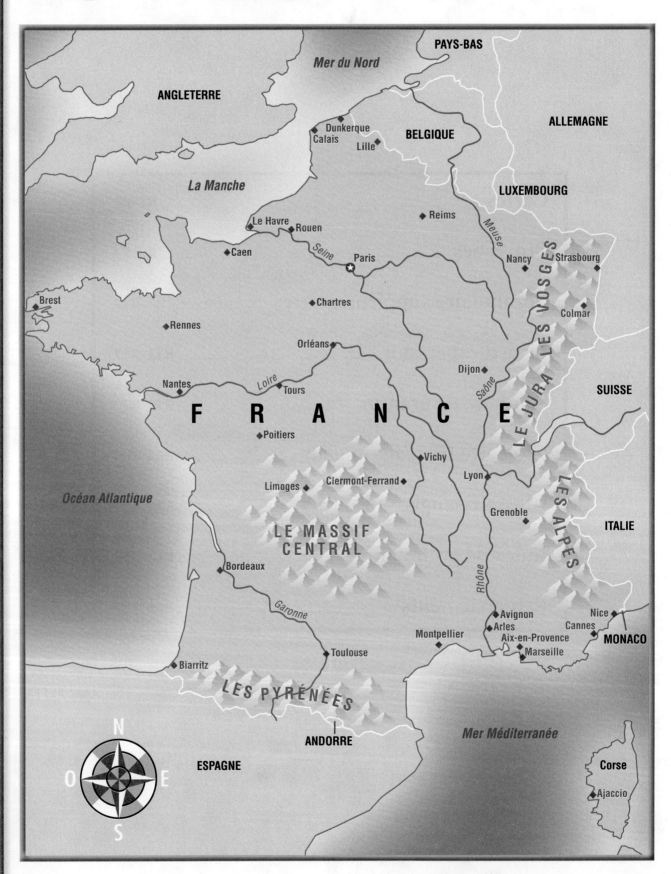

PAYS-BAS

Mer du Nord

ANGLETERRE

Dunkerque
Calais
Lille

BELGIQUE

ALLEMAGNE

La Manche

LUXEMBOURG

Le Havre
Rouen
Reims
Meuse
Nancy
Strasbourg

Caen
Seine
Paris
Colmar

Brest

Chartres

Rennes

Orléans
Dijon
Saône
LE JURA
LES VOSGES

Nantes
Loire
Tours

SUISSE

FRANCE

Poitiers
Vichy

Lyon

LES ALPES

Limoges
Clermont-Ferrand

Océan Atlantique

Grenoble

ITALIE

LE MASSIF
CENTRAL

Bordeaux
Rhône

Garonne
Avignon
Arles
Aix-en-Provence
Nice
Cannes

Montpellier
Marseille

MONACO

Toulouse

Biarritz

LES PYRÉNÉES

Mer Méditerranée

N
O   E
S

ANDORRE

ESPAGNE

Corse

Ajaccio

L'Europe francophone

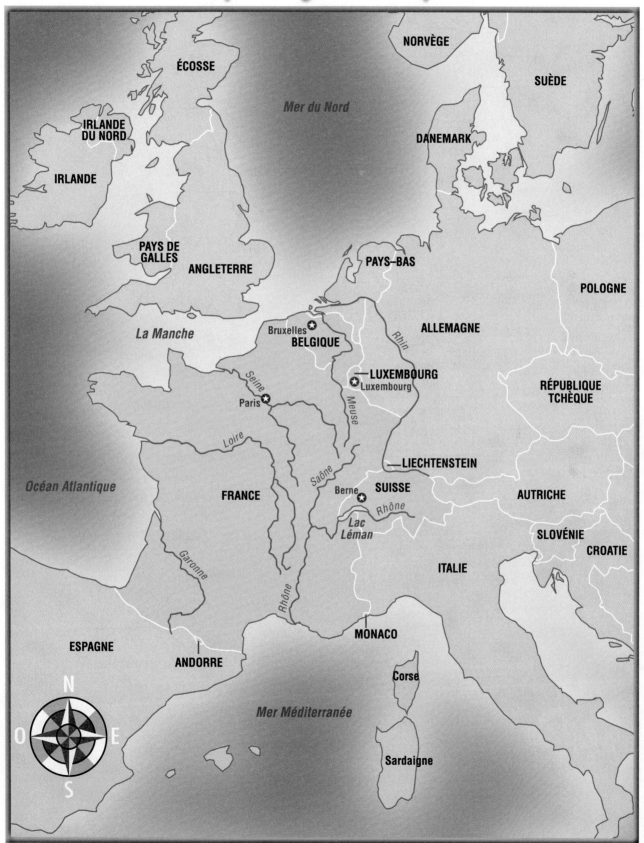

NORVÈGE

SUÈDE

Mer du Nord

ÉCOSSE

IRLANDE DU NORD

DANEMARK

IRLANDE

PAYS DE GALLES

ANGLETERRE

PAYS-BAS

POLOGNE

La Manche

Bruxelles

BELGIQUE

Rhin

ALLEMAGNE

LUXEMBOURG
Luxembourg

RÉPUBLIQUE TCHÈQUE

Seine

Paris

Meuse

Loire

Saône

LIECHTENSTEIN

Océan Atlantique

FRANCE

Berne

SUISSE

Rhône

AUTRICHE

Lac Léman

SLOVÉNIE

CROATIE

Garonne

ITALIE

Rhône

ESPAGNE

ANDORRE

MONACO

Corse

Mer Méditerranée

Sardaigne

N O E S

L'Afrique francophone

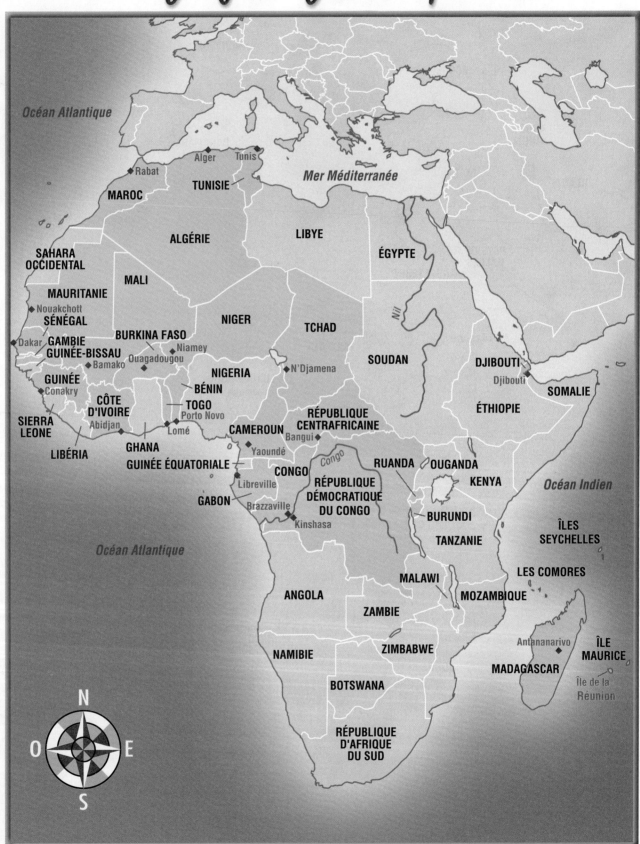

Océan Atlantique

Rabat

Alger Tunis

TUNISIE

Mer Méditerranée

MAROC

ALGÉRIE

LIBYE

ÉGYPTE

SAHARA OCCIDENTAL

MALI

MAURITANIE

Nil

Nouakchott

SÉNÉGAL

NIGER

TCHAD

Dakar **GAMBIE** **BURKINA FASO** Niamey

GUINÉE-BISSAU Ouagadougou

Bamako

N'Djamena

SOUDAN

DJIBOUTI

Djibouti

GUINÉE **NIGERIA**

Conakry **BÉNIN**

CÔTE D'IVOIRE **TOGO**

Porto Novo

SOMALIE

ÉTHIOPIE

SIERRA LEONE Abidjan Lomé

CAMEROUN

Bangui

RÉPUBLIQUE CENTRAFRICAINE

LIBÉRIA **GHANA**

Yaoundé

GUINÉE ÉQUATORIALE

RUANDA **OUGANDA**

CONGO

KENYA

Océan Indien

Libreville

RÉPUBLIQUE DÉMOCRATIQUE DU CONGO

GABON Brazzaville

BURUNDI

Kinshasa

ÎLES SEYCHELLES

TANZANIE

Océan Atlantique

LES COMORES

MALAWI

MOZAMBIQUE

ANGOLA

ZAMBIE

Antananarivo **ÎLE MAURICE**

ZIMBABWE

NAMIBIE

MADAGASCAR

Île de la Réunion

BOTSWANA

RÉPUBLIQUE D'AFRIQUE DU SUD

N O E S

Congo

L'Amérique francophone

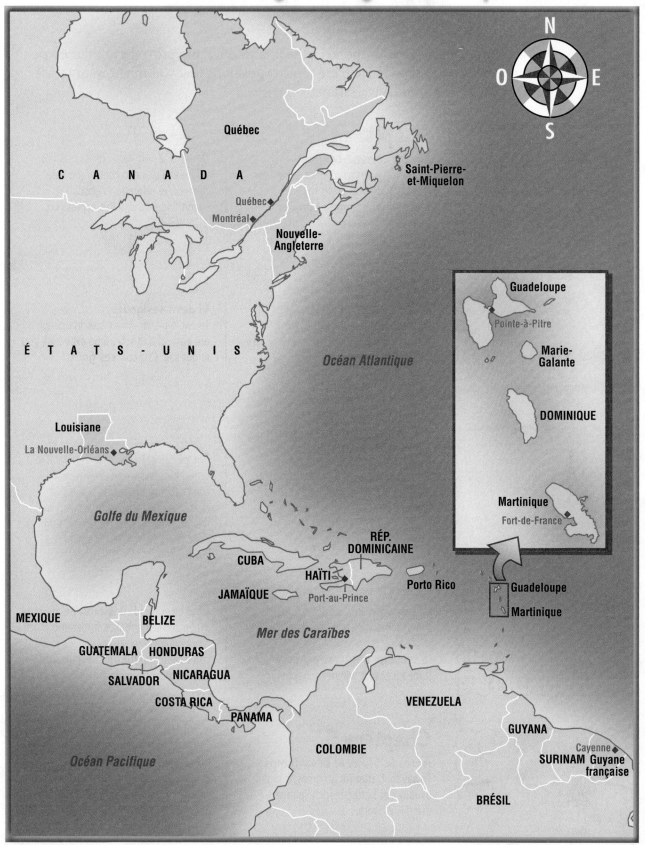

Proverbes
et expressions

Like English speakers, the French often use proverbs in their everyday speech. Here are some expressions that you might want to use in your conversations.

Chapitre 1

Simple comme bonjour
When you want to say that something is really easy, you could say: **C'est simple comme bonjour.**

De A à Z
When you want to convey the idea that you're referring to absolutely everything, you use this expression.

Chapitre 2

Jouer cartes sur table
This expression means that one talks about or does something in an honest and straightforward manner.

Chacun ses goûts
To explain that differences in opinion are natural and should be expected, you might say: **Chacun ses goûts.**

Chapitre 3

Être comme chien et chat
This expression can be used to describe people who don't get along at all with one another.

Tel père, tel fils
When two relatives closely resemble each other or share very similar characteristics and attitudes, you can describe them using this expression.

Chapitre 4

la semaine des quatre jeudis
When somebody tells you that something is going to happen **la semaine des quatre jeudis,** it means that it will *never* happen.

Chercher midi à quatorze heures
When someone makes something much more complicated than it needs to be, you would say: **Il/Elle cherche midi à quatorze heures.**

Chapitre 5

Après la pluie, le beau temps
To say that after rough times, things usually get better, French speakers use this proverb.

Une hirondelle ne fait pas le printemps
Use this expression to warn against jumping to conclusions.

Chapitre 6

Avoir une faim de loup
When you are really hungry, you could say: **J'ai une faim de loup.**

Compter pour du beurre
If you feel that you are being ignored, or that your opinion doesn't matter, you might say: **Je compte pour du beurre.**

Chapitre 7

Vider son sac
To describe someone who tells you everything that's in their heart, you may say: **Il/Elle vide son sac.**

Aller comme un gant
If an item of clothing, like a dress, fits someone perfectly, you could compliment them by saying: **Elle te va comme un gant.**

Chapitre 8

Faire table rase
If you start something over from scratch, setting aside work already done, you can say: **Je fais table rase.**

Laver son linge sale en famille
This expression means to tackle a problem or an issue by discussing it only among the concerned parties and not involving others not related to it.

Chapitre 9

Jeter l'argent par les fenêtres
Use this expression to describe someone who spends money in a careless or wasteful manner.

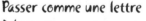

Passer comme une lettre à la poste
If you're trying to do something that you think might be difficult and it turns out to be really easy, you can say **C'est passé comme une lettre à la poste.**

Chapitre 10

Prendre le train en marche
If you want to say that you started working on a project while it was already in progress, you can say **J'ai pris le train en marche.**

Attention, un train peut en cacher un autre
Use this expression when you want to say that something you perceive as a problem or a danger, can often hide something which could be far worse.

APRÈS ▶ la lecture

1. Can you think of English equivalents for some of these proverbs and expressions?

2. Pick a proverb that is not illustrated and work in groups of three to create an illustration to explain it.

3. Research the Internet or at the library to find additional proverbs that use vocabulary and themes you've learned.

4. Work in small groups to create a mini-skit in which you use one or more of these proverbs in context.

Vocabulaire supplémentaire

This list includes additional vocabulary that you may want to use to personalize activities. If you can't find a word you need here, try the French-English and English-French vocabulary sections, beginning on page R28.

Les animaux domestiques *(Pets)*

le cheval	*horse*
le cochon d'Inde	*guinea pig*
la grenouille	*frog*
le hamster	*hamster*
le lapin	*rabbit*
l'oiseau (m.)	*bird*
le serpent	*snake*
la souris	*mouse*
la tortue	*turtle*

Les commerces
(Stores and businesses)

la boulangerie	*bakery*
le disquaire	*music store*
l'épicerie (f.)	*grocery store*
le magasin de cadeaux	*gift store*
le magasin d'électronique	*electronics store*
le magasin de jouets	*toy store*
l'opticien (m.)	*optician*
le pressing/le teinturier	*dry cleaner*
la quincaillerie	*hardware store*
le rabais	*discount store*
le supermarché	*supermarket*

Le corps humain *(The human body)*

la bouche	*mouth*
le corps	*body*
le cou	*neck*
le coude	*elbow*
le doigt	*finger*
le dos	*back*
l'épaule (f.)	*shoulder*
l'estomac (m.)	*stomach*
le genou	*knee*
la jambe	*leg*
le menton	*chin*
le nez	*nose*
le pied	*foot*
le visage	*face*

Les corvées *(Chores)*

enlever à la pelle	*to shovel*
faire sécher	*to dry*
plier le linge	*to fold laundry*
repasser	*to iron*
ratisser	*to rake*

À l'école *(At school)*

le bureau du proviseur	*principal's office*
la cantine	*cafeteria*
le casier	*locker*
la cour de récréation	*recreation area*
la craie	*piece of chalk*
le foyer des élèves	*study room*
la salle des professeurs	*staff room*
le secrétariat	*secretary's office*
le tableau d'affichage	*bulletin board*

Les états (States)

l'Alabama (m.)	*Alabama*
l'Alaska (m.)	*Alaska*
l'Arizona (m.)	*Arizona*
la Californie	*California*
la Caroline du Nord/ du Sud	*North/South Carolina*
le Colorado	*Colorado*

le district fédéral de Columbia	*Washington D.C.*
le Connecticut	*Connecticut*
le Dakota du Nord/ du Sud	*North/South Dakota*
le Delaware	*Delaware*
la Floride	*Florida*
la Géorgie	*Georgia*
l'île (f.) d'Hawaii	*Hawaii*
l'Idaho (m.)	*Idaho*
l'Illinois (m.)	*Illinois*
l'Indiana (m.)	*Indiana*
l'Iowa (m.)	*Iowa*
le Kansas	*Kansas*
le Kentucky	*Kentucky*
la Louisiane	*Louisiana*
le Maine	*Maine*
le Maryland	*Maryland*
le Massachusetts	*Massachussetts*
le Michigan	*Michigan*
le Minnesota	*Minnesota*
le Mississippi	*Mississippi*
le Missouri	*Missouri*
le Montana	*Montana*
le Nebraska	*Nebraska*
le Nevada	*Nevada*
le New Hampshire	*New Hampshire*
le New Jersey	*New Jersey*
le New York	*New York*
le Nouveau-Mexique	*New Mexico*
l'Ohio (m.)	*Ohio*
l'Oklahoma (m.)	*Oklahoma*
l'Oregon (m.)	*Oregon*
la Pennsylvanie	*Pennsylvania*
le Rhode Island	*Rhode Island*
le Tennessee	*Tennessee*
le Texas	*Texas*
l'Utah (m.)	*Utah*
le Vermont	*Vermont*
la Virginie (Occidentale)	*(West) Virginia*
le Washington	*Washington*
le Wisconsin	*Wisconsin*
le Wyoming	*Wyoming*

La famille (Family)

adopté(e)	*adopted*
l'arrière-grand-mère (f.)	*great grandmother*
l'arrière-grand-père (m.)	*great grandfather*
l'arrière-petite-fille (f.)	*great granddaughter*
l'arrière-petit-fils (m.)	*great grandson*
le beau-frère	*brother-in-law*
le beau-père	*father-in-law*
la belle-mère	*mother-in-law*
la belle-sœur	*sister-in-law*
célibataire	*single*
le fiancé/la fiancée	*fiancé(e)*
la marraine	*godmother*
le parrain	*godfather*
veuf	*widower*
veuve	*widow*

Les fournitures scolaires (School supplies)

l'agrafe (f.)	*staple*
l'agrafeuse (f.)	*stapler*
le calendrier	*calendar*
les ciseaux (m.)	*scissors*
la colle	*glue*
l'élastique (m.)	*rubber band*
le feutre	*marker*
le liquide correcteur	*correction fluid*
le ruban adhésif	*transparent tape*
la tenue de gymnastique	*gym uniform*

Les fruits et les légumes
(Fruits and vegetables)

l'ananas (m.)	pineapple
l'asperge (f.)	asparagus
l'aubergine (f.)	eggplant
l'avocat (m.)	avocado
le céleri	celery
la cerise	cherries
le champignon	mushroom
le chou	cabbage
le chou-fleur	cauliflower
le concombre	cucumber
la courgette	zucchini
épicé(e)	spicy
les épinards (m.)	spinach
fade	bland
les haricots verts (m.)	green beans
la laitue	lettuce
la mangue	mango
la papaye	papaya
la pastèque	watermelon
la patate douce	sweet potato
la pêche	peach
les petits pois (m.)	peas
le piment	hot pepper
la poire	pear
le poivron	bell pepper
la prune	plum

Les instruments de musique
(Musical instruments)

l'accordéon (m.)	accordion
la basse	bass guitar
la clarinette	clarinet
la flûte	flute
la harpe	harp
l'orgue (m.)	organ
le saxophone	saxophone
le synthétiseur	synthesizer
la trompette	trumpet
le violon	violin
le violoncelle	cello

À la maison (At home)

la baignoire	bathtub
la cave	basement
la cheminée	fireplace
le congélateur	freezer
la cuisinière	stove
la douche	shower
l'évier (m.)	kitchen sink
le four	oven
le four à mirco-ondes	microwave oven
le grenier	attic
le lavabo	bathroom sink
le lave-linge	clothes washer
le réfrigérateur	fridge
le sèche-linge	clothes dryer
la terrasse	patio

Les matières à l'école
(School subjects)

l'algèbre (f.)	algebra
l'arabe (m.)	Arabic
l'art (m.) dramatique	drama
l'audiovisuel (m.)	audiovisual
le chinois	Chinese
la comptabilité	accounting
la géométrie	geometry
l'histoire (f.) de l'art	art history
le japonais	Japanese
le latin	Latin
la littérature	literature
le russe	Russian

La météorologie (The weather)

l'arc-en-ciel (m.)	rainbow
l'averse (f.)	shower
le brouillard	fog
bruiner	to drizzle
la brume	mist
la canicule	heat wave
le cyclone	cyclone

l'éclair (m.)	lightning
grêler	to hail
Il fait frais.	It is cool.
l'incendie de forêt (f.)	forest fire
le nuage	cloud
l'ouragan (m.)	hurricane
la tempête (neige)	(snow)storm
la tornade	tornado
le verglas	ice (on the road)
le tonnerre	thunder

Les motifs (Patterns)

à carreaux	checked
à fleurs	flowered
à motifs	patterned
à rayures	striped
à pois	polka-dotted

Les mots descriptifs
(Descriptive words)

aimable	likeable
la barbe	beard
bavard(e)	talkative
bien élevé(e)	well-mannered
le bouc	goatee
branché(e)	in, with 'it'
chauve	bald
la cicatrice	scar
débrouillard(e)	resourceful
égoïste	selfish
des lentilles (f.) de contact	contact lenses
des lunettes (f.) de vue	eyeglasses
mal élevé(e)	ill-mannered
la moustache	mustache
des pattes (f.)	sideburns
des piercings (m.)	piercings
sage	well-behaved
des taches (f.) de rousseur	freckles
têtu(e)	stubborn
travailleur/travailleuse	hard-working

La nourriture (Food)

l'agneau (m.)	lamb
le canard	duck
la côte	chop
la dinde	turkey
les œufs (m.) brouillés	scrambled eggs
les œufs (m.) sur le plat	fried eggs
les épices (f.)	spices
la margarine	margarine
la mayonnaise	mayonnaise
le miel	honey
la moutarde	mustard
le rôti	roast
la saucisse	sausage
le saumon	salmon
le sirop d'érable	maple syrup
la soupe	soup
le sucre	sugar
le thon	tuna
végétarien(ne)	vegetarian
la viande (hâchée)	(ground) meat
le vinaigre	vinegar

Les pays (Countries)

l'Algérie (f.)	Algeria
l'Argentine (f.)	Argentina
l'Autriche (f.)	Austria
la Belgique	Belgium
la Colombie	Columbia
l'Écosse (f.)	Scotland
la Grèce	Greece
l'Inde (f.)	India
l'Irlande (f.)	Ireland
l'état (m.) d'Israël	Israel
l'Italie (f.)	Italy
la Jamaïque	Jamaica
le Japon	Japan
le Liban	Lebanon
le Luxembourg	Luxembourg
Monaco	Monaco
les Pays-Bas (m.)	Netherlands
le Pérou	Peru
la Pologne	Poland
la (République de) Côte d'Ivoire	Ivory Coast
la Suisse	Switzerland
la Thaïlande	Thailand
le Viêtnam	Vietnam

Vocabulaire supplémentaire

Les sports et les passe-temps
(Sports and leisure activities)

l'alpinisme (m.)	*mountain climbing*
les arts (m.) martiaux	*martial arts*
l'astronomie (f.)	*astronomy*
le babyfoot	*foosball*
le billard	*pool, billiards*
la boxe	*boxing*
les fléchettes (f.)	*darts*
l'haltérophilie (f.)	*weightlifting*
le jeu de société	*board game*
jouer dans un groupe	*to play in a band*
la menuiserie	*woodworking*
la motoneige	*snowmobile*
le patinage artistique	*figure skating*
peindre	*to paint*
la plongée sous-marine	*scuba diving*
le plongeon	*diving*
le roller	*roller blading*
le scooter des mers	*jet ski*
la spéléologie	*spelunking*
le surf des neiges	*snowboarding*
le tennis de table	*table tennis*

Les vacances en plein air
(Vacationing outdoors)

le bois	*woods*
la chute d'eau	*waterfall*
le circuit	*tour*
la colline	*hill*
le désert	*desert*
la falaise	*cliff*
le fleuve	*river*
le parc national	*national park*
la source	*spring*
les vacances (f.) vertes	*ecotourism*
la vallée	*valley*
le volcan	*volcano*

Les vêtements et les accessoires
(Clothing and accessories)

le chandail	*sweater*
les espadrilles (f.)	*sandals*
la manche	*sleeve*
les mocassins (m.)	*loafers*
les mules (f.)	*mules*
les pantoufles (f.)	*slippers*
le peignoir	*bathrobe*
le pyjama	*pajamas*
les tongs (f.)	*flip-flops*
le velours	*velvet*
le gîlet	*vest*

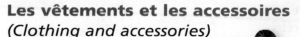

En ville (In town)

l'arrondissement (m.)	*district*
la banlieue	*suburb*
la caserne de pompiers	*fire station*
le commissariat	*police station*
le gratte-ciel	*skyscraper*
l'hôtel de ville (m.)	*city hall*
la mosquée	*mosque*
le palais de justice	*courthouse*
le palais des congrès	*convention center*
le passage pour piétons	*pedestrian crossing*
le quartier des affaires	*business district*
la salle de spectacles	*concert hall*
la station-service	*gas station*
la synagogue	*synagogue*
le trottoir	*sidewalk*

Les villes (Cities)

Alger	*Algiers*
Amsterdam	*Amsterdam*
Beijing	*Beijing*
Berlin	*Berlin*
Bruxelles	*Brussels*
Genève	*Geneva*
Lisbonne	*Lisbon*
Londres	*London*
Montréal	*Montreal*
Moscou	*Moscow*
La Nouvelle-Orléans	*New Orleans*
Québec	*Quebec City*
Tanger	*Tangier*
Venise	*Venice*
Vienne	*Vienna*

Vocabulaire supplémentaire

Liste d'expressions

Functions are the ways in which you use a language for particular purposes. In specific situations, such as in a restaurant, in a grocery store, or at school, you will want to communicate with those around you. In order to do that, you have to "function" in French: you place an order, make a purchase, or talk about your class schedule.

Here is a list of the functions presented in this book along with the French expressions you'll need to communicate in a wide range of situations. Following each function is the chapter and page number from the book where it is introduced.

Commands

Giving classroom commands
Ch.1, p. 20
> Asseyez-vous!
> Silence!
> Écoutez!
> Répétez!
> Allez au tableau!
> Regardez (la carte)!
> Retournez à vos places!
> Ouvrez vos livres à la page…
> Fermez vos cahiers.

Exchanging Information

Asking and giving names
Ch. 1, p. 6
> Comment tu t'appelles?
> Je m'appelle…
> Comment il/elle s'appelle?
> Il/Elle s'appelle…

Asking about things in a classroom
Ch. 1, p. 18
> Il y a… dans la salle de classe?
> Oui, il y a…
> Non, il n'y a pas de…
> Il n'y en a pas.
> Combien d'élèves il y a dans la classe?
> Il y en a…

Asking the teacher something
Ch.1, p. 20
> Monsieur/Madame/Mademoiselle,…
> Je ne comprends pas.
> Répétez, s'il vous plaît?
> Comment dit-on… en français?
> Qu'est-ce que ça veut dire… ?

Asking how words are spelled
Ch. 1, p. 22
> Comment ça s'écrit,…
> Comment tu épelles…
> Ça s'écrit…

Giving e-mail addresses
Ch. 1, p. 22
> Quelle est ton adresse e-mail?
> C'est… arobase… point…

Asking and saying how often
Ch. 2, p. 53
> Tu aimes… régulièrement?
> Oui, souvent.
> De temps en temps.
> Non, rarement.
> Non, jamais.

Describing people
Ch. 3, p. 79
> Comment est… ?
> Il/Elle est comment,… ?
> Il/Elle est très…
> Il/Elle n'est ni… ni…
> Mon ami(e) est…
> Il/Elle a les cheveux…
> Il/Elle a les yeux…
> Comment sont… ?
> Ils/Elles sont comment,… ?
> Ils/Elles sont assez…

Identifying family members
Ch. 3, p. 91
> Qui c'est, ça?
> Ça, c'est…
> Ça, ce sont…

Asking and telling about someone's family
Ch. 3, p. 93

Tu as des frères et des soeurs?

J'ai… et…

Non, je suis fils/fille unique.

Je n'ai pas de… mais…

Tu as combien de… ?

J'en ai…

Vous êtes combien dans ta famille?

Nous sommes…

Talking about classes
Ch. 4, p. 113

Quel jour est-ce que tu as… ?

J'ai… lundi.

Quand est-ce que tu as… ?

… le lundi, le mercredi et le vendredi.

À quelle heure tu as… ?

Tu as quel cours… ?

J'ai… à…

Quelle heure est-il?

Il est…

Asking others what they need and telling what you need
Ch. 4, p. 125

De quoi tu as besoin?

J'ai besoin de…

Qu'est-ce qu'il te faut pour… ?

Il me faut…

Tu pourrais me prêter… ?

Tiens.

Tu as… à me prêter?

Voilà.

Inquiring about and buying something
Ch. 4, p. 126

Je cherche…

De quelle couleur?

…, c'est combien?

C'est…

Merci,…

À votre service.

Je vous en prie.

Talking about one's interests
Ch. 5, p. 151

Qu'est-ce que tu fais comme sport?

Je joue…

Qu'est-ce que tu fais pour t'amuser?

Je fais…

Est-ce que tu fais du sport?

Non, je ne fais pas de sport.

Est-ce que tu joues… ?

Non, je ne joue pas…

Qu'est-ce que tu fais… ?

Je ne fais rien.

En hiver j'aime…

Au printemps, j'aime…

En été, nous aimons…

En automne, j'aime…

Telling when and how often
Ch. 5, p. 153

Quand est-ce que… ?

En quelle saison… ?

… pendant quels mois?

… en…

… régulièrement… ?

… rarement…

Making plans
Ch. 5, p. 165

Qu'est-ce que tu vas faire s'il… ?

Je vais…

Avec qui… ?

Avec…

Où ça?/Où est-ce qu'on se retrouve?

À la/Au/À l'…

Qu'est-ce qu'on fait… ?

On pourrait…

Tu vas faire quoi… ?

Pas grand-chose.

Rien de spécial.

Offering, accepting and refusing food
Ch. 6, p. 185

Qu'est-ce que tu veux manger/boire?

J'aimerais…

Tu veux/Vous voulez… ?

Oui, je veux bien.

Encore/Tu reprends… ?

Oui, s'il te/vous plaît.

Non, merci./Non, ça va.

Non, je n'ai plus faim/soif.

Liste d'expressions

Inquiring about food and ordering
Ch. 6, p. 197

La carte s'il vous plaît!
Un moment, s'il vous plaît.
Qu'est-ce que vous me conseillez?
Je vous recommande…
Qu'est-ce que vous avez comme boissons?
On a…
Je voudrais/vais prendre…
Donnez-moi…
Vous avez choisi?
Vous désirez autre chose?

Asking how much and paying the check
Ch. 6, p. 198

C'est combien,… ?
C'est…
Ça fait combien?
Ça fait…
L'addition, s'il vous plaît.
Oui, tout de suite.
Le service est compris?
Oui, bien entendu.

Inquiring about prices
Ch. 7, p. 235

Il/Elle coûte combien,… ?
Il/Elle coûte…
… en solde,… ?
… ils/elles sont soldé(e)s à…
Ça fait combien en tout?
Alors,… ça fait…

Making a decision
Ch. 7, p. 237

Vous avez décidé?
Je ne sais pas quoi choisir.
Je n'arrive pas à me décider.
Je peux vous montrer… ?
… un peu trop…
… bon marché!
… c'est une bonne affaire!

Asking for permission
Ch. 8, p. 257

Tu es d'accord si… ?
D'accord, si tu…
Est-ce que je peux… ?
Bien sûr, mais il faut d'abord…
Pas question!
Non, tu dois…

Telling how often you do things
Ch. 8, p. 259

… tous les…
D'habitude,…
C'est toujours… qui…
… fois par…
… ne… jamais…

Describing a house
Ch. 8, p. 269

J'habite dans une maison/un appartement.
C'est un immeuble de…
Il y a…
Là, c'est…
Dans… , il y a…

Asking where something is
Ch. 8, p. 271

Où se trouve… ?
… au premier/deuxième/troisième étage.
… en bas/en haut.
… à gauche/à droite de…
… au fond du/de la…
… en face de…
Où est… ?
… sur/sous…
… à côté de…

Planning your day
Ch. 9, p. 295

D'abord,…
Ensuite,…
Après/Et puis,…
Finalement,…
Et je dois aussi passer…

Asking for and giving directions
Ch. 9, p. 297

Excusez-moi… , je cherche…
Est-ce que vous pouvez me dire où il y a… ?
C'est tout de suite sur votre…
Continuez/Allez tout droit jusqu'à…
Pardon… , savez-vous où est… ?
Prenez…
Tournez… prochain…
Traversez…

Asking for information
Ch. 9, p. 307

À quelle heure ouvre/ferme… ?
Savez-vous… ?
Est-ce que vous pouvez me dire… ?
Dites-moi,…
C'est combien pour… ?

Liste d'expressions

Expressing needs
Ch. 9, p. 309

Avez-vous de la monnaie sur… ?
Oui, bien sûr.
Non, je regrette.
Je voudrais retirer/déposer/changer…
Pour prendre de l'argent, s'il vous plaît?
Adressez-vous…

Getting information about hotel reservations
Ch. 10, p. 331

… disponible pour… ?
… c'est complet.
Je voudrais réserver une chambre du… au…
À quel nom?
Est-ce que vous faites pension complète?
Nous ne faisons que demi-pension.
Jusqu'à quelle heure… ?
Toute la nuit.

Asking for information about travel
Ch. 10, p. 341

Où est-ce qu'on peut composter les billets?
Avez-vous les horaires… entre… et… ?
Est-ce que je dois enregistrer… ?
Quand part… à destination de… ?
À quelle heure arrive… en provenance de… ?
Est-ce qu'il y a un vol direct pour… ?
Est-ce que l'avion fait escale à… ?

Buying tickets and making a transaction
Ch. 10, p. 343

… un aller simple/aller-retour pour… ?
… tarif réduit,…
… changer… en… ?
… payer par chèque/avec une carte/en liquide?

Expressing Attitudes and Opinions

Talking about likes and dislikes
Ch. 2, p. 41

Tu aimes… ?
Oui, j'aime…
Non, je n'aime pas/Je déteste…
J'aime mieux/Je préfère…
Qu'est-ce que tu aimes faire?
J'aime bien/J'adore…

Agreeing and disagreeing
Ch. 2, p. 42

Moi, j'aime… Et toi?
Moi aussi.
Pas moi.
Moi, je n'aime pas…
Moi, si.
Moi non plus.

Telling how well you do something
Ch. 2, p. 55

Tu… bien… ?
Oui, je… assez bien/bien/très bien…
Non, je… mal/très mal…

Talking about preferences
Ch. 2, p. 55

Tu préfères… ou… ?
… mais…
Quelles sont tes activités préférées?
… et…

Giving an opinion
Ch. 3, p. 80

Comment tu trouves… ?
Je le/la trouve…
Qu'est-ce que tu penses de/d'… ?
À mon avis,…
Comment c'est,… ?
D'après moi, c'est…

Giving an opinion about classes
Ch. 4, p. 114

Comment est ton cours de…?
… difficile/facile.
Comment c'est,… ?
C'est intéressant/fascinant/ennuyeux.
D'après moi, c'est…
Ça te plaît,… ?
Je trouve ça…

Commenting on food
Ch. 6, p. 187

Il/Elle est bon(ne),… ?
… il/elle est vraiment mauvais(e).
… délicieux/délicieuse!
Il/Elle est comment,… ?
Excellent(e)!/Pas mauvais(e).
Comment tu trouves… ?
Pas bon/bonne du tout!

Giving opinions about clothing
Ch. 7, p. 224

Qu'est-ce que tu penses de… ?
C'est tout à fait toi!
Il/Elle est joli(e)/élégant(e)/horrible.
Il/Elle te plaît,… ?
Franchement, il/elle est un peu tape-à-l'œil.
Il/Elle me va,… ?
… il/elle te va très bien.
… il/elle ne te vas pas du tout.

Persuading

Offering and asking for help in a store
Ch. 7, p. 223

Je peux vous aider?
Je voudrais quelque chose pour…
Je cherche… pour mettre avec…
Je peux essayer… ?
Vous avez… en… ?
Non, merci, je regarde.
Quelle taille/pointure faites-vous?
Je fais du…

Giving advice
Ch. 10, p. 329

N'oublie pas…
Tu ne peux pas partir sans…
Tu devrais/Vous devriez…
Je te conseille de…
Tu as intérêt à…

Socializing

Greeting someone
Ch.1, p. 6

Salut!
Bonjour, Monsieur/Madame/Mademoiselle…
Bonsoir.

To say goodbye
Ch.1, p. 6

À bientôt./À demain.
À plus tard./À tout à l'heure.
Au revoir.

Asking how someone is
Ch. 1, p. 8

Ça va?/Comment ça va?
Comment allez-vous?
Et toi?
Et vous?
Oui, ça va. Merci.
Bien./Très bien.
Pas mal./Plus ou moins.
Non, pas très bien.

Introducing someone
Ch. 1, p. 11

Je te/vous présente…
Ça, c'est… . C'est un ami/une amie.
Bonjour./Salut!
Enchanté(e)!

Asking and saying how old someone is
Ch. 1, p. 11

Tu as quel âge?
J'ai… ans.
Il/Elle a quel âge?
Il/Elle a… ans.

Extending, accepting and refusing an invitation
Ch. 5 p. 163

On fait… ?
D'accord./Bonne idée!/Pourquoi pas?
On va… ?
Si tu veux/vous voulez.
Tu as envie de… ?
Ça te/vous dit de… ?
… ça ne me dit rien.
Tu viens… ?
Désolé(e), je n'ai pas le temps.
J'ai trop de choses à faire.
Je suis très occupé(e).

Synthèse de grammaire

ADJECTIVES

Adjective Agreement

Adjectives are words that describe nouns. They agree in gender (masculine or feminine) and number (singular or plural) with the nouns they modify. Adjectives that end in an unaccented -e, only change to agree in number. To make most adjectives plural, add an -s to the singular form, unless it already ends in an -s or -x.

		MASCULINE	FEMININE
Regular adjectives	SINGULAR PLURAL	intelligent intelligents	intelligente intelligentes
Adjectives ending in unaccented -e	SINGULAR PLURAL	jeune jeunes	jeune jeunes
Adjectives ending in -s	SINGULAR PLURAL	gris gris	grise grises

Adjectives ending in -eux

If the masculine singular form of the adjective ends in -eux, change the -x to -se to make it feminine.

heureux → heureuse

Adjectives ending in -if

If the masculine singular form of the adjective ends in -if, change the -f to -ve to create the feminine form.

sportif → sportive

Adjectives with Irregular Feminine Forms

MASCULINE	FEMININE	MASCULINE	FEMININE
blanc	blanche	gros	grosse
bon	bonne	mignon	mignonne
gentil	gentille	long	longue

Some adjectives, like **cool, chic, orange,** and **marron,** are invariable

Solange a acheté des calculatrices **orange.**

Position of Adjectives

Most adjectives in French follow the noun. Some adjectives, like **bon, grand, petit,** and **jeune,** always come before the noun. The article **des** becomes **de** when it is used with adjectives that come before the noun.

Michèle est une fille **intelligente.**   Il y a **de jeunes** professeurs dans mon école.

The Adjectives *beau, nouveau,* and *vieux*

The adjectives **beau** (*beautiful*), **nouveau** (*new*), and **vieux** (*old*) have special forms and they come before the nouns they describe.

MASCULINE SINGULAR (before a consonant)	MASCULINE SINGULAR (before a vowel)	MASCULINE PLURAL	FEMININE SINGULAR	FEMININE PLURAL
beau	bel	beaux	belle	belles
nouveau	nouvel	nouveaux	nouvelle	nouvelles
vieux	vieil	vieux	vieille	vieilles

Demonstrative Adjectives

	MASCULINE	FEMININE
SINGULAR	**ce** pull *(starting with a consonant)* **cet** imperméable *(starting with a vowel)*	**cette** chemise
PLURAL	**ces** pulls **ces** imperméables	**ces** chemises

To distinguish *this* from *that* and *these* from *those,* add **-ci** and **-là** to the end of the noun.

> J'aime **ces** bottes-**ci,** mais je n'aime pas **ces** bottes-**là.**
> *I like **these** boots, but I don't like **those** boots.*

Possessive Adjectives

These words also modify nouns and show ownership. In French, the possessive adjective agrees in number and gender with the object possessed and not the owner.

	MASCULINE SINGULAR	FEMININE SINGULAR (beginning with a consonant)	FEMININE SINGULAR (beginning with a vowel)	MASCULINE AND FEMININE PLURAL
my	**mon** père	**ma** mère	**mon** école	**mes** amies
your (tu)	**ton** livre	**ta** famille	**ton** amie	**tes** cours
his/her/its	**son** chat	**sa** cousine	**son** écharpe	**ses** cahiers
our	**notre** frère	**notre** maison	**notre** idée	**nos** professeurs
your (vous)	**votre** chien	**votre** ordinateur	**votre** eau minérale	**vos** étudiants
their	**leur** ami	**leur** classe	**leur** omelette	**leurs** devoirs

In English, possession can be shown by using **'s.** In French, the preposition **de/d'** is used to show possession.

> Le livre **de** Marie est sur la commode.

ADVERBS

Formation of Adverbs

Adverbs modify a verb, an adjective, or another adverb. To form most adverbs in French, take the feminine form of the adjective and add -**ment**.

heureux → heureuse → **heureusement**

The following are two irregular adverbs.

bon → **bien** (*well*)   mauvais → **mal** (*badly*)

Some common adverbs of frequency are: **souvent, de temps en temps, rarement,** and **régulièrement.**

Placement of Adverbs

While adverbs are generally placed near their verbs, they can take other positions in the sentence. Here is a general overview that might help when deciding where to place French adverbs.

TYPE OF ADVERB	EXAMPLES	PLACEMENT IN THE SENTENCE
how much, how often, or how well something is done	**rarement, souvent, bien, mal**	after the verb
adverbs of time	**hier, maintenant, demain**	the beginning or the end of the sentence

INTERROGATIVES

There are several ways to ask yes-no questions. One way is to raise the pitch of your voice. Another way is to add **Est-ce que** before a statement and raise your voice at the very end.

Tu aimes sortir?

You like to go out?

Est-ce qu'ils aiment nager?

Do they like to swim?

Inversion

Another way to ask yes-no questions is to use inversion. Reverse the subject pronoun and verb and add a hyphen between them. If the subject pronoun is **il, elle,** or **on** and the verb ends in a vowel, add -**t**- between the subject and verb. If the verb is in the **passé composé,** reverse the subject and helping verb.

Vous faîtes du ski.	→	**Faîtes-vous** du ski?
Elle a deux sœurs.	→	**A-t-elle** deux sœurs?
Il y a des stylos dans le sac.	→	**Y a-t-il** des stylos dans le sac?
Tu as trouvé un plan de la ville.	→	**As-tu** trouvé un plan de la ville?

Question Words

To ask for information, use a question word followed by either **est-ce que** plus a subject and verb or an inverted subject and verb.

Quand?	*When?*	**Comment?**	*How?*
Pourquoi?	*Why?*	**Qui?***	*Who?*
Que (Qu')?	*What?*	**Avec qui?**	*With whom?*
Où?	*Where?*		

Quand est-ce qu'il arrive? **Comment fait-on** du ski?

Don't use **est-ce que** or inversion with question words followed by **être.**

Où est ton frère? *Where is your brother?*

*****Qui** is usually the subject of a sentence, so it's often followed by a verb.

Qui joue de la guitare? *Who plays the guitar?*

Interrogative Adjectives

Quel means *which* or *what.* It has four forms.

	MASCULINE	FEMININE
SINGULAR	**Quel** chemisier?	**Quelle** jupe?
PLURAL	**Quels** chemisiers?	**Quelles** jupes?

Quel can also be used as an exclamation.

Quel joli pull! *What a pretty pullover!*

NEGATIVE EXPRESSIONS

Negative Expressions

To make a sentence negative in the present tense, add **ne... pas** around the verb. In the **passé composé,** add **ne... pas** around the helping verb.

Ça **ne** va **pas.** Anne **n'a pas** fait ses devoirs.

NEGATIVE EXPRESSION		EXAMPLE
ne... pas encore	*not yet*	Ils **n'ont pas encore** finis leurs devoirs.
ne... plus	*no longer*	Elle **ne** travaille **plus** au café Magnolia.
ne... ni... ni	*neither nor*	Je **n'**aime **ni** les bananes **ni** les pommes.
ne... jamais	*never*	Tu **ne** viens **jamais** au parc avec nous.
ne... personne	*no one*	Danièle **n'**entend **personne** au téléphone.
ne... rien	*nothing*	Nous **ne** faisons **rien** ce soir.
ne... que	*only*	Je **n'**aime **que** le chocolat suisse.

If **rien** and **personne** are subjects, put **ne** directly before the conjugated verb.

Personne n'a téléphoné. **Rien n'**est facile.

NOUNS AND ARTICLES

Nouns

In French, all nouns have a gender: masculine or feminine. You must learn a noun's gender when you learn its meaning.

FORMATION OF PLURAL NOUNS

	Add **-s** to most nouns	No change to nouns that end in **-s** or **-x**	No change to nouns that are abbreviations	Add **-x** to nouns that end in **-eau** or **-eu**	Replace **-al** with **-aux** in nouns that end in **-al**
SINGULAR	magazine	bus fax	DVD	tableau jeu	journal
PLURAL	magazines	bus fax	DVD	tableaux jeux	journaux

Indefinite Articles

Indefinite articles are used with nouns to signal their gender and number. In French, there are three indefinite articles: **un, une,** (*a* or *an*) and **des** (*some*).

	MASCULINE	**FEMININE**
SINGULAR	**un** livre	**une** fenêtre
PLURAL	**des** livres	**des** fenêtres

Definite Articles

Definite articles also signal gender and number. There are four in French, **le, la, l',** and **les** (*the*).

	MASCULINE (beginning with a consonant)	**FEMININE** (beginning with a consonant)	**MASCULINE OR FEMININE** (beginning with a vowel)
SINGULAR	**le** livre	**la** fenêtre	**l'**ami / **l'**école
PLURAL	**les** livres	**les** fenêtres	**les** amis / **les** écoles

Use **le** before a day of the week to say you do something regularly on that particular day.

J'ai anglais **le** vendredi.   *I have English class on Fridays.*

Partitive Articles

To say that you want *part* or *some of* an item, use a partitive article.

MASCULINE SINGULAR	FEMININE SINGULAR	SINGULAR NOUN (beginning with a vowel)	PLURAL
du beurre	**de la** confiture	**de l'**omelette	**des** céréales

Tu veux **du** bacon?   *Do you want some bacon?*

To say that you want a whole item (or several whole items), use the indefinite articles **un, une,** and **des.**

Je veux **un** croissant et **des** œufs.   *I want a croissant and eggs.*

Negation and the Articles

Indefinite and partitive articles change to **de** or **d'** in a negative sentence. Definite articles remain the same.

Il y a **une** carte dans la classe. → Il n'y a pas **de** carte dans la classe.

Il y a **des** fenêtres. → Il n'y a pas **de** fenêtre.

Je veux **du** bacon. → Je ne veux pas **de** bacon.

PREPOSITIONS

Contractions with *à* and *de*

The preposition **à** usually means *to* or *at.* The preposition **de** usually means *from* or *of.* It can also be used to show possession: **J'aime bien le frère d'André** (*I like André's brother.*) When **à** and **de** are used with the definite articles **le** and **les,** they form contractions.

à + le = au	à + la = à la	à + l' = à l'	à + les = aux
de + le = du	de + la = de la	de + l' = de l'	de + les = des

Prepositions with Countries and Cities

To say that you are *in* or going *to* a country or city, use a form of the preposition **à** or the preposition **en.** To say that you are *from* or coming *from* a country or city, use a form of the preposition **de.**

CITIES	MASCULINE COUNTRIES	FEMININE COUNTRIES OR MASCULINE COUNTRIES BEGINNING WITH A VOWEL	PLURAL COUNTRIES
à Paris	**au** Sénégal	**en** France **en** Egypte	**aux** États-Unis
de Paris	**du** Sénégal	**de** France **d'**Egypte	**des** États-Unis

PRONOUNS

Subject Pronouns

je (j')	*I*	nous	*we*
tu	*you* (familiar)	vous	*you* (plural or formal)
il	*he / it*	ils	*they*
elle	*she / it*	elles	*they*
on	*they* (people in general)		

C'est versus *Il/Elle est*

C'est	Il/Elle est
with a person's name **C'est Norbert.**	with an adjective by itself **Elle est blonde.**
with an article plus a noun **C'est une élève.** **C'est mon père.**	
with an article, plus a noun, plus an adjective **C'est un homme intelligent.**	

VERBS

Present Tense of Regular Verbs

In French, we use a formula to conjugate regular verbs. The endings change in each person, but the stem of the verb remains the same.

INFINITIVE		**aimer**	**attendre**	**finir**
PRESENT	je/j'	aim**e**	attend**s**	fin**is**
	tu	aim**es**	attend**s**	fin**is**
	il/elle/on	aim**e**	attend	fin**it**
	nous	aim**ons**	attend**ons**	fin**issons**
	vous	aim**ez**	attend**ez**	fin**issez**
	ils/elles	aim**ent**	attend**ent**	fin**issent**

The Verbs *dormir, sortir,* and *partir*

INFINITIVE		**dormir**	**sortir**	**partir**
PRESENT	je/j'	dor**s**	sor**s**	par**s**
	tu	dor**s**	sor**s**	par**s**
	il/elle/on	dor**t**	sor**t**	par**t**
	nous	dorm**ons**	sort**ons**	part**ons**
	vous	dorm**ez**	sort**ez**	part**ez**
	ils/elles	dorm**ent**	sort**ent**	part**ent**

Verbs with Stem and Spelling Changes

These verbs are not irregular, but they do have stem and spelling changes.

INFINITIVE		manger	commencer	préférer	acheter	appeler	nettoyer
PRESENT	je (j')	mange	commence	préfère	achète	appelle	nettoie
	tu	manges	commences	préfères	achètes	appelles	nettoies
	il/elle/on	mange	commence	préfère	achète	appelle	nettoie
	nous	mangeons	commençons	préférons	achetons	appelons	nettoyons
	vous	mangez	commencez	préférez	achetez	appelez	nettoyez
	ils/elles	mangent	commencent	préfèrent	achètent	appellent	nettoient

Verbs like **manger**: changer, échanger, corriger, déranger, encourager, voyager.

Verbs like **commencer**: placer, prononcer, remplacer, avancer, lancer.

Verbs like **préférer**: espérer, répéter.

Verbs like **acheter**: amener, emmener, lever, promener.

Verbs like **appeler**: épeler, jeter, rappeler.

Verbs like **nettoyer**: balayer, envoyer, essayer, payer.

Verbs with Irregular Forms

INFINITIVE		aller	avoir	être	faire
PRESENT	je/j'	vais	ai	suis	fais
	tu	vas	as	es	fais
	il/elle/on	va	a	est	fait
	nous	allons	avons	sommes	faisons
	vous	allez	avez	êtes	faîtes
	ils/elles	vont	ont	sont	font

INFINITIVE		devoir	pouvoir	vouloir	venir
PRESENT	je/j'	dois	peux	veux	viens
	tu	dois	peux	veux	viens
	il/elle/on	doit	peut	veut	vient
	nous	devons	pouvons	voulons	venons
	vous	devez	pouvez	voulez	venez
	ils/elles	doivent	peuvent	veulent	viennent

INFINITIVE		prendre	voir	boire	mettre
PRESENT	je/j'	prends	vois	bois	mets
	tu	prends	vois	bois	mets
	il/elle/on	prend	voit	boit	met
	nous	prenons	voyons	buvons	mettons
	vous	prenez	voyez	buvez	mettez
	ils/elles	prennent	voient	boivent	mettent

Verbs like **prendre**: apprendre, comprendre, reprendre.

Savoir and connaître

Savoir and **connaître** both mean *to know*. **Savoir** means to know information or how to do something. **Connaître** means to know or be familiar with a person, place, etc.

INFINITIVE		savoir	connaître
PRESENT	je/j'	sais	connais
	tu	sais	connais
	il/elle/on	sait	connaît
	nous	savons	connaissons
	vous	savez	connaissez
	ils/elles	savent	connaissent

Nous **connaissons** le père de Julie.

Je ne **sais** pas jouer au hockey.

The *futur proche*

You can use a form of **aller** plus an infinitive to talk about something that is going to happen in the near future.

Nous **allons étudier** le géo.   *We're going to study geography.*

The *passé récent*

You can use a form of **venir** plus **de** and an infinitive to talk about something that just happened.

Je **viens de téléphoner** à Ali.   *I just phoned Ali.*

The Imperative

To form the imperative, or commands, use the **tu, vous,** or **nous** form of the present tense of the verb, without the subject. For -**er** verbs and **aller,** drop the final -**s** in the **tu** form.

écouter	finir	attendre	faire	aller
Écoute!	Finis!	Attends!	Fais!	Va!
Écoutez!	Finnissez!	Attendez!	Faîtes...!	Allez!
Écoutons!	Finnissons!	Attendons!	Faisons...!	Allons!

To make a command negative, put **ne** before the verb and **pas** after it.

N'allez pas au cinéma demain!

N'attendons pas le bus!

The *passé composé* with *avoir*

The passé composé of most verbs consists of two parts: a form of the helping verb **avoir** and a past participle.

INFINITIVE	chercher		choisir		perdre	
PAST PARTICIPLE	cherché		choisi		perdu	
je/j'	ai		ai		ai	
tu	as		as		as	
il/elle/on	a	} cherché	a	} choisi	a	} perdu
nous	avons		avons		avons	
vous	avez		avez		avez	
ils/elles	ont		ont		ont	

To say what didn't happen, place **ne... pas** around the helping verb.

> Je **n'**ai **pas** trouvé de chemise à ma taille.
> *I didn't find a shirt in my size.*

The following verbs use **avoir** as the helping verb in the **passé composé,** but have irregular past participles.

avoir	→ **eu**	être	→ **été**	pouvoir	→ **pu**
boire	→ **bu**	faire	→ **fait**	prendre	→ **pris**
connaître	→ **connu**	lire	→ **lu**	savoir	→ **su**
devoir	→ **dû**	mettre	→ **mis**	voir	→ **vu**
dire	→ **dit**	pleuvoir	→ **plu**	vouloir	→ **voulu**
écrire	→ **écrit**				

The *passé composé* with *être*

Some verbs, mainly verbs of motion like **aller,** use **être** instead of **avoir** as the helping verb in the **passé composé.** For these verbs, the past participle agrees with the subject.

aller			
je	suis **allé(e)**	nous	sommes **allé(e)s**
tu	es **allé(e)**	vous	êtes **allé(e)(s)**
il	est **allé**	ils	sont **allés**
elle	est **allée**	elles	sont **allées**
on	est **allé(e)(s)**		

The following are verbs conjugated with **être** in the **passé composé.**

arriver	→ **arrivé**	partir	→ **parti**
descendre	→ **descendu**	rester	→ **resté**
devenir	→ **devenu**	retourner	→ **retourné**
(r)entrer	→ **(r)entré**	revenir	→ **revenu**
monter	→ **monté**	sortir	→ **sorti**
mourir	→ **mort**	tomber	→ **tombé**
naître	→ **né**	venir	→ **venu**

Synthèse de grammaire

Glossaire français–anglais

This vocabulary includes almost all of the words presented in the textbook, both active (for production) and passive (for recognition only). An entry in **boldface** type indicates that the word or phrase is active. Active words and phrases are practiced in the chapter and are listed in the **Résumé** pages at the end of each chapter. You are expected to know and be able to use active vocabulary.

All other words are for recognition only. These words are found in activities, in optional and visual material, in the **Géoculture, Comparaisons, Lecture et écriture, Télé-roman,** and **Variations littéraires**. Many words have more than one definition; the definitions given here correspond to the way the words are used in *Bien dit!*

The number after each entry refers to the chapter or the page number of the section where the word or phrase first appears or becomes active vocabulary.

à *to, at,* 2; *to/at + city,* 10
À bientôt. *See you soon.,* 1
à côté de *next to,* 8
À demain. *See you tomorrow.,* 1
à destination de *heading for,* 10
à droite de *to the right of,* 8
a fait connaître *made known,* 7
à gauche de *to the left of,* 8
à haute voix *aloud,* 9
à la carte *individually,* 5
à la fin *at the end,* 369
à la main *by hand,* 9
à la réflexion *if you really think about it,* 4
à l'avance *in advance,* 381
à l'heure *on time,* 10
à mon avis *in my opinion,* 3
à partir de *from (a certain time),* 6
à pied *by foot,* 9
À plus tard. *See you later.,* 1
à point *medium,* 6
à propos de *about,* 9
À quel nom? *Under what name?,* 9
à quelle heure *at what time,* 4
À quelle heure tu as...? *At what time do you have...?,* 4
À saisir! *Great deal!,* 8
À table! *Dinner is served!,* 6
À toute à l'heure. *See you later.,* 1
à vélo *by bicycle,* 9
À votre service. *You're welcome.,* 4
l' abbaye (f.) *monastery,* 5

l' abécédaire (m.) *a reader for small children,* 379
abondant(e) *plentiful,* 376
abriter *to shelter,* 5
l' absence (f.) *absence,* 377
Absolument. *Absolutely.,* 9
absurde *absurd,* 369
l' accès handicapé (m.) *handicapped access,* 10
les **accessoires** (m.) *accessories,* 7
accompagné de *accompanied by,* 6
accorder *to grant,* 6
accueillir *to welcome,* 381
acheter *to buy,* 4, 9
l' acrobate (m./f.) *acrobat,* 366
l' acrobatie (f.) *acrobatics,* 367
l' activité (f.) *activity,* 2
actuel(le) *of the present time,* 375
l' adaptateur (m.) *adapter,* 10
adapter *to adapt,* 375
l' addition (f.) *bill,* 6
admirable *admirable,* 379
adorer *to love, to adore,* 2
les ados (m./f.) *teens,* 2
l' adresse e-mail (f.) *e-mail address,* 1
s' adresser *to address,* 9
Adressez-vous... *Ask...,* 9
l' adversaire (m.) *adversary,* 7
l' aérobic (f.) *aerobics,* 5
l' aéroport (m.) *airport,* 10
africain(e) *African,* 8
l' âge (m.) *age,* 1
âgé(e) *elderly,* 3
l' agence (f.) immobilière *real estate agency,* 8

agréable *pleasant,* 8
aider *to help,* 7
aimer *to like, to love,* 2; **aimer bien** *to quite like,* 2; **aimer mieux** *to like better, to prefer,* 2
ainsi *thus,* 10
ainsi que *as well as,* 9
ajouter *to add,* 373
l' alerte (f.) *alarm,* 6
allemand *German,* 4
l' Allemangne (m.) *Germany,* 10
aller *to go,* 2
l' aller simple (m.) *one way,* 10
l' aller-retour (m.) *round-trip,* 10
Allez au tableau! *Go to the board!,* 1
Allez tout droit jusqu'à... *Go straight until...,* 9
l' allure *shape,* 369
alors *so, well,* 7
Alors,... ça fait... *Let's see,... your total is...,* 7
l' alpinisme (m.) *mountain climbing,* 5
les amandes (f.) *almonds,* 6
ambulant *traveling, wandering,* 374
amener *to bring someone/a pet along,* 4
américain *American,* 6
l' ami(e) *friend,* 1
l' ampleur (f.) *abundance,* 375
amuser (s') *to have fun,* 5
ancien(ne) *old,* 8
anglais *English,* 2
l' Angleterre (m.) *England,* 10

l' **animal/les animaux** (m.)
   animal(s), 2
l' **animal domestique** *pet*, 3
l' **année** (f.) *year*, 7
   annuler *to cancel*, 10
l' **anorak** (m.) *winter jacket*, 7
l' Antiquité *ancient times*, 380
l' **août** (m.) *August*, 5
l' **appareil** (m.) *appliance*, 10
l' **appareil photo (numérique)** (m.)
   (digital) camera, 5
l' **appartement** (m.) *apartment*, 8
   appartenir *to belong to*, 371
   appeler *to call*, 10
   appeler (s') *to be named*, 1
   apprécié(e) *valued*, 5
   apprécier *to appreciate*, 370
   apprendre *to learn*, 6
   apprendre (quelque chose)
      à quelqu'un *to teach*, 379
   approuver *to approve*, 380
l' aqueduc (m.) *aqueduct*, 9
l' arbre-toboggan (m.)
      tree-slide, 365
   après *after*, 9
l' **après-midi** (m.) *afternoon*, 4
les arachides (f.) *peanuts*, 7
l' arbre (m.) frutier *fruit tree*, 8
l' **argent** (m.) *silver*, 7; *money*, 9
l' armée (f.) *army*, 1
l' **armoire** (f.) *wardrobe*, 8
l' **arrêt (de bus)** (m.) *(bus) stop*, 9
l' **arrivée** (f.) *arrival*, 10
   arrondir *to make round*, 379
   arroser *to water*, 8
   artisanal(e) *crafting*, 7
l' artiste (m./f.) *artist*, 7
les **arts** (m.) **plastiques** *visual arts*, 4
l' **ascenseur** (m.) *elevator*, 10
l' aspect (m.) *aspect*, 9
l' **aspirateur** (m.) *vacuum cleaner*, 8
l' aspirine (f.) *aspirin*, 9
   asseoir (s') *to sit down*, 376
   Asseyez-vous! *Sit down!*, 1
   assez *quite*, 3
   assez bien *pretty well*, 2
   assiéger *to lay siege to*, 6
l' **assiette** (f.) *plate*, 6
   assis(e) *seated*, 379
   associer *to associate*, 7
les astuces (f.) *tips*, 373
l' atelier (m.) *workshop*, 1
l' **athlétisme** (m.) *track and field*, 5
   atteindre *to reach, to attain*, 5
   attendre *to wait*, 4
   attirer *to attract*, 9
   attraper *to catch*, 3
   au *to /at the*, 2; *to / at + masculine
      country*, 10
   au début *at the beginning*, 6
   au-dessus de *above*, 9
   au fond de *at the end of*, 8

au moins *at least*, 373
Au revoir. *Goodbye.*, 1
au sud de *to the south of*, 8
audacieux (-ieuse) *daring*, 380
aujourd'hui *today*, 4
auraient donné *(they) would
   have given*, 369
auraient ôté *had taken away*, 370
aurait reçu *would have received*, 6
les aurores (f.) boréales
   Northern Lights, 3
aussi *also*, 1, 2
l' **Australie** (f.) *Australia*, 10
autre *other*, 369
autrefois *formerly*, 372
autant *as much*, 2
l' **automne** (m.) *fall*, 5
   aux *to/at the*, 2
   avaient *(they) had*, 369
   avaient haï *(they) had hated*, 369
   avait beau être *was in vain*, 369
   avait-il affaire à *was he dealing
      with*, 10
   avant *before*, 1
   avant J.-C. *B.C.*, 5
   avec *with*, 2
   avec qui *with whom*, 5
   avec vue *with a view*, 10
   Avez-vous de la monnaie? *Do you
      have change?*, 9
l' **avion** (m.) *plane*, 10
   avoir *to have*, 1
   avoir besoin de *to need*, 4
   avoir chaud *to be hot*, 5
   avoir envie de *to feel like*, 5
   avoir faim *to be hungry*, 5
   avoir froid *to be cold*, 5
   avoir intérêt à *to be in one's
      best interest*, 10
   avoir le temps de *to have time to*, 5
   avoir les cheveux... *to have...
      hair*, 3
   avoir les yeux... *to have... eyes*, 3
   avoir lieu *to take place*, 5
   avoir mal à *to hurt*, 9
   avoir soif *to be thirsty*, 5
   avoir sommeil *to be sleepy*, 5
l' **avril** *April*, 5

le **bacon** *bacon*, 6
les **bagages** (m.) **(à main)** *(carry-on)
   luggage*, 10
la **bague** *ring*, 7
la **baguette** *loaf of French bread*, 6;
   teacher's stick, 379

la baie *bay*, 5
la **baignoire** *bath tub*, 8
   baisser *to lower*, 369
   se balader *to wander by*, 371
le **baladeur (MP3)** *walkman
   (MP3 player)*, 2
le balafon *traditional Senegalese
   musical instrument*, 7
   balançait sa tête de droite et de
   gauche *shaking his head from left
   to right*, 10
la balançoire *swing*, 367
   balayer *to sweep*, 8
le **balcon** *balcony*, 8
la **balle** *ball*, 2
le **ballet** *ballet*, 9
le **ballon** *(inflatable) ball*, 2
   bambou *bamboo*, 379
la **banane** *banana*, 6
la **bande dessinée (BD)**
   comic strip, 2
la **banque** *bank*, 9
le baobab *tree found in Africa*, 7
   bas *low*, 8
le bas *stocking*, 10
le **base-ball** *baseball*, 2
le **basket(ball)** *basketball*, 5
les **baskets** (f.) *tennis shoes*, 4
le bassin *ornamental pool*, 363
la bataille *battle*, 1
le bateau *boat*, 367
le **batik** *batik (technique used to create
   patterns on fabric using hot wax
   and dyes)*, 7
la **batte** *bat*, 2
la **batterie** *drums*, 5
   beau/belle *handsome, beautiful*, 3
   beaucoup *a lot*, 4
le **beau-père** *step-father*, 3
les beaux-arts (m.) *fine arts*, 1
les beaux-parents (m.) *inlaws*, 376
la **belle-mère** *step mother*, 3
la bête *beast, animal*, 9
le **beurre** *butter*, 6
la **bibliothèque** *library*, 2
   bien *well*, 1
la bien-aimée *beloved*, 376
   bien cuit *well-done*, 6
   bien entendu *of course*, 6
   bien sûr *of course*, 9
   Bien sûr, mais il faut d'abord...
      Of course, but first you must..., 8
la **bijouterie** *jewelry*, 7
le **billet** *bill (money), ticket*, 9
le **billet d'avion** *plane ticket*, 10
le **billet de train** *train ticket*, 10
   blanc(he) *white*, 3
le blason familial *coat-of-arms*, 3
   bleu(e) *blue*, 3
   blond(e) *blond(e)*, 3
   bloqué(e) *stuck*, 9
le bodyboard *bodyboard*, 5

boire *to drink,* 6
le **bois** *wood,* 8
la **boisson** *drink,* 6
le **bol** *bowl,* 6
bon/bonne *good,* 3
Bon appétit! *Enjoy your meal!,* 6
bon marché *inexpensive,* 7
Bonjour. *Hello., Good morning.,* 1
Bonne idée! *Good idea!,* 5
Bonsoir. *Hello., Good evening.,* 1
le **bord** *edge,* 373
border *to border,* 381
les **bottes** (f.) *boots,* 7
le **boubou** *embroidered tunic worn in Africa,* 7
la **bouche** *mouth,* 3
les **boucles** (f.) **d'oreilles** *earrings,* 7
bouffon(-ne) *comical,* 369
bouger *to move,* 9
la **bouillabaisse** *fish soup,* 9
le **boulanger** (la **boulangère)** *baker,* 10
la **boule** *steel ball used in pétanque,* 5
le **bouquet de fleurs** *bouquet of flowers,* 9
la **bourrée** *traditional French dance,* 2
le **bout** *end, tip,* 4
la **boutique** *shop,* 9
le **bracelet** *bracelet,* 7
le **Brésil** *Brazil,* 10
le **brie** *type of soft cheese,* 1
brillant *brilliant,* 378
la **brique** *brick,* 8
brodé(e) *embroidered,* 7
le **bruit** *noise,* 6
brûlé(e) *burned,* 3
brun(e) *brown(-haired),* 3
le **bureau** *desk,* 1; *office,* 5
le **bureau de change** *currency exchange office,* 10
le **bus** *bus,* 9
le **but** *goal,* 7

Ç'avait été *it would have been,* 369
ça *this, that,* 3
Ça, c'est... *This is…,* 1
Ça, ce sont... *These are…,* 3
Ça fait combien? *How much is it?,* 6; **Ça fait...** *It's…* 6
Ça fait combien en tout? *How much is it total?,* 7
Ça me plaît beaucoup. *I like it a lot.,* 4
Ça s'écrit... *It is written/ spelled…,* 1

Ça te/vous dit de...? *Do you feel like…?,* 5
Ça te plaît,...? *Do you like…?,* 4
Ça va? *How are you? (informal),* 1
la **cabine téléphonique** *telephone booth,* 9
le **café** *coffee house,* 2; *coffee,* 6
le **café au lait** *coffee with milk,* 6
le **cafetier** *coffee-house keeper,* 6
le **cahier** *notebook,* 1
cahoter *to jolt,* 9
calcaire *limestone* 5
la **calculatrice** *calculator,* 4
la **calebasse** *calabash (a gourd whose shell is used as a utensil),* 376
le **camembert** *a French cheese,* 5
le **caméscope** *video camera,* 5
le **camion** *truck,* 7
la **campagne** *countryside,* 5
le **Canada** *Canada,* 10
le **canal** *canal,* 1
la **canalisation** *system of pipes,* 1
le **cancre** *dunce,* 379
la **canne à pêche** *fishing pole,* 7
le **canoë** *canoeing,* 5
le **canyon** *canyon,* 9
la **capitale** *capital,* 7
car *because,* 370
la **caractéristique** *characteristic,* 8
la **carapace** *turtle shell,* 9
le **carnaval** *carnival, festival,* 3
le **carrefour** *intersection,* 9
la **carte** *map,* 1; *card,* 2; *menu,* 6; *post card,* 9
la **carte bancaire** *bank card,* 9
la **carte d'embarquement** *boarding pass,* 10
la **carte postale** *post card,* 9
la **carte téléphonique** *calling card,* 9
le **cas** *case,* 373
la **case** *hut,* 8
le **casque** *helmet,* 5
la **casquette** *cap,* 7
les **casse-croûtes** (m.) *snacks,* 7
catastrophique *catastrophic,* 369
la **catégorie** *category,* 7
le **CD** *CD,* 1
ce *this,* 7
la **ceinture** *belt,* 7
célébré(e) *celebrated,* 9
célébrer *to celebrate,* 372
celte *Celtic,* 370
cent *one hundred,* 4
cent un *one hundred and one,* 4
le **centimètre** *centimeter,* 9
le **centre** *center,* 7
le **centre commercial** *mall,* 2
le **centre-ville** *downtown,* 9
cependant *however,* 7
les **céréales** (f.) *cereal,* 6
le **cerf-volant** *kite,* 7
certain(e) *certain,* 6

ces *these,* 7
C'est... *It's…,* 6
C'est... arobase... point... *It's… @… dot…,* 1
C'est combien pour...? *How much is it…?,* 9
C'est combien,...? *How much is the…?,* 4
C'est complet. *It's booked.,* 10
C'est ennuyeux. *It's boring.,* 4
C'est fascinant. *It's fascinating.,* 4
C'est intéressant. *It's interesting.,* 4
C'est toujours... *It's always…,* 8
C'est tout à fait toi. *It's totally you.,* 7
C'est tout de suite sur votre... *It's immediately to your…,* 9
C'est un ami / une amie. *He / She is a friend.,* 1
C'est un immeuble de... *It's a building with…,* 8
C'est une bonne affaire! *It's a good deal!,* 7
cet *this,* 7
cette *this,* 7
ceux-ci *they (these ones),* 370
chacun (chacune) *each one,* 369
la **chaîne** *chain,* 7
la **chaîne-stéréo** *stereo system,* 8
la **chaise** *chair,* 1
le **chalet** *cottage,* 8
la **chambre** *bedroom,* 8; *room,* 377
la **chambre avec vue** *room with a view,* 10
le **champignon** *mushroom,* 2
la **chandelle** *candle,* 372
changer *to change,* 4; **changer (en)** *to change (into),* 10
la **chanson** *song,* 9
chanter *to sing,* 2
le **chanteur/la chanteuse** *singer,* 9
le **chapeau** *hat,* 7
chaque *each,* 5
le **char** *float,* 9
charmant(e) *charming,* 8
le **chat** *cat,* 3
châtain(s) *light brown(-haired),* 3
le **château** *château, castle,* 1
chaud *hot,* 5
le **chauffage au gaz** *gas heating,* 8
chauffer *to heat,* 373
le **chaume** *thatch,* 8
les **chaussettes** (f.) *socks,* 7
les **chaussures** (f.) *shoes,* 7
les **chaussures** (f.) **de randonnée** *hiking shoes,* 7
le **chemin** *way,* 9
la **cheminée** *fireplace,* 8
la **chemise** *man's shirt,* 7
le **chemisier** *woman's blouse,* 7
le **chèque** *check,* 10

le chèque de voyage
    traveler's check, 10
cher/chère expensive, 7
chercher to look for, 4
chéri(e) beloved, 371
le cheval horse, 9
les cheveux (m.) hair, 3
chez moi at (my) home, 8
le chien dog, 3
les chiens (m.) de traîneaux
    dog-sledding, 5
la chimie chemistry, 4
le chimpanzé chimpanzee, 7
la Chine China, 10
le chocolat chocolate, 2
le chocolat chaud hot chocolate, 6
la chose thing, 371
choisir to choose, 6
le choix choice, 7
la chose thing, 6
le cimetière cemetery, 5
le cinéaste (la cinéaste)
    film-maker, 378
le cinéma movie theatre, 2
cinq five, 1
cinquante fifty, 4
la cipâte de bleuets special blueberry
    pie made in Quebec, 3
circulaire circular, 8
le cirque circus, 366
la cité city, ancient center of town, 9
le citron lemon, 7
clair light (color), 4
la classe class, classroom, 1
le classeur binder, 4
classique classical, 2
la clé key, 9
la climatisation air conditioning, 10
climatisé(e) air-conditioned, 8
le clown clown, 366
le club (de tennis, de foot)
    (sports) club, 5
le coca soda, 6
le cochonnet wooden ball used
    in pétanque, 5
le code postal zip code, 9
la coiffure hairdo, 9
le coin corner, 377
le colis package, 9
le collier necklace, 7
la colline hill, 380
la colonie de vacances
    summer camp, 5
coloré(e) brightly colored, 7
combien how much, how many, 1
Combien d'élèves il y a dans la
    classe? How many students are
    there in the class?, 1
la comité committee, 381
comme as, like, 4
commencer to begin, 4

comment how, 1
Comment allez-vous? How are
    you? (formal), 1
Comment ça s'écrit? How do you
    write that?, 1
Comment ça va? How are you?
    (informal), 1
Comment c'est,...? How is...?, 3
Comment dit-on... en français?
    How do you say... in French?, 1
Comment est...? How is...?, 3
Comment est ton cours de...?
    How is your... class?, 4
Comment il / elle s'appelle? What's
    his / her name?, 1
Comment sont...? How are...?, 3
Comment tu épelles...? How do
    you spell...?, 1
Comment tu t'appelles? What is
    your name?, 1
Comment tu trouves...? What do
    you think of...?, 3
les commerces (f.) businesses, 8
la commode chest of drawers, 8
le compartiment compartment, 10
complet booked, full, 10
complètement completely, 9
composé(e) composed, 5
composter to punch (a ticket), 10
la composition composition, 375
comprendre to understand, 1
le comprimé pill, 9
compter to count, 1
concerner to relate to, 376
le concert concert, 9
conduire to drive, 381
confisqué(s) à confiscated from, 6
la confiture jam, 6
confortable comfortable, 376
conjuguer to conjugate, 4
connaître to know, 9
connu(e) well-known, 6
le conseil de classe student council, 4
conseiller to advise, 6
la consigne baggage locker, 10
consister to consist, 6
le consommateur consumer, 2
la construction construction, 8
construire to construct, build, 5
le conte story, 5
contenir to contain, 10
le continent continent, 7
continuer to continue, 9
Continuez jusqu'à... Continue
    until..., 9
le contorsionniste (la contorsionniste)
    contortionist, 366
contrairement in opposition, 366
contre against, 1
le contrôleur ticket collector, 10
le coquillage shellfish, 5

le copain friend, 2
la cora traditional Senegalese musical
    instrument, 374
la correspondance connecting flight,
    connection, 10
correspondre to correspond,
    to communicate, 1
corriger to correct, 4
la corvée chore, 8
le costume suit, 7
la côte coast, 5
le coton cotton, 7
la couchette built-in bunk (train), 10
la couleur color, 4
le coupe-vent windbreaker, 7
couper la parole to leave
    speechless, 379
la cour (royal) court, 1; courtyard, 9
le courage courage, 6
courir to run, 377
le courrier mail, 1
le cours class(es), 4;
    flow (of water), 380
la course race, 5
court(e) short (length), 3
le courtisan person who is part
    of the royal court, 362
le cousin/la cousine cousin, 3
le couteau knife, 6
coûter to cost, 7
la coutume custom, 376
le couturier fashion designer, 7
le couvert table setting, 6
la couverture cloak, 10
le crabe crab, 5
crachoter to crackle, 9
la cravate tie, 7
le crayon pencil, 4; le crayon
    de couleur colored pencil, 2
créatif(-ive) creative, 3
la crèche manger, 10
créer to create, 9
la crème cream, 9
la crème Chantilly whipped
    cream, 373
la crêpe thin, light pancake, 372
la crêperie restaurant that serves
    crêpes, 372
creusant digging, 6
la crevette shrimp, 5
crier to shout, 379
croire to think, believe, 7
la croisière cruise, 381
le croissant croissant, 6
le croissant de lune crescent moon, 6
le croque-monsieur toasted ham and
    cheese sandwich, 6
le crustacé Crustacean, 5
cubain(e) Cuban, 374
la cuillère spoon, 6
le cuir leather, 7

cuire *to cook*, 372
la cuisine *cooking, kitchen*, 8
le cuisinier/la cuisinère *cook*, 10
la cuisson *cooking*, 373
cuit(e) *cooked*, 7
cuit(e) au four *baked*, 6
cultiver *to cultivate*, 5
le curé *parish priest*, 378
curieux(-euse) *curious*, 371
le cybercafé *Internet café*, 5

d'abord *first*, 9
D'accord. *Okay.*, 5
D'accord, si tu... *It's okay if you...*, 8
d'ailleurs *moreover*, 10
dans *in*, 1
danser *to dance*, 2
le danseur/la danseuse *dancer*, 366
d'après moi *according to me*, 3
le dauphin *dolphin*, 2
de *of/from + city, feminine country*, 10
de l' *of the*, 6; **de la** *of the*, 6
De quelle couleur? *In what color?*, 4
de nos jours *these days*, 370
De quoi tu as besoin? *What do you need?*, 4
de récupération *salvaged*, 7
de temps en temps *from time to time*, 2
le débarquement *landing*, 5
débarrasser (la table) *to clear (the table)*, 8
le début *debut*, 375
décembre *December*, 5
décider *to decide*, 6
déconseillé(e) *advised against*, 381
la décoration *decoration*, 6
décoratif(-ve) *decorative*, 5
décorer *decorate*, 10
découvert(e) *discovered*, 5
la découverte *discovery*, 381
décrire *to describe*, 9
dedans *inside*, 6
le défaut *character flaw*, 371
défensif(-ve) *defensive*, 5
le défilé *parade*, 9
se déformer *to lose shape*, 369
le déjeuner *lunch*, 6
le délégué de classe *student representative*, 4
Délicieux!/Délicieuse! *Delicious!*, 6

le deltaplane *hang-gliding*, 5
demain *tomorrow*, 4
demander *to ask, demand*, 4
demi(e) *half*, 4
le demi-frère *half-brother*, 3
la demi-pension *half-board*, 10
la demi-sœur *half-sister*, 3
le départ *departure*, 10
les dépendances (f.) *out-buildings*, 8
déposer *to deposit*, 9
depuis *since*, 5
déranger *to disturb*, 4
dernier(-ère) *last*, 7
se dérouler *to take place*, 9
derrière *behind*, 9
des *some*, 1; *of the*, 6
descendre *to come down*, 8
désigner *to name, to designate*, 375
le désinfectant *disinfectant*, 9
désirer *to want*, 6
désolé(e) *sorry*, 5
Désolé(e), je n'ai pas le temps. *Sorry, I don't have the time.*, 5
le dessert *dessert*, 6
le dessin *drawing*, 2
le dessinateur *drawer*, 9
dessiner *to draw*, 2
la destination *destination*, 10
détacher *to detach*, 373
détester *to hate*, 2
deux *two*, 1
deux cent un *two hundred and one*, 4
deux cents *two hundred*, 4
deuxième *second*, 10
la deuxième classe *second class*, 10
devant *in front (of)*, 9
développer *to develop*, 380
devenir *to become*, 8
deviner *to guess*, 6
devoir *to have to*, 8
le devoir *homework*, 4; *to have to*, 8
d'habitude *usually*, 8
le diamètre *diameter*, 7
le dictionnaire *dictionary*, 4
les dieux (m.) *gods*, 370
difficile *difficult*, 4
la difficulté *difficulty*, 379
le dimanche *Sunday*, 4
le dîner *diner*, 6
discret (discrète) *discrete*, 8
dire *to say*, 1; *to tell*, 9; **Dites-moi...** *Tell me...*, 9; se dit-il *he says to himself*, 10
diriger vers *to aim at*, 379
discuter (avec des amis) *to talk (with friends)*, 2
disparaître *disappear*, 370
disponible (pour) *available (for)*, 10
se distinguer *to gain distinction*, 375

distrait *absent-minded*, 371
le distributeur d'argent *cash machine*, 9
le distributeur de billets *ticket machine*, 10
divin(e) *divine*, 370
divorcer *to divorce*, 3
dix *ten*, 1
dix-huit *eighteen*, 1
dix-neuf *nineteen*, 1
dix-sept *seventeen*, 1
le djembé *traditional Senegalese musical instrument*, 374
le doigt *finger*, 379
doit *owes*, 7
le domaine *domain*, 9
le don *talent*, 370
donc *then*, 371
donner *to give*, 6
Donnez-moi... *Give me...*, 6
dont *of which*, 10
dormir *to sleep*, 2
le dos *back*, 7
la douche *shower*, 8
douze *twelve*, 1
le dramaturge *playwright*, 378
dresser *to erect*, 5
la droite *right*, 8
le druide *druid*, 2
du *of the*, 6
du... au *from the... to the...*, 10
durable *durable*, 9
durant *during*, 369
durer *to last*, 5
le DVD *DVD*, 1

l' eau (f.) **minérale** *mineral water*, 6
l' **écharpe** (f.) *winter scarf*, 7
les échecs (m.) *chess*, 2
l' éclair *French pastry*, 1
les écluses (f.) *(canal) locks*, 380
l' **école** (f.) *school*, 2
écouter *to listen*, 1
écouter de la musique *to listen to music*, 2; **Écoutez!** *Listen!*, 1
les écouteurs (m.) *headphones*, 2
s'écrier *to exclaim*, 379
écrire *to write*, 1
les écrits (m.) *writings*, 368
l' écrivain (m.) *writer, author*, 9
l' édition (f.) *edit (computer)*, 1
l' **éducation** (f.) **musicale** *music education*, 4
également *also*, 381
l' **église** (f.) *church*, 9

l' **Égypte** (m.) *Egypt*, 10
électrique *electrical*, 10
l' **élégance** (f.) *elegance*, 7
élégant(e) *elegant*, 7
l' **élément** (m.) *element*, 5
l' **élève (m./f.)** *student*, 1
élevé(e) *high, elevated*, 7
élever *to raise*, 5
elle *she*, 1
Elle est comment,...?
How is…?, 6
Elle est forte, celle-là!
It's a bummer!, 10
Elle s'appelle... *Her name is…*, 1
elles *they (female)*, 1
l' **e-mail** (m.) *e-mail*, 1
embarrassé(e) *embarrassed*, 377
embêtant(e) *annoying*, 3
l' **emblème** (m.) *emblem, symbol*, 7
l' **emplacement** (m.) *place,
location*, 369
l' **employé(e)** *employee*, 9
emporter *to take something
(with)*, 10
emprunter *to borrow*, 371
en *to/at (a feminine country)*, 10;
en argent *(of) silver*, 7
en avance *early*, 10
en bas *downstairs*, 8
en bois *wooden*, 2
en bref *in a few words*, 366
en bus *by bus*, 9
en conséquence *accordingly*, 371
en coton *cotton*, 7
en courant *running*, 377
en diamant *made of diamond*, 7
en face de *across from*, 8
en fait *in fact*, 371
en forme de *in the shape of*, 6
en général *in general*, 376
en haut *upstairs*, 8
en incorporant *adding*, 373
en jean *denim*, 7
en laine *woollen* 7
en lin *linen*, 7
en métro *by subway*, 9
ennuyeuse, ennuyeux *boring*, 4
en or *(of) gold*, 7
en osier *of willow, wicker*, 7
en pleine nature *in the great
outdoors*, 5
en possession de *in possession
of*, 381
en provenance de *from*, 10
En quelle saison...? *In which
season…?*, 5
en récompense de
as a reward for, 6
en retard *late*, 10
en route *on the way*, 10

en soie *silk*, 7
en solde *on sale*, 7
en solitaire *solo*, 5
en taxi *by taxi*, 9
en tenant *while holding*, 372
en vogue *in style*, 375
en voiture *by car*, 9
Enchanté(e)! *Delighted!*, 1
encore *more*, 6; *still*, 7;
yet, again, 8
encourager *to encourage*, 4
l' **endroit** (m.) *place*, 9
l' **endurance** (f.) *endurance*, 5
l' **enfance** (f.) *childhood*, 368
l' **enfant** (m./f.) *child*, 3
enfilé(e) par la tête *slipped on over
the head*, 7
enfin *finally*, 379
l' **ennemi(e)** *enemy*, 6
ennuyeux *boring*, 4
énorme *enormous*, 7
enregistrer *to check in*, 10
ensemble *together*, 2
ensuite *then, next*, 9
entendre *to hear*, 4
s'entêter *to persist*, 9
entier(-ère) *entire*, 5
entièrement *completely*, 8
entre *between*, 10
entre-coupé *interspersed
with*, 375
l' **entrée** (f.) *appetizer*, 6;
entry-way, 8
entrer *to enter*, 8
envahir *to invade*, 375
l' **enveloppe** (f.) *envelope*, 9
l' **envie** (f.) *desire*, 371
l' **environnement** (m.)
environment, 7
envoyer (des e-mails) *to send
(e-mails)*, 2
s'envoyer *to send each other*, 2
l' **épaule** (f.) *shoulder*, 7
épeler *to spell*, 10
l' **épicerie** (f.) *grocery store*, 9
les **épices** (f.) *spices*, 9
l' **épisode** (m.) *episode*, 379
l' **EPS (éducation** (f.) **physique et
sportive)** *Physical education
(P.E.)*, 4
l' **équipe** (f.) *team*, 367
équipé(e) *equipped*, 8
l' **équitation** (f.) *horseback riding*, 5
l' **équivalent** (m.) *equivalent*, 9
l' **escalade** (f.) *rock-climbing*, 5
l' **escale** (f.) *stopover, layover*, 10
l' **escalier** (m.) *staircase*, 8
les **escargots** (m.) *snails*, 1
l' **espace** (m.) *space*, 1
l' **Espagne** (f.) *Spain*, 10
l' **espagnol** (m.) *Spanish*, 4

espérer *to hope*, 4
l' **esprit** (m.) *mind*, 10
essayer *to try on*, 7; *to try*, 8
l' **est** (m.) *east*, 5
Est-ce que je peux...? *Can I…?*, 8
**Est-ce que tu aimes...
régulièrement?** *Do you like…
regularly?*, 2
Est-ce que tu fais du sport? *Do you
play sports?*, 5
Est-ce que tu joues à...? *Do you
play…?*, 5
**Est-ce que vous faites pension
complète?** *Are all meals included
with the room?*, 10
Est-ce que vous pouvez me dire...?
Can you tell me…?, 9
et *and*, 2
les **États-Unis** (m.) *United States*, 10
Et toi? *How about you?
(informal)*, 1
Et vous? *How about you?
(formal)*, 1
l' **étage** (m.) *floor*, 8
l' **étagère** (f.) *bookshelf*, 8
était *was*, 10
étaler *to spread*, 373
l' **étape** *stage (of a trip or race)*, 381
l' **état** (m.) *condition*, 8
l' **été** (m.) *summer*, 5
l' **été** (m.) **des indiens** *Indian
summer*, 3
ethnique *ethnic*, 7
étonnant(e) *surprising*, 380
l' **étranger(-ère)** *foreigner*, 376
être *to be*, 3
être dans les nuages
to daydream, 4
être en train de *to be in the process
of (doing something)*, 7
étroit(e) *tight*, 7
étudier *to study*, 2
eut *had (literary form of
avoir)*, 4
éviter *to avoid*, 371
l' **évolution** (f.) *evolution*, 375
exact(e) *exact, correct*, 4
Excellent(e)! *Excellent!*, 6
exceptionnel(le) *exceptional*, 8
excessivement *excessively*, 4
s'excuser (auprès de) *to excuse one's
self*, 376; *to apologize*, 377
Excusez-moi, je cherche...
Excuse-me, I am looking for…, 9
l' **exemple** (m.) *example*, 9
exercer *to practice (profession)*, 379
exister *to exist*, 370
exotique *exotic*, 8
expliquer *to explain*, 6
l' **extérieur** (m.) *outside of*, 8
l' **extinction** (f.) *extinction*, 7

la fabrication *manufacture,* 10
fabriquer *to make,* 7
face à *(when) faced with,* 376
facile *easy,* 4
faciliter *to facilitate,* 380
le facteur *mail carrier,* 9
faire *to do, to make,* 2; **se fait**
remarquer *make him/herself*
noticed, 379; **se font** *are made,* 6
faire (la France) *to visit*
(France), 10
faire du sport *to play sports,* 2
faire escale à *to make a stopover,*
layover, 10
faire la cuisine *to cook,* 8
faire la fête *to party,* 2
faire la gymnastique *to do*
gymnastics, 3
faire la lessive *to do the laundry,* 8
faire la queue *to stand in line,* 10
faire la vaisselle *to do the dishes,* 8
faire le tour *to look around,* 381
faire les magasins *to go*
shopping, 2
faire les valises *to pack the bags,* 10
faire partie de *to be a member of,*
to be part of, 1
faire sauter *to flip,* 372
faire son lit *to make one's bed,* 8
faire sur mesure *to custom fit,* 7
faire un pique-nique *to go on a*
picnic, 2
faire un voyage *to take a trip,* 10
fait construire *orders the*
construction of, 1
la famille *family,* 3
la famille d'accueil *host family,* 8
le far breton *traditional Breton*
cake, 5
la farine *flour,* 373
fascinant(e) *fascinating,* 4
le fauteuil *armchair,* 8
faux/fausse *false,* 4
les favoris (m.) *favorites (computer),* 1
la femme *wife,* 3; *woman,* 7
la fenêtre *window,* 1
la ferme *farm,* 8
fermer *to close,* 1
Fermez vos cahiers. *Close your*
notebooks., 1
le festival *festival,* 3
la fête *party,* 2
le feu *traffic light,* 9
la feuille de papier *sheet of paper,* 4
février *February,* 5
la fierté *pride,* 379
la figurine *figurine,* 9
la fille *girl,* 1; *daughter,* 3

la fille unique *only daughter,* 3
le film *film, movie,* 2
le fils *son,* 3
le fils unique *only son,* 3
la fin *end,* 369
finalement *finally,* 9
finir *to finish,* 6
le flamant rose *flamingo,* 9
fleuri(e) *flowered,* 8
le fleuriste *flower shop,* 9
le fleuve *river,* 7
la fois *time,* 8
fois par... *times per...,* 8
foncé(e) *dark,* 4
fond en larmes *burst into tears,* 377
fondre *to melt,* 373
la fontaine *fountain,* 1
la forêt *forest,* 2
la forme *shape,* 6
se former *to take shape,* 369
la formule *schedule,* 5
fort(e) *stout, strong,* 3
fortement *strongly,* 381
fortifié(e) *fortified,* 5
la fortune *fortune,* 380
le fou *madman,* 10
le foulard *scarf,* 7
la fourchette *fork,* 6
les fournitures (f.) **scolaires** *school*
supplies, 4
le français *French,* 2
franchement *honestly,* 7
Franchement, il/elle est un peu
tape-à-l'œil. *Honestly, it's*
a bit gaudy., 7
frapper *to hit,* 379
la fraternité *brotherhood,* 375
le frère *brother,* 3
friser *to border on,* 369
les frites (f.) *fries,* 2
le froid *cold,* 5
le fromage *cheese,* 6
le fromager (la fromagère) *cheese*
maker, 10
le front *forehead,* 369
les fruits (m.) **de mer** *seafood,* 5
fulminant(e) *bursting with,* 378

le gadget *gadget,* 2
gagner *to win,* 7
la galerie *gallery,* 1
la galette *cake,* 372
le gamin *kid,* 379
les gants (m.) *gloves,* 7

le garage *garage,* 8
garantir *to guarantee,* 372
le garçon *boy,* 1
la garde-robe *wardrobe,* 10
garder *to keep,* 377
le gardien *door-keeper,* 8
la gare *train station,* 10
la garniture *filling,* 6
la gastronomie *culinary custom*
or style, 1
le gâteau *cake,* 9
la gauche *left,* 8
la gaufre *waffle,* 372
le gaz *gas,* 8
géant(e) *gigantic,* 2
gêné *embarrassed,* 377
général *general,* 8
généreux(-euse) *generous,* 3
génial(e) *great,* 3
le genre *kind, sort,* 7
les gens (m.) *people,* 370
gentil(-le) *sweet,* 3
gentiment *nicely,* 376
la géographie *geography,* 4
le geste *gesture,* 1
le gestionnaire *managing*
company, 381
la glace *ice cream,* 2; *mirror,* 1
la glacière *ice cooler,* 7
le gladiateur *gladiator,* 2
la gloire *glory, pride,* 378
le golf *golf,* 5
la gomme *eraser,* 4
la gorge *throat,* 9; *gorge,* 9
goudronné(e) *paved,* 381
gourmand(e) *greedy,* 376
le goût *taste,* 371
le goûter *afternoon snack,* 6
goûter *to taste,* 376
la goutte *drop,* 376
grâce à *thanks to,* 375
la graine *seed,* 371
grand(e) *big, tall,* 3
la grande surface *superstore,* 7
grandir *to grow (up),* 6
la grand-mère *grandmother,* 3
le grand-parent *grandparent,* 3
le grand-père *grandfather,* 3
le granit *granite,* 5
gratuit(e) *free,* 1
la grenadine *pomegranate drink,* 6
grillé(e) *grilled,* 7
les griots (m.) *traveling poets/singers*
(Senegal), 374
gris(e) *gray,* 4
gros(se) *fat,* 3
grossir *to gain weight,* 6
la guerre *war,* 5
le guerrier *warrior,* 2
le guichet *window, counter,*
ticket office, 9
la guitare *guitar,* 5

habiller (s') *to dress,* 7
habitable *habitable,* 381
les habitant(e)s *inhabitants,* 5
l' habitation (f.) *residence,*
    dwelling, 8
habiter *to live,* 8
l' habitude (f.) *habits, customs,* 2
haïr *to hate,* 369
le hall (m.) *lobby,* 10
haut *high,* 8
hein *(at beginning of sentence)*
    hey, what?, 4
le héros *hero,* 6
l' **heure** (f.) *hour,* 4
heureusement *fortunately,* 5
heureux (-euse) *happy,* 5
hier *yesterday,* 7
l' **histoire** (f.) *history,* 4; *story,* 10
l' historien (m.) *historian,* 378
historique *historical,* 7
l' **hiver** (m.) *winter,* 5
le hockey *hockey,* 5
l' homme (m.) *man,* 7
l' homme (m.) d'affaires
    businessman, 378
homogène *homogeneous,* 373
l' **hôpital** (m.) *hospital,* 9
hoqueter *to hiccough,* 9
l' **horaire** (m.) *schedule,* 10
l' horreur (f.) *horror,* 369
horrible *horrible,* 7
les hors d'œuvre (m.) *dishes served*
    at beginning of meal, 6
hors-saison *off-season,* 5
l' **hôte** (m.) *steward,* 10
l' **hôtel** (m.) *hotel,* 10
l' **hôtesse** (f.) *stewardess,* 10
huit *eight,* 1
les humains (m.) *humans,* 370
l' hymne (f.) *hymn,* 375

ici *here,* 5
l' idée (f.) *idea,* 6
l' idéologie (f.) *ideology,* 375
il *he,* 1; **Il/Elle coûte combien,...?**
    How much does... cost?, 7; **Il/Elle**
    coûte... *It costs...,* 7; **Il/Elle**
    est brun(e) *He/She has brown*
    hair, 3; **Il/Elle est comment...?**
    How is...?, 3; **Il/Elle est horrible.**
    It's horrible., 7; **Il/Elle est très...**
    He/She is very..., 3; **Il/Elle me**

va,...? *How does... fit me?,* 7;
Il/Elle n'est ni... ni... *He/She*
is neither... nor..., 3; **Il/Elle**
s'appelle... *His/Her name*
is..., 1; **Il /Elle te plaît,...?**
Do you like...?, 7
Il est bon/Elle est bonne,...?
Is the... good?, 6
Il est deux heures dix. *It is ten*
past two., 4; **Il est deux heures**
et demie. *It is two thirty.,* 4;
Il est deux heures et quart.
It is a quarter past two., 4; **Il est**
deux heures. *It is two o'clock.,* 4;
Il est midi. *It is noon.,* 4; **Il est**
minuit. *It is midnight.,* 4; **Il est**
trois heures moins le quart.
It is quarter till three., 4; **Il est**
trois heures moins vingt. *It is*
twenty till three., 4; **Il est une**
heure. *It is one o'clock.,* 4
Il fait beau. *It's nice outside.,* 5
Il fait chaud. *It's hot.,* 5
Il fait froid. *It's cold.,* 5
Il fait mauvais. *It's bad weather.,* 5
il faut *it is necessary,* 8
Il me faut... *I need...,* 4
il fit *he made,* 10
Il ne put. *He couldn't.,* 10
Il neige. *It's snowing.,* 5
Il n'y en a pas. *There aren't any.,* 1
Il pleut. *It's raining.,* 5
il suffit de *it is enough to,* 371
il vaut mieux *it is better,* 381
il y a *there is/are,* 5
Il y a des nuages. *It's cloudy.,* 5
Il y a du soleil. *It's sunny.,* 5
Il y a du vent. *It's windy.,* 5
Il y a... dans la salle de classe?
Is there... in the classroom?, 1
Il y en a... *There are... of them.,* 1
Il/Elle ne te va pas du tout.
It doesn't suit you at all., 7
l' île (f.) *island,* 1
illuminé(e) *illuminated,* 369
ils *they (masc.),* 1
Ils/Elles sont comment,...? *What*
are... like?, 3
Ils/elles sont soldé(e)s à... *They are*
on sale for..., 7
l' image (f.) *picture,* 9
l' **immeuble** (m.) *apartment*
complex, 8
l' **imperméable** (m.) *raincoat,* 7
important(e) *important,* 7
importer *to import,* 9
imprimer *to print,* 1
inattentif(-tive) *inattentive,* 379
inconsciemment *unconsciously,* 10
incorporer *to incorporate,*
to add, 373
incroyable *incredible,* 8

l' indépendance (f.) *independence,* 5
indiquer *to point out,* 8
l' ingénierie (f.) *engineering,* 380
l' ingénieur (m.) *engineer,* 380
l' ingrédient (m.) *ingredient,* 373
l' instituteur (-trice) *teacher,* 378
l' instrument (m.) *instrument,* 7
l' industrie (f.) alimentaire *food*
industry, 10
l' **informatique** (f.) *computer*
science, 4
inonder *to soak,* 377
inoubliable *unforgettable,* 366
insister *to insist,* 376
insolite *novel, unusual,* 366
inspirer *to inspire,* 5
l' **instant** (m.) *moment,* 10
intégrer *to integrate,* 375
intelligent(e) *intelligent, smart,* 3
intéressant(e) *interesting,* 4
l' **intérêt** (m.) *interest,* 10
l' intérieur (m.) *interior,* 369
international(e) *international,* 3
l' **Internet** (m.) *Internet,* 2
l' intrigue (f.) *intrigue,* 1
intrigué(e) *intrigued,* 6
l' introduction (f.) *introduction,* 375
introduit(e) *introduced,* 6
l' invasion *invasion,* 5
inventer *to invent,* 9
l' inventeur (-trice) *inventor,* 378
investir *to invest,* 380
invincible *invincible,* 2
invité(e) *invited,* 6
l' **Italie** (f.) *Italy,* 10

J'adore... *I love...,* 2
J'aime bien... *I like...,* 2
J'aime mieux... *I like... better.,* 2
J'ai besoin de... *I need...,* 4
J'ai... ans. *I am... years old.,* 1
J'ai... et... *I have... and...,* 3
J'aimerais... *I would like...,* 6
jamais *never,* 2
le jambon *ham,* 6
janvier *January,* 5
le Japon (m.) *Japan,* 10
le jardin *yard, garden,* 8
le jardin à la française *classic*
French-style garden characterized
by flowerbeds in geometric
patterns, 5
jaune *yellow,* 4
le jazz *jazz,* 3
je *I,* 1
Je cherche... *I'm looking for...,* 4

Je fais du... *I wear a size...*, 7
Je fais... *I do...*, 5
Je joue... *I play...*, 5
Je le/la trouve... *I think he/she is...*, 3
Je m'appelle... *My name is...*, 1
Je monte vos bagages? *Shall I take your luggage up?*, 10
Je n'ai pas de... mais... *I don't have any... but...*, 3
Je n'arrive pas à me décider. *I can't decide.*, 7
Je ne comprends pas. *I don't understand.*, 1
Je ne fais rien. *I'm not doing anything.*, 5
Je ne joue pas... *I don't play...*, 5
Je ne sais pas quoi choisir. *I don't know what to choose/pick.*, 7
Je peux essayer...? *May I try on...?*, 7
Je peux vous aider? *May I help you?*, 7
Je peux vous montrer...? *May I show you...?*, 7
Je préfère... *I prefer...*, 2
Je te/vous présente... *Let me introduce you to...*, 1
Je te conseille de... *I advise you to...*, 10
Je trouve ça... *I think it's...*, 4
Je vais prendre... *I will have...*, 6
Je vais... *I am going to...*, 5
Je voudrais quelque chose pour... *I would like something for...*, 7
Je voudrais... *I would like...*, 6
Je vous recommande... *I recommend...*, 6
le jean *jeans*, 7
J'en ai... *I have... of them.*, 3
le jet d'eau *water jet*, 1
jeter *to throw*, 10
le jeu *game*, 2
le jeu vidéo *video game*, 5
le jeudi *Thursday*, 4
jeune *young*, 3
les jeunes *young people*, 375
J'habite dans un appartement. *I live in an apartment.*, 8
J'habite dans une maison. *I live in a house.*, 8
la joie *joy*, 379
le jogging *jogging*, 5
le jongleur *juggler*, 366
jouer *to play*, 2
jouer à des jeux vidéo *to play video games*, 5
jouer au base-ball *to play baseball*, 2
jouer au football *to play soccer*, 2
jouer aux cartes *to play cards*, 2
jouer aux échecs *to play chess*, 2
le jour *day*, 4

le jour de fête *holiday*, 7
le journal *newspaper*, 2
juillet *July*, 5
juin *June*, 5
les jumelles (f.) *binoculars*, 7
la jupe *skirt*, 7
le jus *juice*, 6
le jus de pomme *apple juice*, 6
le jus d'orange *orange juice*, 6
jusqu'à *until*, 9
Jusqu'à quelle heure...? *Until what time...?*, 10
juste *just*, 2

le kayak *kayaking*, 5
kitesurf, 5
la kora *traditional musical instrument of Senegal*, 7

là *here/there*, 8
la (l') *the*, 2
Là, c'est... *Here is...*, 8
le lac *lake*, 5
la laine *wool*, 7
laisser *to allow, to let*, 373
le lait *milk*, 6
le lait caillé *curdled milk*, 376
la lampe *lamp*, 8
lancer (se) *to throw (one's self)*, 4
la langoustine *prawn*, 5
la langue *language*, 366
large *loose*, 7
les larmes (f.) *tears*, 377
le lavabo *sink*, 8
la lavande *lavender*, 9
laver *to wash*, 8
laver la voiture *to wash the car*, 8
le lave-vaisselle *dishwasher*, 8
le (l') *the*, 2
le long de *all along*, 381
le lecteur de CD/DVD *CD/DVD player*, 1
la lecture *reading*, 1
la légende *legend*, 6
le légume *vegetable*, 6
les *the*, 2
la lessive *laundry*, 8
la lettre *letter*, 9
leur *their*, 3

leurs *their*, 3
lever *to raise*, 4
se lever *to get up*, 377
libérer *to liberate*, 5
la librairie *bookstore*, 9
libre *free*, 5
la limonade *lemon-lime soda*, 6
le lin *linen*, 7
le liquide *cash*, 10
lire *to read*, 2
le lit *bed*, 8
le lit double *double bed*, 10
le lit simple *single bed*, 10
le livre *book*, 1
loin de *far from*, 9
les loisirs (m.) *leisure activities*, 1
long(ue) *long*, 3
lorsque *when*, 379
la louche *ladle*, 373
louer *to rent*, 8
le lundi *Monday*, 4
la lune *moon*, 368
les lunettes (f.) **(de soleil)** *(sun)glasses*, 7
la lutte *wrestling*, 7
le lycée *high school*, 2

ma *my*, 3
machinalement *mechanically, automatically*, 10
le mackintosh *raincoat*, 10
madame (mme) *Mrs.*, 1
mademoiselle (mlle) *Miss*, 1
le magasin *shop, store*, 2
le magazine *magazine*, 2
magique *magic*, 2
magnifique *magnificent*, 5
mai *May*, 5
maigrir *to lose weight*, 6
le maillot de bain *swimsuit*, 7
la main *hand*, 372
maintenant *now*, 4
mais *but*, 2
la maison *house*, 8
la maison de couture *fashion house*, 7
la Maison des jeunes et de la culture (MJC) *recreation center*, 2
la maison d'hôte *bed and breakfast*, 381
la maison troglodyte *house built into a rock*, 5
le maître *master*, 10
mal *badly*, 2
la maladresse *clumsiness*, 377

Glossaire français–anglais

malheureusement *unfortunately*, 370
la malle *trunk*, 10
le mandat *money order*, 9
manger *to eat*, 2
la mangrove *swamp*, 7
manquer *to miss*, 10
le manteau *coat*, 7
le manuel *textbook*, 369
le marchand *merchant*, 372
la marchandise *merchandise*, 380
le marché *open air market*, 9
marcher *to walk*, 10
le mardi *Tuesday*, 4
les marées (f.) *tides*, 5
le mari *husband*, 3
marin(e) *marine*, 5
mariné(e) *marinated*, 7
le Maroc (m.) *Morocco*, 10
la maroquinerie *leather goods*, 7
marrant(e) *funny*, 3
marron *brown(-eyed)*, 3
mars *March*, 5
le masque de plongée *diving mask*, 7
le match *game*, 1
le matériel *material*, 8
les mathématiques (maths) (f.) *mathematics (math)*, 2
la matière *school subject*, 4
le matin *morning*, 4
mauvais *bad*, 5
le mauvais goût *bad taste*, 371
les mauvais tours (m.) *bad tricks*, 370
le mbalax *style of Senegalese music*, 374
méchant(e) *mean*, 3
mécontent(e) *displeased*, 4
le médicament *medicine*, 9
médecine *medicine*, 9
médiéval(e) *Medieval*, 9
meilleur(e) *better*, 7; *best*, 9
mélanger *to mix, blend*, 7
mêler *to mix*, 376
même *even*, 9
menacé(e) *threatened*, 7
mentalement *mentally*, 369
la menthe *mint*, 6
mentionné(e) *mentioned*, 9
le menu à prix fixe *fixed-price menu*, 6
la mer *sea*, 5
Merci. *Thank you.*, 1
le mercredi *Wednesday*, 4
la mère *mother*, 3
mes *my*, 3
le métier *trade, profession*, 10
le métro *subway*, 9
mettre *to set*, 6; *to put (on), to wear*, 7
mettre la table *to set the table*, 8
mettre le couvert *to set the table*, 6

meublé(e) *furnished*, 8
le micro-organisme *micro-organism*, 7
midi *noon*, 4
mignon(ne) *cute*, 3
la migration *migration*, 7
le mille-feuille *layered French pastry*, 1
le millimètre *millimeter*, 9
le mime *mime*, 366
mince *thin*, 3
minuit *midnight*, 4
le miracle *miracle*, 369
mis par dessus *worn over*, 7
le mobile *cell phone*, 4
la mode *fashion*, 7
moderne *modern*, 2
modeste *modest*, 10
moi *me*, 2
Moi aussi. *Me, too.*, 2
Moi non plus. *Me neither.*, 2
Moi si. *I do.*, 2
Moi, j'aime... Et toi? *I like... And you?*, 2
Moi, je n'aime pas... *I don't like...*, 2
le moine *monk*, 10
moins *minus*, 4
le mois *month*, 5; **le mois dernier** *last month*, 7
mon *my*, 3
le monde *world*, 10
la monnaie *change (coins)*, 9
monsieur (m.) *Mr.*, 1
la montagne *mountain(s)*, 5
la montagne russe *roller coaster*, 2
monter *to go up*, 8
la montgolfière *hot air balloon*, 3
la montre *watch*, 7
montrer *to point to*, 379
le morceau *piece*, 7
la mort *death*, 376
mort(e) *died*, 378
la mosquée *mosque*, 7
le mot *word*, 10
le motif *theme*, 1
la moto *motor bike*, 7
mourir *to die*, 8
le moussor *traditional scarf worn on the head in Africa*, 7
le mouvement *movement*, 375
le moyen *means, way*, 371
le Moyen Âge *Middle Ages*, 5
le MP3 *MP3*, 2
municipal *municipal, of the local government*, 1
murmurer *to murmur, whisper*, 10
le musée *museum*, 5
la musique *music*, 2
mystérieux (-se) *mysterious*, 5

nager *to swim*, 2
naître *to be born*, 8
la nappe *table cloth*, 6
le narrateur *narrator*, 9
la natation synchronisée *synchronized swimming*, 367
national(e) *national*, 7
nature *natural, plain*, 6
né(e) *born*, 6
ne... jamais *never*, 8
ne... pas *not*, 1
ne... pas encore *not yet*, 8
ne... personne *no one*, 8
ne... plus *no longer*, 8
ne... que *only*, 8, 10
ne... rien *nothing*, 8
négociable *negotiable*, 8
la neige *snow*, 5
neiger *to snow*, 5
nettoyer *to clean*, 8
neuf *nine*, 1; *new*, 8
le neveu *nephew*, 3
le nez *nose*, 3
la nièce *niece*, 3
la noix de beurre *pat of butter*, 373
le Noël *Christmas*, 10
noir(e) *black*, 3
le nom *name*, 7
nombreux (nombreuse) *numerous*, 7
non *no*, 2
Non, ça ne me dit rien. *No, I don't feel like it.*, 5
Non, ça va. *No, I am fine.*, 6
Non, il est mauvais. *No, it's bad.*, 6
Non, il n'y a pas de... *No, there is no...*, 1
Non, je déteste... *No, I hate...*, 2
Non, je n'ai plus faim/soif. *No, I'm not hungry/thirsty any more.*, 6
Non, je n'aime pas... *No, I don't like...*, 2
Non, je ne fais pas de sport. *No, I don't play sports.*, 5
Non, je regrette. *No, I'm sorry.*, 9
Non, je suis fils/fille unique. *No, I'm an only child.*, 3
Non, merci, je regarde. *No thank you, I'm just looking.*, 7
Non, merci. *No, thank you.*, 6
Non, pas très bien. *No, not too well.*, 1
Non, tu dois... *No, you have to...*, 8
non-fumeur *non-smoking*, 10
le nord *North*, 3
normand(e) *from Normandy*, 5
nos *our*, 3

la note *grade*, 369
notre *our*, 3
N'oublie pas... *Don't forget...*, 10
la nourriture *food*, 376
nous *we*, 1
Nous sommes... *There are... of us.*, 3; *Today is...*, 4
nouveau/nouvelle *new*, 3
novembre *November*, 5
le nuage *cloud*, 5
la nuit *night*, 10
le numéro *number*, 4
le numéro de téléphone *phone number*, 4

l' objet (m.) *object*, 7
obsédé(e) *obsessed*, 371
obtenir *to obtain*, 7
occidental(e) *western*, 7
octobre *October*, 5
l' œuf (m.) *egg*, 6
l' œuf (m.) (sur le plat) *fried egg*, 373
l' œuvre (m.) *(artist's) work*, 9
offrir *to offer*, 5
l' oignon (m.) *onion*, 6
l' oiseau (m.) *bird*, 5
l' omelette (f.) *omelet*, 6
on *one/we*, 1
On a... *We have...*, 6
On fait...? *Shall we do...?*, 5
On pourrait... *We could...*, 5
On va...? *How about going to...?*, 5
l' oncle (m.) *uncle*, 3
l' onomatopée (f.) *onomatopoeia*, 9
onze *eleven*, 1
l' opéra (m.) *opera*, 5
l' or (m.) *gold*, 7
orale *oral*, 374
orange *orange*, 4
l' orange (f.) *orange*, 6
l' oranger (m.) *orange tree*, 1
l' ordinateur (m.) *computer*, 1
l' oreille (f.) *ear*, 3
organiser *to organize*, 5
l' origine (f.) *origin*, 6
ornithologique *ornithological*, 7
l' osier (m.) *willow, wicker*, 7
ôter *to remove, take away*, 370
l' otarie (f.) *sea-lion*, 2
ou *or*, 2
où *where*, 5
Où ça? *Where?*, 5
Où est...? *Where is...?*, 8
Où se trouve...? *Where is...?*, 8
oublier *to forget*, 10

l' ouest *west*, 7
oui *yes*, 1
Oui, ça va. Merci. *Yes, fine. Thank you.*, 1
Oui, il/elle te va très bien. *Yes, it fits you very well.*, 7
Oui, il y a... *Yes, there is/are...*, 1
Oui, j'aime... *Yes, I like...*, 2
Oui, je veux bien. *Yes, I would indeed.*, 6
Oui, s'il te plaît. *Yes, please.*, 6
Oui, s'il vous plaît. *Yes, please.*, 6
les outils (m.) *tools (computer)*, 1
Ouvrez vos livres à la page... *Open your books to page...*, 1
ouvert(e) *open*, 5
ouvrier(-ière) *working (class)*, 368
ouvrir *to open*, 1

la page *page*, 1
le pagne *traditional African cloth worn as a garment*, 7
la paille *straw*, 8
le pain *bread*, 6
les pains (m.) du singe *fruit of the baobab tree*, 7
le palais *palace*, 9
les palmes (f.) *flippers*, 7
le pamplemousse *grapefruit*, 6
paniquer *to panic*, 373
le pansement *bandage*, 9
le pantalon *pair of pants*, 7
la panthère *panther*, 7
le pape *Pope*, 9
la papeterie *stationary store*, 9
le papier *paper*, 4
par *by*, 10
le parachutisme *parachuting*, 5
le parapente *paragliding*, 5
le parapluie *umbrella*, 7
le parc *park*, 2
le parcours *route, journey*, 381
par-dessus *over*, 7
pardon *excuse-me*, 9
Pardon, savez-vous où est...? *Excuse-me, do you know where... is?*, 9
le pare-chocs *bumper*, 9
le parent *parent*, 3
paresseux(-euse) *lazy*, 3
parfait(e) *perfect*, 8
la parfumerie *perfumery*, 9
le parking *parking*, 10
parler *to speak*, 2
parmi *among*, 9
la parole *words, lyrics*, 9

partager *to share*, 8
participer *to participate*, 7
le particulier *owner*, 8
particulier (-ière) *special*, 380
la partie *part*, 380
partir *to leave*, 8
partir à pied *to go for a walk*, 3
partout *everywhere*, 9
paru *appeared*, 369
Pas bon(ne) du tout ! *Not good at all!*, 6
pas du tout *not at all*, 7
pas encore *not yet*, 8
Pas grand-chose. *Not much.*, 5
Pas mal. *Not bad.*, 1
Pas mauvais. *Not bad.*, 6
Pas moi. *Not me., I don't.*, 2
Pas question! *Out of the question!*, 8
pas tant de manières *don't put on airs*, 4
le passager *passenger*, 10
le passeport *passport*, 10
passer (à un endroit) *to stop by, to pass*, 9; *to spend (time)*, 368
passer l'aspirateur *to vacuum*, 8
se passer *to take place*, 369
le passe-temps *pastime*, 5
la pâte *crust*, 6; *dough*, 373
paternel(le) *paternal, fatherly*, 379
les pâtes (f.) *pasta*, 6
le patin à glace *ice-skating*, 5
la patinoire *ice-skating rink*, 5
les pâtisseries (f.) *pastries*, 1
pauvre *poor*, 371
pauvre ami(e) *poor thing*, 4
payer *to pay*, 8
payer avec une carte *to pay with a credit card*, 10
payer en liquide *to pay cash*, 10
payer par chèque *to pay by check*, 10
le pays *country*, 375
les Pays-Bas (m.) *Netherlands*, 10
le paysage *landscape, scenery*, 5
la pêche *fishing*, 7
la pêche blanche *Inuit/Amerindian sport of fishing on frozen rivers and lakes*, 3
le pêcheur *fisherman*, 7
pédestre *on foot*, 5
peint *painted*, 9
le peintre *painter*, 9
la peinture *painting*, 7
le pèlerin *pilgrim*, 7
la pelouse *lawn*, 8
pendant *during*, 2
pénible *tiresome, difficult*, 3
la péniche *barge*, 381
penser *to think*, 3
la pension complète *full-board*, 10
perdre *to lose*, 4
le père *father*, 3

rien *nothing,* 5
Rien de spécial. *Nothing special.,* 5
rigoler *to have fun,* 371
le riz *rice,* 6
la robe *dress,* 7
le rocher *rock,* 3
le roi *king,* 1
le rôle *role,* 9
le roller *roller-blading,* 5
le roman *novel,* 2
le romancier (-ière) *novelist,* 378
rose *pink,* 4
rôti *roasted,* 2
rouge *red,* 4
roux/rousse *red-head(ed),* 3
royal(e) *royal,* 362
la rue *street,* 9
ruiné(e) *ruined,* 380
la Russie *Russia,* 10
le rythme *rhythm,* 7

sa *his/her,* 3
le sabar *traditional Senegalese musical instrument,* 374
le sac *bag,* 6
le sac (à dos) *backpack,* 4
le sac (à main) *purse,* 7
le sac de voyage *traveling bag,* 10
sage *well-behaved,* 379
saignant *rare,* 6
saisir *seize,* 8
la saison *season,* 5
la salade *salad,* 6
salé *salty,* 372
la salle *room,* 8
la salle à manger *dining room,* 8
la salle de bain *bathroom,* 8
la salle de classe *classroom,* 1
la salle d'eau *showers,* 8
le salon *living room,* 8
Salut. *Hi., Goodbye.,* 1
le samedi *Saturday,* 4
les sandales (f.) *sandals,* 7
le sandwich *sandwich,* 6
le sanglier *wild boar,* 364
sans *without,* 10
sans doute *without a doubt,* 374
le santon *small clay statues that decorate nativity scenes,* 10
le saucisson *salami,* 6
sauf *except (for),* 6
sauté *sauteed,* 373
sauter *jump, flip,* 372

sauvage *wild,* 9
sauver *to save,* 6
Savais-tu que…? *Did you know…?,* 1
Savez-vous...? *Do you know…?,* 9
savoir *to know (facts), to know how,* 9
la scène *scene,* 7; *stage,* 367
scolaire *scholastic,* 4
se dit-il *he says to himself,* 10
se fait remarquer *make him/herself noticed,* 379
se font *are made,* 6
le sèche-cheveux *hair-dryer,* 10
le secret *secret,* 378
seize *sixteen,* 1
le séjour *stay,* 5; *lounge,* 8
le sel *salt,* 6
selon *according to,* 372
la semaine *week,* 4
la semaine dernière *last week,* 7
le sentiment *feeling,* 9
sentir (se) *to feel,* 10
séparé(e) *separated,* 8
sept *seven,* 1
septembre *September,* 5
sera (il/elle/on) *will be,* 371
serez (vous) *will be,* 371
la série *series,* 378
sérieux(-euse) *serious,* 3
serré(e) *tight,* 7
sert *serves,* 8
le service *service,* 6; Le service est compris? *Is the tip included?,* 6
la serviette *napkin,* 6
servir *to serve,* 6
ses *his/her,* 3
le seuil *threshold,* 371
seul(e) *only one,* 6
seulement *only,* 6
le short *a pair of shorts,* 4
si l'on en croit *if one believes,* 6
Si tu veux. *If you want.,* 5
Si vous voulez. *If you want.,* 5
le siècle *century,* 10
le siège *siege,* 6
le siège social *international headquarters,* 366
s'il te plaît *please,* 6
s'il vous plaît *please,* 1, 6
Silence! *Quiet!,* 1
simple *simple,* 6
le sirop *syrup,* 6
le sirop d'érable *maple syrup,* 3
le sirop de menthe *mint syrup,* 6
situé(e) *situated,* 8
six *six,* 1
le skate(board) *skateboarding,* 5
le ski/les skis *skiing, skis,* 5

le ski de randonnée *cross-country skiing,* 5
le SMS *instant message,* 2
le snowboard *snowboarding,* 5
la sœur *sister,* 3
le sofa *couch,* 8
la soie *silk,* 7
soigneusement *carefully,* 10
le soir *evening,* 4
soixante *sixty,* 4
soixante et onze *seventy-one,* 4
soixante-dix *seventy,* 4
soixante-douze *seventy-two,* 4
le solde *sale,* 7
le soleil *sun,* 5
la solidarité *solidarity,* 375
son *his/her,* 3
la sortie *dismissal,* 4
sortir *to go out,* 2; **sortir la poubelle** *to take out the trash,* 8
soudain *suddenly,* 379
souhaiter *to wish,* 5
le soupir *sigh, gasp,* 377
le sourcil *eyebrow,* 369
sous *under,* 8
sous-terre *underground,* 6
le souterrain *underground passage,* 6
souterrain(e) *underground,* 370
le souvenir *memory,* 369
souvent *often,* 2
les souwères *Senegalese paintings under glass,* 7
la spatule *spatula,* 373
spécialisé *specialized,* 372
le spectacle *performance,* 9
le spectateur *spectator,* 366
le sport *sports,* 2
sportif(-ive) *athletic,* 3
le stade *stadium,* 2
le stage *camp,* 5
la station de métro *subway station,* 9
la station touristique *tourist resort,* 8
la statuette *small statue,* 10
le steak *steak,* 6
stopper *to stop,* 9
stupéfait *stunned,* 379
le styliste *stylist, designer,* 7
le stylo *pen,* 4
su *knew (past participle of* **savoir***),* 379
le sucre *sugar,* 373
le sucre en poudre *powdered sugar,* 373
sucré(e) *sweet,* 373
le sud *south,* 7
Suffit. *Enough.,* 4
suivant *forward (computer),* 1
suivi *followed,* 375
la superficie *surface area,* 369

le supermarché *supermarket*, 9
la superstition *superstition*, 372
sur *on*, 8
le surf *snowboarding, surfing*, 5
la surface habitable *living space*, 8
surfer *to surf*, 2
surfer sur Internet *surf the Net*, 2
surnommé(e) *nicknamed*, 1
supris(e) *surprised*, 377
sursautant *starting, jumping*, 4
surtout *above all*, 6
survoler *to fly over*, 367
le sweat-shirt *sweat-shirt*, 4
le symbole *symbol*, 6
sympathique *nice*, 3
le système *system*, 10

ta *your (informal)*, 3
la table *table*, 1
la table basse *coffee table*, 8
la table de nuit *night stand*, 8
le tableau *board*, 1; *painting*, 8
le tableau d'affichage *information board*, 10
le tableau noir *blackboard*, 379
la taille *clothing size*, 7
le taille-crayon *pencil sharpener*, 4
le tailleur *woman's suit, tailor*, 7
tandis que *while*, 379
la tante *aunt*, 3
tape-à-l'œil *gaudy*, 7
le tapis *rug*, 8
la tapisserie *tapestry*, 5
le tarif *fee*, 10
le tarif réduit *reduced rate, discount*, 10
la tarte *pie*, 6
la tarte aux fruits *fruit tart/pie*, 6
la tarte tatin *upside-down apple tart*, 6
la tarte tropézienne *cream cake from Saint-Tropez*, 9
la tartine *bread with butter or jam*, 6
la tasse *cup*, 6
le taureau *bull*, 9
le taxi *taxi*, 9
le technicien *technician*, 9
la technique *technique*, 7
la technologie *technology*, 2
le tee-shirt *T-shirt*, 4
la télé(vision) *television*, 1
le téléphone *telephone*, 4
téléphoner (à des amis) *to call (friends)*, 2; téléphoner (se) *to call each other*, 2
tellement *so (much)*, 369
le temps *time*, 5; *weather*, 5

le temps libre *free time*, 5
tenir *to hold*, 372
le tennis *tennis*, 5
la tente *tent*, 7
tenir *to hold*, 379
la terminal *terminal*, 10
terminer (se) *to end*, 5
le terrain de jeux *playing field*, 7
la terrasse *terrace*, 8
la terre *earth, land*, 5; *ground*, 7
la terre cuite *clay*, 10
le territoire *territory*, 370
tes *your (informal)*, 3
la tête *head*, 3
têtu(e) *stubborn*, 9
le texto *instant message*, 2
le thaumaturge *worker of miracles*, 369
le théâtre *drama*, 5; *theater*, 5
le thème *theme*, 376
le ticket *ticket*, 9
la tieboudienne *traditional dish of Senegal*, 7
Tiens. *Here.*, 4
le timbre *stamp*, 9
timide *shy*, 3
la tintamarre *racket, noise*, 9
le tissu *fabric*, 7
le titre *title*, 6
le toast *toast*, 6
toi *you*, 2
les toilettes (f.) *restroom*, 8
le toit *roof*, 8
la tomate *tomato*, 373
tomber *to fall*, 8
ton *your (informal)*, 3
tondre (la pelouse) *to mow (the lawn)*, 8
la tonnerre *thunder*, 2
la tortue *tortoise*, 9
toucher *to touch*, 7
toujours *always*, 7
la tour *tower*, 1
le tour *trick*, 371
le tour du monde *around the world*, 10
le tourisme *tourism*, 381
le touriste (la touriste) *tourist*, 9
tourner *to turn*, 9
Tournez au/à la prochain(e)... *Turn at the next...*, 9
le tournoi *tournament*, 1
la tourtière *minced meat pie that is a Quebec specialty*, 3
tous les jours *every day*, 8
toussoter *cough*, 9
tout(e) *all, whole*, 3
tout à fait *totally, absolutely*, 7
tout de suite *right away*, 6
tout droit *straight ahead*, 9
tout le monde *everyone*, 4
toute la journée *all day*, 2
toute la nuit *all night*, 10

la toute-puissance *omnipotence*, 379
la toux *cough*, 9
la tradition *tradition*, 374
traditionnel(le) *traditional*, 7
le train *train*, 10
le train fantôme *ghost train*, 2
le traîneaux à chiens *dog-sledding*, 3
tranquille *quiet, tranquil*, 10
transformé(e) *transformed*, 381
le transformateur *transformer*, 10
transmettre *to transmit*, 374
travailler *to work*, 2
traverser *to cross*, 9
Traversez... *Cross...*, 9
treize *thirteen*, 1
trente *thirty*, 1
trente et un *thirty-one*, 4
très *very*, 1
Très bien. *Very well.*, 1
très mal *very badly*, 2
tricoter *to knit*, 369; se tricotèrent serré *to knit together*, 369
trois *three*, 1
troisième *third (largest)*, 7
le tronc *trunk*, 7
trop *too*, 370
troublé(e) *troubled*, 10
la trousse *pencil case*, 4
la trousse de toilette *vanity case*, 10
trouver *to find, to think*, 3
trouver (se) *to be located*, 8
le truc *thing*, 1; *trick*, 373
tu *you*, 1
Tu aimes...? *Do you like...?*, 2
Tu as combien de...? *How many... do you have?*, 3
Tu as des frères et des sœurs? *Do you have brothers and sisters?*, 3
Tu as envie de...? *Do you feel like...?*, 5
Tu as intérêt à... *You'd better...*, 10
Tu as quel âge ? *How old are you?*, 1
Tu as quel cours...? *What class do you have...?*, 4
Tu as... à me prêter? *Do you have... to lend me?*, 4
Tu... bien? *Do you... well?*, 2
Tu devrais... *You should...*, 10
Tu es d'accord si...? *Is it all right with you if...?*, 8
Tu ne peux pas partir sans... *You can't leave without...*, 10
la Tunisie *Tunisia*, 10
Tu pourrais me prêter...? *Could you lend me...?*, 4
Tu préfères... ou...? *Do you prefer... or...?*, 2
Tu reprends...? *Do you want more...?*, 6
Tu vas faire quoi...? *What are you going to do...?*, 5

Tu veux...? *Do you want to…?*, 5;
  Do you want…?, 6
Tu viens...? *Do you want
  to come to…?*, 5
le tuba *snorkel*, 7
la tunique *tunic*, 7
le turc *Turk*, 6
  typique *typical*, 7
  typiquement *typically*, 6

un/une *one*, 1
un peu trop... *a little bit too…*, 7
unique *only*, 3; *unique*, 5
l' ustensil (m.) *utensil*, 373
  utiliser *to use*, 8

les vacances (f.) *vacation*, 2
la vache *cow*, 5
  vaincu(e)(s) *defeated*, 6
  valeureux *brave, valiant*, 6
la vaisselle *dishes*, 8
la valise *suitcase*, 10
la vallée *valley*, 5
  valoir mieux *to be better*, 381
la vannerie *artistic technique
  using wicker*, 7
la variante *variant*, 6
la variété *variety*, 5
  vaste *large*, 1
  vaut mieux *is better*, 381
  véhiculé *carried*, 374
le vélo *biking, bike*, 5
le vélo de course *racing bike*, 381
le vélo tout terrain (VTT) *mountain
  bike*, 7
vendre *to sell*, 4
le vendredi *Friday*, 4
  venir *to come*, 5
  venir de *to have just done
  something*, 5
le vent *wind*, 5

le verbe *verb*, 4
le verre *glass*, 6
  vers *towards*, 377
  verser *to pour*, 371
  vert(e) *green*, 3
la veste *jacket*, 7
les vêtements (m.) *clothes*, 7
le viaduc *viaduct*, 9
  victorieux(-se) *victorious*, 1
la vidéo amateur *amateur
  film-making*, 5
  vider (le lave-vaisselle) *to empty
  (the dish-washer)*, 8
la vie *life*, 7
  viennois(e) *from Vienna*, 6
  vieux/vieille *old*, 3
le village *village*, 8
le village perché *perched village,
  village set on a hill*, 9
les villageois(-oises) *villagers*, 376
la ville *city*, 9
  vingt *twenty*, 1
  vingt et un/vingt et une
    twenty-one, 1
  vingt-cinq *twenty-five*, 1
  vingt-deux *twenty-two*, 1
  vingt-huit *twenty-eight*, 1
  vingt-neuf *twenty-nine*, 1
  vingt-quatre *twenty-four*, 1
  vingt-sept *twenty-seven*, 1
  vingt-six *twenty-six*, 1
  vingt-trois *twenty-three*, 1
  violet(te) *purple*, 4
le visa *visa*, 10
le visage *face*, 369
le visiteur *visitor*, 1
  vite *quickly*, 1
la vitesse *speed*, 5
  Vive…! *Long live…!*, 5
  vivre *to live*, 7
la voie *track*, 10
  voilà *here is…*, 3; *Here.*, 4
la voile *sailing*, 5
le voilier *sailboat*, 5
  voir *to see*, 9
la voiture (de sport) *(sports) car*, 2
la voix *voice*, 9
le vol *flight*, 10
  voler *to fly*, 2; *to steal*, 371
le volet *shutter*, 3
le volley *volleyball*, 5
  vos *your*, 3
  votre *your*, 3
  vouloir *to want*, 6
  vouloir dire *to mean*, 10

vous *you*, 1
Vous avez décidé? *Have you
  decided?*, 7
Vous avez... en...? *Do you have…
  in…?*, 7
Vous désirez autre chose? *Would
  you like anything else?*, 6
Vous devriez... *You should…*, 10
**Vous êtes combien dans ta
  famille?** *How many are you
  in your family?*, 3
  vous n'y êtes pas *you aren't
  serious*, 4
Vous voulez...? *Do you want…?*, 6
le voyage *trip*, 10
  voyager *to travel*, 4
  vrai(e) *true*, 4
la vue *view*, 10

le wagon *car (in a train)*, 10
le wagon-restaurant *buffet car*, 10
le week-end *weekend*, 4
le wolof *Wolof (language spoken
  in Senegal)*, 7

y *there*, 6; **Il y a** *There is/There are*,
  Il n'y a pas de *There is not a/
  aren't any…*, 1; **Il y en a...**
  There are...of them, 1; **Il n'y en
  a pas.** *There aren't any
  (of them).*, 1
les yeux (m.) *eyes*, 3

zéro *zero*, 1
le zoo *zoo*, 5

Glossaire anglais–français

This vocabulary includes all of the words presented into the **Vocabulaire** sections of the chapters. These words are considered active—you are expected to know them and be able to use them. French nouns are listed with the definite article and the plural forms if it is irregular, Expressions are listed under the English word you would most likely to look up. The number after each entry refers to the chapter in which the word or phrase is introduced.

To be sure you are using French words and phrases in their correct context, refer to the chapters listed. You may also want to look up French phrases in the Liste d'expressions, pages R13–R17.

a *un, une,* 1
about; how about you *Et, toi? Et, vous?,* 1
a little bit too… *un peu trop…,* 7
a lot *beaucoup,* 4; **I like it a lot** *Ça me plaît beaucoup.,* 4
access *l'accès* (m.), 1
accessory *l'accessoire* (m.), 7
according to me *d'après moi,* 3
across from *en face de,* 8
activity *l'activité* (f.), 2
to **address** *s'adresser,* 9
to **advise** *conseiller,* 6; **I advise you to…** *Je te conseille de…,* 10
aerobics *l'aérobic* (f.), 5
after *après,* 9
afternoon *l'après-midi* (m.), 4
age *l'âge* (m.), 1
air conditioning *la climatisation,* 10
airport *l'aéroport* (m.), 10
all night *toute la nuit,* 10
always *toujours,* 8
amateur film-making *la vidéo amateur,* 5
American *américain,* 6
and *et,* 2
animal(s) *l'animal, les animaux* (m.), 2
to **answer** *répondre (à),* 4
apartment *l'appartement* (m.), 8;
apple *la pomme,* 6; **apple juice** *le jus de pomme,* 6
April *avril* (m.), 5
armchair *le fauteuil,* 8
arrival *l'arrivée* (f.), 10
to **ask (for)** *demander,* 1; **Ask…** *Adressez-vous…,* 9

athletic *sportif, sportive,* 3
ATM *le distributeur d'argent/ de billets,* 9
August *août* (m.), 5
aunt *la tante,* 3
available (for) *disponible (pour),* 10

backpack *le sac (à dos),* 4
bacon *le bacon,* 6
bad *mauvais, mauvaise,* 5; **badly** *mal,* 2
baggage locker *la consigne,* 10
balcony *le balcon,* 8
ball *la balle,* 2; **ball (inflatable)** *le ballon,* 2
banana *la banane,* 6
bandage *le pansement,* 9
bank *la banque,* 9
bank card *la carte bancaire,* 9
baseball *le base-ball,* 2
basketball *le basket(ball),* 5
bat *la batte,* 2
bathroom *la salle de bain,* 8
to **be** *être,* 3; **be able** *pouvoir,* 8; **be born** *naître,* 8; **be cold** *avoir froid,* 5; **be hot** *avoir chaud,* 5; **be hungry** *avoir faim,* 5; **be in one's best interest** *avoir intérêt à,* 10; **be located** *trouver (se),* 8; **be named** *appeler (s'),* 1; **be sorry** *regretter,* 9; **be thirsty** *avoir soif,* 5
beach *la plage,* 5
beautiful *beau, belle,* 3
because *parce que,* 4

to **become** *devenir,* 8
bed *le lit,* 8; **single bed** *le lit simple,* 10; **double bed** *le lit double,* 10
bedroom *la chambre,* 8
to **begin** *commencer,* 4
behind *derrière,* 9
belt *la ceinture,* 7
between *entre,* 9;
big *grand, grande,* 3
bike *le vélo,* 5; **by bicycle** *à vélo,* 9
bill *l'addition* (f.), 6; **bill (money)** *le billet,* 9
binder *le classeur,* 4
binoculars *les jumelles* (f.), 7
black *noir, noire,* 3
blond *blond, blonde,* 3
blue *bleu, bleue,* 3
board *le tableau,* 1
boarding gate *la porte d'embarquement,* 10; **boarding pass** *la carte d'embarquement,* 10
book *le livre,* 1; **bookshelf** *l'étagère* (f.), 8; **bookstore** *la librairie,* 9
booked, *complet,* 10
boots *bottes,* 7
boring *ennuyeux, ennuyeuse,* 4
bowl *le bol,* 6
boy *le garçon,* 1
bouquet *le bouquet,* 9
bracelet *le bracelet,* 7
bread *le pain,* 6; **bread with butter and jam** *la tartine,* 6
break *la récréation,* 4
breakfast *le petit-déjeuner,* 6
bridge *le pont,* 5
to **bring someone along** *amener,* 4
brother *le frère,* 3; **step brother** *le demi-frère,* 3; **half brother** *le demi-frère,* 3

brown(-eyed) *marron*, 3;
brown(-haired) *brun, brune*, 3;
light brown(-haired)
châtain(s), 3
buffet car *le wagon-restaurant*, 10
building *l'immeuble* (m.), 8
bus *le bus*, 9; **bus stop** *l'arrêt de bus* (m.), 9; **by bus** *en bus*, 9
busy *occupé(e)*, 5; **I'm too busy.**
Je suis trop occupé(e), 5
but *mais*, 2
butter *le beurre*, 6
to **buy** *acheter*, 4
by *par*, 9

cabinet *le placard*, 8
café *le café*, 2
calculator *la calculatrice*, 4
to **call (oneself)** *appeler (s')*, 10
to **call (friends)** *téléphoner (à des amis)*, 2; **calling card** *la carte téléphonique*, 9
camera (digital) *l'appareil photo (numérique)* (m.), 5
can, be able to *pouvoir*, 8; **Can I…?** *Est-ce que je peux...?*, 8; **Can you tell me…?** *Est-ce que vous pouvez me dire...?*, 9
to **cancel** *annuler*, 10
cap *la casquette*, 7
car *la voiture*, 2; **sports car** *la voiture de sport*, 2; **by car** *en voiture*, 9
car (in a train) *le wagon*, 10
card(s) *la carte*, 2; **credit card** *la carte de crédit*, 9
cash *le liquide*, 10; **cash machine** *le distributeur d'argent*, 9
cat *le chat*, 3
CD *le CD*, 1; **CD player** *le lecteur de CD*, 1
cell phone *le mobile, le portable*, 4
cereal *les céréales*, 6
chain *la chaîne*, 7
chair *la chaise*, 1
to **change** *changer*, 4; *changer de l'argent*, 9; **to change (in)** *changer (en)*, 10
change (coins) *la monnaie*, 9; **change purse** *le porte-monnaie*, 7; **Do you have change?** *Avez-vous de la monnaie?*, 9
check *le chèque*, 10; **traveler's checks** *les chèques de voyage*, 10
to **check in** *enregistrer*, 10

cheese *le fromage*, 6
chemistry *la chimie*, 4
chess *les échecs*, 2
chest of drawers *la commode*, 8
chicken *le poulet*, 6
child *l'enfant* (m.), 3
chocolate *le chocolat*, 2; **hot chocolate** *le chocolat chaud*, 6
to **choose** *choisir*, 6; **I don't know what to choose.** *Je ne sais pas quoi choisir.*, 7
chore *la corvée*, 8
church *l'église* (m.), 9
city *la ville*, 9
class, classroom *la classe, la salle de classe*, 1; **class** *le cours*, 4; **What class do you have…?** *Tu as quel cours...?*, 4
classical *classique*, 2
to **clean** *nettoyer*, 8
to **clear the table** *débarrasser la table*, 8
to **close** *fermer*, 1; **Close your notebooks.** *Fermez vos cahiers.*, 1
closet *le placard*, 8
clothes *les vêtements*, 7
clothing size *la taille*, 7
cloud *le nuage*, 5; **It's cloudy.** *Il y a des nuages.*, 5
club *le club (de tennis, de foot)*, 5
coat *le manteau*, 7
coffee *le café*, 6; **coffeehouse** *le café*, 2; **coffee table** *la table basse*, 8; **coffee with milk** *le café au lait*, 6
coin *la pièce*, 9
cold *froid*, 5; *le rhume*, 9; **to be cold** *avoir froid*, 5; **It's cold.** *Il fait froid.* 5; **to have a cold** *avoir un rhume*, 5
color *la couleur*, 4
to **come** *venir*, 5; **to come down, to go down** *descendre*, 8
comic strip *la bande dessinée (BD)*, 2
compartment *le compartiment*, 10
computer *l'ordinateur* (m.), 1
computer science *l'informatique* (m.), 4
connecting flight, connection *la correspondance*, 10
to **continue** *continuer*, 9; **Continue until…** *Continuez jusqu'à…*, 9
to **cook** *faire la cuisine*, 8
to **correct** *corriger*, 4
to **cost** *coûter*, 7
cotton *le coton*, 7
couch *le sofa*, 8
cough *la toux*, 9
counter *le guichet*, 9

countryside *la campagne*, 5
cousin *le cousin, la cousine*, 3
creative *créatif, créative*, 3
croissant *le croissant*, 6
to **cross** *traverser*, 9;
Cross… *Traversez...*, 9
cup *la tasse*, 6
currency exchange office *bureau de change*, 10
cute *mignon, mignonne*, 3

to **dance** *danser*, 2
dark *foncé, foncée*, 4
daughter *la fille*, 3; **only daughter** *la fille unique*, 3; **granddaughter** *la petite-fille*, 3
day *le jour*, 4; **What day is today?** *Quel jour sommes-nous?*, 4
to **decide** *to decide*, 7; **Have you decided?** *Vous avez choisi?/ Vous avez décidé?*, 6, 7; **I can't decide.** *Je n'arrive pas à me décider.*, 7
December *décembre*, 5
delicious *Délicieux!, Délicieuse!*, 6
Delighted! *Enchanté(e)!, Enchantée!*, 1
denim *en jean*, 7
department *le rayon*, 7
departure *le départ*, 10
to **deposit** *déposer*, 9
desk *le bureau*, 1
destination *la destination*, 10
diamond *le diamant*, 8; **out of diamond** *en diamant*, 8
dictionary *le dictionnaire*, 4
to **die** *mourir*, 8
difficult *difficile*, 4
dining room *la salle à manger*, 8
dishes *la vaisselle*, 8
dishwasher *le lave-vaisselle*, 8
dismissal *la sortie*, 4
to **disturb** *déranger*, 4
diving mask *le masque de plongée*, 7
to **divorce** *divorcer*, 3
to **do, to make** *faire*, 2; **to do the dishes** *faire la vaisselle*, 8; **to do the laundry** *faire la lessive*, 8; **I'm not doing anything.** *Je ne fais rien.*, 5; **What are we doing…?** *Qu'est-ce qu'on fait...?* 5; **What are you going to do if…?** *Qu'est-ce que tu vas faire s'il...?*, 5; **What are you going to do…?** *Tu vas faire quoi...?*, 5;

What do you do for fun? *Qu'est-ce que tu fais pour t'amuser?*, 5
dog *le chien*, 3
door *la porte*, 1
double bed *le lit double*, 10
downstairs *en bas*, 8
downtown *le centre-ville*, 9
drama *le théâtre*, 5
to draw *dessiner*, 2
drawing *le dessin*, 2
dress *la robe*, 7
to drink *boire*, 6; **drink** *la boisson*, 6
drums *la batterie*, 5; **to play drums** *jouer de la batterie*, 5;
DVD *le DVD*, 1; **DVD player** *le lecteur de DVD*, 1

ear *l'oreille* (f.), 3
early *en avance*, 10
earrings *les boucles d'oreilles*, 7
easy *facile*, 4
to eat *manger*, 2
egg *l'œuf* (m.), 6
eight *huit*, 1
eighteen *dix-huit*, 1
eighty *quatre-vingts*, 4; **eighty-one** *quatre-vingt-un*, 4
elderly *âgé(e)*, 3
elegant *élégant, élégante*, 7
elevator *l'ascenseur* (m.), 10
eleven *onze* (m.), 1
e-mail *l'e-mail* (m.), 1; **e-mail address** *l'adresse e-mail* (f.), 1; **What is your e-mail address?** *Quelle est ton adresse e-mail?*, 1; **It's…@…** *C'est…arobase… point…*, 1
employee *l'employé* (m.), *l'employée* (f.), 9
to empty *vider*, 8; **to empty the dishwasher** *vider le lave-vaisselle*, 8
to encourage *encourager*, 4
end *la fin*, 8; **at the end of** *au fond de*, 8
to enter *entrer*, 8
English *l'anglais*, 2
Enjoy your meal *Bon appétit!*, 6
envelope *l'enveloppe* (f.), 9
eraser *la gomme*, 4
evening *le soir*, 4
every day *tous les jours*, 8
Excellent! *Excellent(e)!*, 6
excuse-me *pardon*, 9; **Excuse-me, do you know where… is?** *Pardon, savez-vous où est…?*, 9; **Excuse-me, I am looking for…** *Excusez-moi, je cherche…*, 9

expensive *cher, chère*, 7
eyes *les yeux*, 3

fall *l'automne* (m.), 5
to fall *tomber*, 8
family *la famille*, 3
far from *loin de*, 9
fascinating *fascinant, fascinante*, 4; **It's fascinating.** *C'est fascinant.*, 4
fat *gros, grosse*, 3
father *le père*, 3
favorite *préféré, préférée*, 2
February *février*, 5
fee *le tarif*, 10
to feel like *avoir envie de*, 5; **Do you feel like…?** *Ça te/vous dit de…?*, 5; **Do you feel like…?** *Tu as envie de…?*, 5
fifteen *quinze*, 1
fifty *cinquante*, 4
film, movie *le film*, 2
finally *finalement*, 9
to find, to think *trouver*, 3
to finish *finir*, 6
first *d'abord*, 9; **first** *premier, première*, 10; **first class** *la première classe*, 10; **first floor** *le rez-de-chaussée*, 8
fish *le poisson*, 6; **fishing pole** *la canne à pêche*, 7
five *cinq*, 1
flight *le vol*, 10
flight attendant *l'hôte* (m.), *l'hôtesse* (f.), 10
flippers *les palmes*, 7
floor *l'étage* (m.), 8
flower *la fleur*, 9;
flower vendor *le fleuriste, la fleuriste*, 9
foot *le pied*, 9; **by foot** *à pied*, 9
to forget *oublier*, 10; **Don't forget…** *N'oublie pas…*, 10
fork *la fourchette*, 6
fortunately *heureusement*, 5
forty *quarante*, 4
four *quatre*, 1
fourteen *quatorze*, 1
free *libre*, 5; **free time** *le temps libre*, 5
French *le français*, 2
Friday *vendredi*, 4
friend *l'ami* (m.), *l'amie* (f.), 1; *le copain, la copine*, 2; **He, She is a friend.** *C'est un ami, une amie.*, 1
fries *les frites*, 2
from *en provenance de*, 10;

from the… to the… *du… au*, 10
from time to time *de temps en temps*, 2
funny *marrant, marrante*, 3

to gain weight *grossir*, 6
game *le jeu*, 2
garage *le garage*, 8
gaudy *tape-à-l'œil*, 7
generous *généreux, généreuse*, 3
geography *la géographie*, 4
German *l'allemand*, 4
girl *la fille*, 1
to give *donner*, 6; **to give back** *rendre*, 4; **Give me…** *Donnez-moi…*, 6
glass *le verre*, 6
glasses *les lunettes*, 7
gloves *les gants*, 7
to go *aller*, 2; **Go back to your seats!** *Retournez à vos places!*, 1; **to go down** *descendre*, 8; **to go forward** *avancer*, 4; **to go on a picnic** *faire un pique-nique*, 2; **to go out** *sortir*, 2, 8; **to go shopping** *faire les magasins*, 2; **Go straight until…** *Allez tout droit jusqu'à…*, 9; **Go to the board!** *Allez au tableau!*, 1; **to go up** *monter*, 8
gold *or, out of gold* *en or*, 7
good *bon, bonne*, 3; **Good idea!** *Bonne idée !*, 5
Goodbye. *Au revoir./Salut.*, 1
grandchild *le petit-enfant*, 3; **granddaughter** *la petite-fille*, 3; **grandfather** *le grand-père*, 3; **grandmother** *la grand-mère*, 3; **grandparent** *le grand-parent*, 3; **grandson** *le petit-fils*, 3
grapefruit *le pamplemousse*, 6
gray *gris, grise*, 4
great *génial, géniale*, 3
green *vert, verte*, 3
to grow (up) *grandir*, 6
guitar *la guitare*, 5; **to play the guitar** *jouer de la guitare*, 5

hair *les cheveux*, 3; **He, She has brown hair.** *Il, Elle est brun(e).*, 3
hair salon *le salon de coiffure*, 9

half *demi, demie,* 4; **half-brother** *le demi-frère,* 3; **half-sister** *la demi-sœur,* 3
ham *le jambon,* 6
handicapped access *l'accès handicapé* (m.), 10
handsome *beau, belle,* 3
happy *heureux, heureuse,* 5
hat *le chapeau,* 7
to hate *détester,* 2
to have *avoir,* 1; **to have dinner** *dîner,* 6; **have... eyes** *avoir les yeux...,* 3; **to have fun** *s'amuser,* 5; **to have... hair** *avoir les cheveux...,* 3; **to have just...** *venir de...,* 5; **to have more** *reprendre,* 6; **to have time** *avoir le temps de,* 5
he *il,* 1
head *la tête,* 3
headphones *les écouteurs,* 2
heading for *à destination de,* 10
to hear *entendre,* 4
Hello (in the evening) *Bonsoir.,* 1; (in the morning) *Bonjour.,* 1
helmet *le casque,* 5
to help *aider,* 7; **May I help you?** *Je peux vous aider?,* 7
Here it is. *Voilà/Tiens.* 3, 4; **Here is...** *Là, c'est...,* 8; **here** *là,* 8
Hi. *Salut.,* 1
high *haut,* 8
high school *le lycée,* 2
hike *la randonnée,* 7; **hiking shoes** *les chaussures de randonnée,* 7
his, her *son, sa, ses* 3
history *l'histoire* (f.), 4
hockey *le hockey,* 5
home *la maison,* 8; **at (my) home** *chez moi,* 8
homework *les devoirs,* 4
honestly *franchement,* 7; **Honestly, it's a bit gaudy.** *Franchement, il/elle est un peu tape-à-l'œil.,* 7
to hope *espérer,* 4
horrible *horrible,* 7; **It's horrible.** *Il/Elle est horrible.,* 7
hospital *l'hôpital* (m.), 9
hot *chaud,* 5; **be hot,** *avoir chaud,* 5; **hot chocolate** *le chocolat chaud,* 6; **It's hot.** *Il fait chaud.,* 5
hotel *l'hôtel* (m.), 10
hour *l'heure* (f.), 4
house *la maison,* 8
how *comment, combien* 1; **How is...?** *Comment c'est,...? Comment est...?,* **How are** *Comment sont...?,* 3; **How about going to...?** *On va...?,* 5; **How about you?** *Et vous?* (formal), *Et toi?* (informal), 1; **How are you?**

Comment allez-vous? (formal), *Ça va? Comment ça va?* (informal), 1; **How do you say... in French?** *Comment dit-on... en français?,* 1; **How do you spell...?** *Comment tu épelles...?,* 1; **How do you write that?** *Comment ça s'écrit?,* 1; **How does... fit me?** *Il/Elle me va...?,* 7; **How is your... class?** *Comment est ton cours de...?,* 4; **How many are you in your family?** *Vous êtes combien dans ta famille?,* 3; **How many students are there in the class?** *Combien d'élèves il y a dans la classe?,* 1; **How many... do you have?** *Tu as combien de...?,* 3; **How much does... cost?** *Il/Elle coûte combien,...?,* 7; **How much is it total?** *Ça fait combien en tout?,* 7; **How much is it?** *Ça fait combien?,* 6; **How much is...?** *C'est combien pour...?,* 9; **How old are you?** *Tu as quel âge?,* 1
hurt *avoir mal à,* 9
husband *le mari,* 3

I *je,* 1
ice cooler *la glacière,* 7
ice cream *la glace,* 2
ice-skating *le patin à glace,* 5; **ice-skating rink** *la patinoire,* 5
in *dans, en* 8
in front (of) *devant,* 9
in my opinion *à mon avis,* 3
In what color? *De quelle couleur?,* 4
In which season...? *En quelle saison...?,* 5
In..., there is... *Dans..., il y a...,* 8
inexpensive *bon marché, bon marchée,* 7
information board *le tableau d'affichage,* 10
intelligent, smart *intelligent, intelligente,* 4
interest *l'intérêt* (m.), 10; **interesting** *intéressant, intéressante,* 4; **It's interesting.** *C'est intéressant.,* 4
Internet *Internet,* 2; **Internet café** *le cybercafé,* 5
intersection *le carrefour,* 9
to introduce *présenter,* 1; **Let me introduce you to...** *Je te/vous présente...,* 1

jacket *la veste,* 7
jam *la confiture,* 6
January *janvier,* 5
jeans *le jean,* 7
jewelry *la bijouterie,* 7; **jewelery department** *le rayon bijouterie,* 7
jogging *le jogging,* 5
juice *le jus,* 6
July *juillet,* 5
June *juin,* 5

kitchen *la cuisine,* 8
kite *le cerf-volant,* 7
knife *le couteau,* 6
to know *connaître/savoir,* 9

lake *le lac,* 5
lamp *la lampe,* 8
laptop *le portable,* 4
last *dernier, dernière,* 7
late *en retard,* 10
laundry *la lessive,* 8
lawn *la pelouse,* 8
layover *l'escale* (f.), 10; **to have a layover at** *faire escale à,* 10
lazy *paresseux, paresseuse,* 3
to learn *apprendre,* 6
leather *le cuir,* 7; **leather department** *le rayon maroquinerie,* 7; **leather goods** *la maroquinerie,* 7
to leave *partir,* 8
left *gauche,* 8
lemon-lime soda *la limonade,* 6
to lend *prêter,* 4; **Could you lend me...?** *Tu pourrais me prêter...?,* 4; **Do you have... to lend me?** *Tu as... à me prêter?,* 4
letter *la lettre,* 9
library *la bibliothèque,* 2
light *clair,* 4
to like *aimer,* 2; **I like...better.** *J'aime mieux...,* 4; **I really like it.** *Ça me plaît beaucoup.,* 4; **Do you like...?** *Il, Elle te plaît,...?,* 7
line *la queue,* 10
linen *le lin;* **out of linen** *en lin,* 7

to listen *écouter*, 1;
    Listen! *Écoutez!*, 1
to live *habiter*, 8
    living room *le salon*, 8
    loaf of French bread *la baguette*, 6
    long *long, longue*, 3
to look at *regarder*, 1; **Look (at the map)!** *Regardez (la carte)!*, 1;
    No thank you, I'm just looking. *Non, merci, je regarde.*, 7;
    to look for *chercher*, 4
    loose *large*, 7
to lose *perdre*, 4; **to lose weight** *maigrir*, 6
to love *aimer, adorer*, 2
    low *bas*, 8
    luggage (carry-on) *les bagages (à main)*, 10; **luggage carrier, rack** *le porte-bagage*, 10
    lunch *le déjeuner*, 6

magazine *le magazine*, 2
mail *le courrier*, 9
mail carrier *le facteur*, 9
to make *faire*, 2; **to make one's bed** *faire son lit*, 8
mall *le centre commercial*, 2
man's shirt *la chemise*, 7
map *la carte*, 1; **map** *le plan*, 9
March *mars*, 5
mathematics *les mathématiques (maths)*, 2
May *mai*, 5
me *moi*, 8; **Me neither.** *Moi non plus.*, 2; **Me, too.** *Moi aussi.* 2
meal *le repas*, 6; **Are all meals included with the room?** *Est-ce que vous faites pension complète?*, 10
mean *méchant, méchante*, 3
medicine *le médicament*, 9
medium *à point*, 6
menu *la carte*, 6
message *le message*, 2; **instant text message** *le SMS, le texto*, 2
midnight *minuit*, 4
milk *le lait*, 6
mint *la menthe*, 6; **mint syrup** *le sirop de menthe*, 6
minus *moins*, 4
Miss *mademoiselle*, 1
to miss *manquer/rater*, 10
modern *moderne*, 2
Monday *lundi*, 4
money *l'argent* (m.), 9

month *le mois*, 5 ; **which month** *pendant quel mois*, 5
more *encore*, 6; **more or less** *plus ou moins*, 1
morning *le matin*, 4
mother *la mère*, 3
mountain *la montagne*, 5; **mountain bike** *le vélo tout terrain, le VTT*, 7
mouth *la bouche*, 3
movie theatre *le cinéma*, 2
to mow *tondre*, 8; **mow the lawn** *tondre la pelouse*, 8
MP3 *le MP3*, 2
Mr. *monsieur*, 1
Mrs. *madame*, 1
museum *le musée*, 5
music *la musique*, 2; **music class** *l'éducation musicale* (f.), 4
my *ma, mon, mes*, 3

name *le nom*, 10; **What is your name?** *Comment tu t'appelles?*, 1; **My name is…** *Je m'appelle…*, 1; **His, Her name is…** *Il/Elle s'appelle…*, 1; **Under what name?** *À quel nom?*, 9
napkin *la serviette*, 6
near *près de*, 9
necklace *le collier*, 7
to need *avoir besoin de*, 4; **What do you need for…?** *Qu'est-ce qu'il te faut pour…?*, 4; **What do you need?** *De quoi tu as besoin?*, 4; **I need…** *J'ai besoin de…*, 4; **I need…** *Il me faut…*, 4
He, She is neither… nor… *Il, Elle n'est ni… ni…*, 3
nephew *le neveu*, 3
never *jamais*, 2; *ne... jamais*, 8
new *nouveau, nouvelle*, 3
newspaper *le journal*, 2
next *prochain, prochaine*, 9; **next to** *à côté de*, 8; *près de*, 9
nice *sympathique*, 3
niece *la nièce*, 3
night *la nuit*, 10; **night stand** *la table de nuit*, 8
nine *neuf*, 1
nineteen *dix-neuf*, 1
ninety *quatre-vingt-dix*, 4; **ninety-one** *quatre-vingt-onze*, 4
no *non*, 2; **no longer** *ne... plus*, 8; **no one** *ne... personne, personne*, 8

non-smoking *non-fumeur*, 10
noon *midi*, 4
nose *le nez*, 3
not *ne… pas*, 1; **not at all** *pas du tout*, 7; **Not bad.** *Pas mal.*, 1; *Pas mauvais.*, 6; **Not good at all!** *Pas bon du tout!*, 6; **Not me.** *Pas moi.*, 2; **Not much.** *Pas grand-chose.*, 5; **not yet** *ne... pas encore*, 8
notebook *le cahier*, 1
nothing *rien*, 5; *ne... rien*, 8; **Nothing special.** *Rien de spécial.*, 5
novel *le roman*, 2
November *novembre*, 5
now *maintenant*, 4
number *le numéro*, 4

October *octobre*, 5
of, from + city, feminine country *de*, 10
of course *bien entendu*, 6, *bien sûr*, 9; **Of course, but first you must…** *Bien sûr, mais il faut d'abord…*, 8
of the *de l', de la, des, du*, 6
often *souvent*, 2
Okay. *D'accord.*, 5
old *vieux, vieille*, 3; **I am…years old.** *J'ai… ans.*, 1
omelet *l'omelette* (f.), 6
on *sur*, 8; **on sale** *en solde*, 7; **on time** *à l'heure*, 10
one *un, une*, 1
    one hundred *cent*, 4;
    one hundred and one *cent un*, 4; **one way** *aller simple*, 10; **one (we)** *on*, 1
only *unique*, 3
open *ouvrir*, 1; **Open your books to page…** *Ouvrez vos livres à la page…*, 1; **open air, outdoors** *plein air*, 7; **open air market** *le marché*, 9
opera *l'opéra* (m.), 5
or *ou*, 2
orange *orange (fruit)*, 6; **orange color**, 4; **orange juice** *jus d'orange*, 6
our *nos; notre*, 3
Out of the question! *Pas question!*, 8
outdoor goods department *le rayon plein air*, 7

P

pack the bags *faire les valises*, 10
package *le colis*, 9
page *la page*, 1
painting *le tableau*, 8
pants *le pantalon*, 7
paper *le papier*, 4
parent *le parent*, 3
park *le parc*, 2
parking *le parking*, 10
to party *faire la fête*, 2; **party** *la fête*, 2
to pass *réussir (à)*, 6; **to pass by** *passer (à un endroit)*, 9
passenger *le passager*, 10
passport *le passeport*, 10
pasta *les pâtes*, 6
to pay *payer*, 8; **to pay by check** *payer par chèque*, 10; **to pay cash** *payer en liquide*, 10; **to pay with a credit card** *payer avec une carte*, 10
pen *le stylo*, 4
pencil *le crayon*, 4; **(colored) pencil** *le crayon (de couleur)*, 2; **pencil case** *la trousse*, 4; **pencil sharpener** *le taille-crayon*, 4
pepper *le poivre*, 6
pharmacist *le pharmacien, la pharmacienne*, 9
pharmacy *la pharmacie*, 9
phone number *le numéro de téléphone*, 4
photo *la photo*, 5
Physical education (P.E.) *l'EPS (éducation physique et sportive)* (f.), 4
physics *la physique*, 4
piano *le piano*, 5; **to play the piano** *jouer du piano*, 5;
to pick up one's bedroom *ranger sa chambre*, 8
picnic *le pique-nique*, 2
pie *la tarte*, 6
piece of paper *la feuille de papier*, 4
pilot *le pilote*, 10
pill *le comprimé*, 9
pink *rose*, 4
pizza *la pizza*, 6
to place *placer*, 4
plane *l'avion* (m.), 10; **plane ticket** *le billet d'avion*, 10
plant *la plante*, 8
plate *l'assiette* (f.), 6
platform *le quai*, 10
to play *jouer*, 2; **to play baseball** *jouer au base-ball*, 2; **to play cards** *jouer aux cartes*, 2; **to play chess** *jouer aux échecs*, 2; **to play**

soccer *jouer au football*, 2;
to play sports *faire du sport*, 2;
to play video games *jouer à des jeux vidéo*, 5; **Do you play sports?** *Est-ce que tu fais du sport?*, 5; **Do you play…?** *Est-ce que tu joues...?*, 5
please *s'il te plaît, s'il vous plaît*, 1
pomegranate drink *la grenadine*, 6
pool *la piscine*, 2
pork *le porc*, 6
post card *la carte postale*, 9; **post office** *la poste*, 9
poster *le poster*, 1
to prefer *préférer*, 2
pretty *joli(e)*, 7
pretty well *assez bien*, 2
to pronounce *prononcer*, 4
pull-over sweater *le pull*, 7
to punch (a ticket) *composter*, 10
purple *violet, violette*, 4
purse *le sac (à main)*, 7
to put on *mettre*, 7
to put away, to tidy *ranger*, 8

quarter *quart*, 4
quiche *la quiche*, 6
Quiet! *Silence!*, 1
quite, rather *assez*, 3

racket *la raquette*, 5
radio *la radio*, 2
to rain *pleuvoir*, 5
raincoat *l'imperméable* (m.), 7
to raise *lever*, 4
rare *saignant*, 6
rarely *rarement*, 2
to read *lire*, 2
reception *la réception*, 10; **receptionist** *le réceptionniste, la réceptionniste*, 10
to recommend *recommander*, 6; **What do you recommend?** *Qu'est-ce que vous me conseillez?*, 6
recreation center *La Maison des jeunes et de la culture, la MJC*, 2
red *rouge*, 4; **red-head** *roux* (m.), *rousse* (f.), 3
reduced rate *le tarif réduit*, 10
regularly *régulièrement*, 5

to remarry *remarier*, 3
to remember *rappeler*, 10
to repeat *répéter*, 1; **Repeat!** *Répétez!*, 1; **Could you please repeat that?** *Répétez, s'il vous plaît?*, 1
to replace *remplacer*, 4
to reserve *réserver*, 10; **reservation** *réservation*, 10
restroom *les toilettes*, 8
to return *retourner*, 1
rice *le riz*, 6
right *droite*, 8
right away *tout de suite*, 6
ring *la bague*, 7
room *la pièce*, 8
room *la salle*, 8; **bedroom** *la chambre*, 8
room with a view *la chambre avec vue*, 10
round-trip *aller-retour*, 10
rug *le tapis*, 8
ruler *la règle*, 4

salad *la salade*, 6
salami *le saucisson*, 6
sales *les soldes*, 7; **They are on sale for…** *Ils/Elles sont soldé(e)s à...*, 7; **on sale** *en solde*, 7
salt *le sel*, 6
sandals *les sandales*, 7
sandwich *le sandwich*, 6
Saturday *samedi*, 4
to say *dire*, 1
scarf *le foulard*, 7
schedule *l'horaire* (m.), 10
scholastic *scolaire*, 4
school *l'école* (m.), 2; **high school** *le lycée*, 2; **school subject** *la matière*, 4; **school supplies** *les fournitures scolaires*, 4
sea *la mer*, 5
season *la saison*, 5
seat (classroom) *la place*, 1; **seat (train)** *la place assise*, 10
second *deuxième*, 10; **second class** *la deuxième classe*, 10; **second floor** *le premier étage*, 8
to see *voir*, 9; **See you later.** *À plus tard. À toute à l'heure.*, 1; **See you soon.** *À bientôt.*, 1; **See you tomorrow.** *À demain.*, 1
to sell *vendre*, 4
to send *envoyer*, 2; **to send e-mails** *envoyer des e-mails*, 2
September *septembre*, 5

serious *sérieux, sérieuse,* 3
service *service,* 6; **Is the tip included?** *Le service est compris?,* 6
to set *mettre* 6; **to set the table** *mettre le couvert,* 6; *mettre la table,* 8
seven *sept,* 1
seventeen *dix-sept,* 1
seventy *soixante-dix,* 4; **seventy-one** *soixante et onze,* 4; **seventy-two** *soixante-douze,* 4
Shall we do…? *On fait…?,* 5
she *elle,* 1
sheet (of paper) *la feuille (de papier),* 4
shirt *la chemise,* 7
shoes *les chaussures,* 7; **shoe size** *la pointure,* 7
shop *le magasin,* 2; *la boutique,* 9
short (length) *court, courte,* 3
shorts *le short,* 4
shy *timide,* 3
silk *soie,* 7; **made of silk** *en soie,* 7
silver *argent,* 7; **made of silver** *en argent,* 7
to sing *chanter,* 2
single bed *le lit simple,* 10
sister *la sœur,* 3; **half sister** *la demi-sœur,* 3; **step sister** *la demi-sœur,* 3
Sit down! *Asseyez-vous!,* 1
six *six,* 1
sixteen *seize,* 1
sixty *soixante,* 4
skateboard *le skate(board),* 5
skis *les skis* (m.), 5; **skiing** *faire du ski* (m.), 5
skirt *la jupe,* 7
to sleep *dormir,* 2; **sleeping car (in a train)** *la couchette,* 10
small *petit, petite,* 3
sneakers *les baskets,* 4
snorkel *le tuba,* 7
to snow *neiger,* 5; **snow** *la neige,* 5
so (well) *alors,* 7
soccer *le football,* 2
socks *les chaussettes,* 7
soda *le soda,* 6; **Coke** *le coca,* 6
some *des,* 1
something *quelque chose,* 7
son *le fils,* 3; **only son** *le fils unique,* 3
sorry *désolé(e),* 5; **Sorry, I don't have the time.** *Désolé(e), je n'ai pas le temps.* 5
Spanish *espagnol,* 4
to speak *parler,* 2
to spell *épeler,* 10; **How is… spelled?** *Comment tu épelles…?,* 1; **It is spelled/ written…** *Ça s'écrit…,* 1

spoon *la cuillère,* 6
sports *le sport,* 2
spring *le printemps,* 5
stadium *le stade,* 2
staircase *l'escalier* (m.), 8
stamp *le timbre,* 9
to stand in line *faire la queue,* 10
to start *commencer* (à), 4
stationery store *la papeterie,* 9
to stay *rester,* 8
steak *le steak,* 6
step father *le beau-père,* 3; **step mother** *la belle-mère,* 3
stereo system *la chaîne-stéréo,* 8
stop *l'arrêt* (m.), 9
to stopover at *faire l'escale à,* 10
store *magasin,* 2
straight ahead *tout droit,* 9
street *la rue,* 9
strong *fort, forte,* 3
student *l'élève* (m. or f.), 1
to study *étudier,* 2
subway *le métro,* 9; **subway station** *la station de métro,* 9; **by subway** *en métro,* 9
suit *le costume,* 7
suitcase *la valise,* 10
summer *l'été* (m.), 5
sun *le soleil,* 5; **sunglasses** *les lunettes de soleil,* 7; **It's sunny.** *Il y a du soleil.,* 5
Sunday *dimanche,* 4
superstore *la grande surface,* 7
supplies *les fournitures,* 4
to surf *surfer,* 2; **to surf the Net** *surfer sur Internet,* 2; **surfboard** *la planche de surf,* 7
sweat shirt *le sweat-shirt,* 4
to sweep *balayer,* 8
sweet *gentil, gentille,* 3
to swim *nager,* 2; **swimming pool** *la piscine,* 2; **swimsuit** *le maillot de bain,* 7
syrup *le sirop,* 6; **syrup (medicine)** *le sirop,* 9

table *la table,* 1; **table cloth** *la nappe,* 6; **table setting** *le couvert,* 6
to take *prendre,* 6; **to take something (with)** *emporter,* 10; **to take a trip** *faire un voyage,* 10; **to take the dog for a walk** *promener/ sortir le chien,* 4; **to take more** *reprendre,* 6; **Do you want more…?** *Tu reprends…?/ Encore…,* 6; **to take out** *sortir,* 8;

to take out the trash *sortir la poubelle,* 8; **Take…** *Prenez…* 9; **I don't know what to take.** *Je ne sais pas quoi prendre.,* 7
to talk (with friends) *discuter (avec des amis),* 2
taxi *le taxi,* 9; **by taxi** *en taxi,* 9
teacher *le prof(esseur), la professeur,* 1
telephone *le téléphone,* 4; **telephone booth** *la cabine téléphonique,* 9; **telephone card** *la carte téléphonique,* 9
television *la télé(vision),* 1
tell me *dites-moi,* 9
ten *dix,* 1
tennis *le tennis,* 5
tent *la tente,* 7
terminal *le terminal,* 10
that *ça,* 3
Thank you. *Merci.,* 1
the *l', le, la, les,* 2
theater *le théâtre,* 5
their *leur, leurs,* 3
then *puis, ensuite,* 9
there is, there are *il y a…* 1; **There are… of them.** *Il y en a…,* 1; **There are… of us.** *Nous sommes…,* 3; **There aren't any.** *Il n'y en a pas.,* 1
these *ces,* 7; **These are…** *Ça, ce sont…,* 3
they *elles, ils,* 1
thin *mince,* 3
thing *la chose,* 6
to think *penser,* 3; **What do you think of…?** *Comment tu trouves…?,* 3; **I think he/she…** *Je le/la trouve,* 3; **I think it's…** *Je trouve ça…,* 4
thirteen *treize,* 1
thirty *trente,* 1; **thirty-one** *trente et un,* 4
this *ce, cet, cette,* 7; *ça,* 3; **This is…** *Ça, c'est…,* 1
three *trois,* 1
throat *la gorge,* 9
to throw *lancer,* 4; *jeter,* 10
Thursday *jeudi,* 4
ticket *le ticket,* **ticket counter** *le guichet,* 9; **ticket collector** *le contrôleur,* 10; **ticket machine** *le distributeur de billets,* 10
tie *la cravate,* 7
tight *étroit, étroite,* 7; *serré, serrée,* 7
time *le temps,* 5; **at what time** *à quelle heure,* 4; **At what time do you have…?** *À quelle heure tu as…?,* 4; **What time is it?** *Quelle heure est-il?,* 4; **time** *fois,* 8; **times per…** *…fois par…,* 8; **on time** *à l'heure,* 10

Glossaire anglais–français

Index de grammaire

Page numbers in boldface type refer to the first presentation of the topic. Other page numbers refer to the grammar structures presented in *Bien dit!* features, subsequent references to the topic, or review in the **Résumé de grammaire.**

à: combined with **le** to form **au 56,** 334, see also contractions, see also prepositions; combined with **les** to form **aux 56,** 334, see also contractions, see also prepositions; with **commencer 118;** with countries and cities **334,** see also prepositions

acheter: all present tense forms **128**

adjectives **84,** 86, 130, 226, 228; agreement **84,** 86, 130, 132, 226, 228; as nouns **130;** demonstrative adjectives **ce, cet, cette, ces 226;** ending in **-eux** and **-if 84;** feminine forms **84,** 86, 130, 132, 226, 228; interrogative adjectives **quel, quelle, quels, quelles 228;** irregular adjectives **beau, nouveaux, vieux 86;** irregular feminine forms **84,** 86; masculine forms ending in **-s 84;** masculine forms ending in unaccented **-e 84;** placement **84,** 86, 226, 228; plural forms **84,** 86, 226, 228; placed before the noun **84,** 86, 226, 228; possessive adjectives all forms **94**

adverbs: general formation and placement **158;** irregular adverbs **bien** and **mal 158; souvent, de temps en temps, rarement, regulièrement** 158; with the **passé composé** 242

aimer: all present tense forms **46; aimer + infinitive 46**

aller: all present tense forms **167,** 310; **aller** + infinitive (**futur proche**) **167;** irregular imperative forms **202;** with the **passé composé** 274, 346

amener **128**

appeler: all present tense forms **332**

apprendre **200,** 310

arriver: past participle **274;** with the **passé composé 274,** 346

articles: definite articles **44;** indefinite articles **24,** 188, 314; partitive articles **188,** 314

attendre: all present tense forms **116,** 310

au: contraction of **à** + **le 56,** 334, see also contractions, see also prepositions

aux: contraction of **à** + **les 56,** 334, see also contractions, see also prepositions

avancer **118**

avec qui **156,** see also information questions, see also question words

avoir: all present tense forms **26,** 238, 310; idiomatic expressions **170;** irregular past participle **240,** 344; **passé composé** with **avoir 238,** 240, 262, 344

balayer **276**

beau, nouveau, vieux: irregular adjectives **86,** see also adjectives

bien **158,** see also adverbs

boire: all present tense forms **204,** 310; irregular past participle **240,** 344

bon: irregular adverb **bien 158,** see also adverbs; adjectives placed before a noun **84,** see also adjectives

c'est: vs. **il/elle est 98**

ce, cet, cette, ces: demonstrative adjectives **226,** see also adjectives, see also demonstrative adjectives

changer **118**

chercher **238,** 310

choisir **190,** 310

commands **202,** 302, see also imperatives; negative commands **202,** 302, see also imperatives

commencer: all present tense forms **118;** followed by **à** + infinitive **118**

comment **156,** see also information questions, see also question words

comprendre **200,** 310

conjunctions: **et, mais,** and **ou 58**

connaître: all present tense forms **300,** 310; irregular past participle **344**

contractions: with **à 56;** with **de 96,** 188

corriger **118**

days of the week: with **dernier** to talk about the past **242**

de: combined with **le** to form **du 96,** 188, 314, see also contractions, see also partitive articles; combined with **les** to form **des 96,** 188, 314, see also contractions, see also partitive articles; replacing **un, une, des** in negative sentences **24,** see also articles; to indicate possession **94;** with cities and countries **334,** see also prepositions

quand 156, see also information questions, see also question words

que: when asking questions **156,** see also information questions, see also question words

quel, quelle, quels, quelles 228, see also interrogative adjectives, see also adjectives; with exclamations **228**

question words 60, **156,** 228, 312 see also interrogatives, see also questions

questions: information questions **156,** 228; information questions using inversion **312;** inversion questions in the **passé composé 312;** yes/no questions using inflection 60, 156; yes/no questions using inversion **312;** yes/no questions with **est-ce que 60,** 156

qui: when asking questions **156,** see also information questions, see also question words

rapeler 332

-re verbs **116,** 310; **passé composé 262**

remplacer 118

rendre (visite à) 116, 310

rentrer: with the **passé composé 346**

répéter 128

répondre (à) 116, 310

reprendre 200

rester: past participle **274**

rester: with the **passé composé 274,** 346

retourner: past participle **274**

retourner: with the **passé composé 274,** 346

réussir (à) 190

revenir: in the **passé composé 346**

savoir: all present tense forms **300,** 310; irregular past participle **344**

sortir: all present tense forms **272;** past participle **274;** in the **passé composé 274,** 346

subject pronouns 12, **14,** 312, see also pronouns

subjects in sentences **12, 312,** see also nouns, see also pronouns

tomber: past participle **274;** in the **passé composé 274,** 346

tu 12, **14,** see also subject pronouns

un, une, des 24, 188, 314 see also indefinite articles, see also partitive articles

vendre 116, 310

venir: all present tense forms **168,** 310; past participle **274; venir de** + infinitive (**passé récent**) **168;** in the **passé composé 274,** 346

verbs: ending in **-cer 118;** ending in **-ger 118; -er** verbs **46,** 118, 128, 202, 310; idiomatic expressions with **avoir 170;** idiomatic expressions with **faire 336;** verbs in sentences **12; -ir** verbs **190,** 262, 272, 310; verbs **dormir, partir, sortir 272,** 274; irregular verb **aller 167,** 202, 310; irregular verb **appeler 332;** irregular verb **avoir 26,** 170, 238, 240, 310; irregular verb **boire 204,** 240, 310; irregular verb **connaître 300,** 310; irregular verb **devoir 260,** 310; irregular verb **être 82,** 240, 310; irregular verb **faire 154,** 240, 310; irregular verb **mettre 230,** 240, 310; **-yer** verbs **276,** 310; irregular verb **pouvoir 260,** 310; irregular verb **prendre 200,** 240, 310; irregular verb **savoir 300,** 310; irregular verb **venir 168,** 240, 310, 346; irregular verb **voir 298,** 310; **passé composé** of verbs with **avoir 238,** 240, 262, 298, 344; **passé composé** of -er verbs **238,** 262; **passé composé** of verbs with **être 274,** 34; **passé composé** form with inversion **312; passé composé** of -ir and -re verbs **262; passé composé** of irregular verbs **240,** 344; **-re** verbs **116,** 262, 310; verbs conjugated with **être** in the **passé composé 274,** 346

voir: all present tense forms **298,** 310; irregular past participle **240,** 298, 344

vouloir: all present tense forms **192,** 310; irregular past participle **240,** 344

voyager 118

yes/no questions: using inflection 60, 156, see also interrogatives, see also questions; using inversion **312,** see also interrogatives, see also questions; yes/no questions with **est-ce que 60,** 156, see also interrogatives, see also questions

-yer verbs **276**

Index de grammaire

Remerciements

ACKNOWLEDGMENTS

For permission to reprint copyrighted material, grateful acknowledgment is made to the following sources:

Map from Guide historique de Nice by Paule and Jean Trouillot. Copyright 2002 by Trouillot. Reprinted by permission of **Jean Trouillot.**

Excerpt from "J'aime Paris au mois de mai" by Charles Aznavour. Text copyright © by Charles Aznavour. Reprinted by permission of **France Music Corp.**

L'Embouteillage" from La ville enchantée by Jacques Charpentreau.

Text copyright © 1976 by Jacques Charpentreau. Reprinted by permission of the author.

"Mésaventure" from Contes wolof du baol, edited by Jean Copans and Philippe Couty. Text copyright © 1976 by Union Générale d'Éditions and 1988 by Karthala. Reprinted by permission of **Éditions Karthala.**

Excerpt from "Souvenirs d'enfance" from La gloire de mon père by Marcel Pagnol. Text copyright © 1957 by Marcel Pagnol. Reprinted by permission of **Éditions de Fallois.**

PHOTOGRAPHY CREDITS

Abbreviations used: c-center, b-bottom, t-top, l-left, r-right, bkgd-background.

FRONT COVER: (bl) Sam Dudgeon/HRW; (br) Robert Fried/Alamy; (tl) Tibor Bognár/Corbis; (tr) Hervé Gyssels/Photononstop.

AUTHORS: Page iii (DeMado) courtesy John DeMado; (Champeney) Victoria Smith/HRW; (M. Ponterio) courtesy Marie Ponterio; (R. Ponterio) courtesy Robert Ponterio.

TABLE OF CONTENTS: Page vi (all) Sam Dudgeon/HRW; vii (tl) Goodshoot; (tr) Victoria Smith/HRW; viii (t) Sam Dudgeon/HRW; ix (tl, tr) Sam Dudgeon/HRW; x (tl) PhotoDisc/Getty Images; (tr) Image Source; xi (tl, tr) Image Source.

WHY STUDY FRENCH: Page xii (bl) Sam Dudgeon/HRW; (br) © Roussel Bernard/Alamy; (tl) courtesy of Margot Steinhart; (tr) Victoria Smith/HRW; xiii (bc, br) Sam Dudgeon/HRW; (bl, tr) Victoria Smith/HRW.

FRANCOPHONE WORLD: Page xiv (bl) David Sanger/Alamy; (cl) © Barry Lewis/Alamy; (tl) Marty Granger/HRW; (tr) Victoria Smith/HRW; xv (cl) /HRW; (cr) Glen Allison/PhotoDisc/Getty Images; (tl) Ed George/National Geographic/Getty Images; (tr) Gavin Hellier/Robert Harding World Imagery/Getty Images.

ALPHABET: Page xvi (A, B, E, G, H, L, M, U) Royalty-Free/Corbis; (C) Comstock; (D) John White/The Neis Group; (F, I, J, K, O, P, T, V, W, X, Y, Z) PhotoDisc/Getty Images; (N, R, S) Brand X Pictures; (Q) Stockbyte.

COMMON NAMES: Page xvii (t, b) Sam Dudgeon/HRW; (c) Victoria Smith/HRW.

INSTRUCTIONS: Page xviii (b) Sam Dudgeon/HRW; xix (bl) Victoria Smith/HRW; (tl) Sam Dudgeon/HRW; (tr) Stockbyte.

CHAPITRE LIAISON All photos by Victoria Smith/HRW except: Page xx (c) Sam Dudgeon/HRW; (cellphone, screen (bl, cr)) Artville/Getty Images; (screen (br)) Creatas; (screen (top, cl)) PhotoDisc/Getty Images; L1 (all) Edge Media/HRW; L10 (c) Sam Dudgeon/HRW; L11 (all) Edge Media/HRW; L13 (bl) Royalty-Free/CORBIS; (br, tc) PhotoDisc/Getty Images; (tc) PhotoDisc/Getty Images; L15 (bc, br, tc) Royalty-Free/Corbis; (bl, tl) PhotoDisc/Getty Images; (tl) PhotoDisc/Getty Images; (tr) Brand X Pictures/Getty Images; L19 (tc) Gertjan Hooijer/iStock; (tl, tr) Don Couch/HRW; L20 Sam Dudgeon/HRW; L21 (all) Edge Media/HRW; L22 (all) Sam Dudgeon/HRW; L23 Stephanie Friedman/HRW; L29 (2) Royalty-Free/Corbis; (3) Dennis Fagen/HRW; (4, 6) PhotoDisc/Getty Images; (5) Andy Christiansen/HRW; L30 (all) Sam Dudgeon/HRW; L31 (c) Sam Dudgeon/HRW; (tr) PhotoDisc/Getty Images; L32 (b) Sam Dudgeon/HRW; L33 (bl) Artville/Getty Images; (c, t) Sam Dudgeon/HRW.

CHAPITRE 6 All photos by Victoria Smith/HRW except: Page 185 (bl) Sam Dudgeon/HRW; (le nappe) Stephanie Friedman/HRW; 186 (a, b, c, d, e) Sam Dudgeon/HRW; 189 (cr) Sam Dudgeon/HRW; 190 (l) PhotoDisc/Getty Images; (bc) Lisa Romerein/Getty Images; (br) Sam Dudgeon/HRW; (tc, tl) Jupiterimages; (tr) Sam

Dudgeon/HRW; 192 (a) Sam Dudgeon/HRW; (b) Don Couch/HRW; 194 (b, t) PhotoDisc/Getty Images; (bc, bl, br, cl, cr) Sam Dudgeon/HRW; 196 (all food items) Sam Dudgeon/HRW; 197 (la salade, le pain, le poulet, le riz, le steak) PhotoDisc/Getty Images; (le porc, le poisson) Brand X Pictures; 198 (bills) European Communities; (coins) Sam Dudgeon/HRW; 199 (cr) PhotoDisc/Getty Images; 204 (1, 2, 3, 4) Sam Dudgeon/HRW; 210 (b, d, e) Sam Dudgeon/HRW; (c) PhotoDisc/Getty Images; 214 (a) Brand X Pictures; (b) Stephanie Friedman/HRW; (c) Ingram Publishing; (d) Marty Granger/HRW; (2a, 2b, 2c, 2d, 2e) Sam Dudgeon/HRW; (2f) PhotoDisc/Getty Images; 215 © The Gallery Collection/Corbis

CHAPITRE 7 All photos by Sam Dudgeon/HRW except: Page 216 (cl) age fotostock/SuperStock; (cr) David Else/Lonely Planet Images; (t) Simon Hathaway/Alamy; 217 (b) Nik Wheeler/Corbis; (br) Karl Ammann/Digital Vision/Getty Images; (cr) Ariadne Van Zandbergen/Lonely Planet Images; (tl) M. Desjeux, Bernard/Corbis; (tr) Nik Wheeler/Corbis; 218 (tl) Gildo Nicolo Spandoni; 219 (bc) Hemera Technologies/Alamy; (bl) Andrea Comas/Reuters/Corbis; (br) Jacob Silberberg/Panos; (c) Stella Klaw; (tl) Yves Forestier/Corbis; (tr) Owen Franken/Corbis; 222 (casquette) PhotoDisc/Getty Images; (chapeau) Brand X Pictures; (jupe) Stephanie Friedman/HRW; (lunettes) Stockbyte; 223 (c, cravate, foulard) Stephanie Friedman/HRW; 224 (1, 2) Victoria Smith/HRW; (3) Don Couch/HRW; (4) Stephanie Friedman/HRW; 225 (1) Don Couch/HRW; (2, 5) Victoria Smith/HRW; (4) PhotoDisc/Getty Images; 229 (120) Victoria Smith/HRW; (15) Stephanie Friedman/HRW; (26) Stockbyte; 231 (br) Stephanie Friedman/HRW; 232 (bc, bl, br, cr) Andy Christiansen/HRW; 233 (b) Don Couch/HRW; 234 (bl) Ingram Publishing; (br, cr) PhotoDisc/Getty Images; (cl) Artville/Getty Images; 237 (cr) Artville/Getty Images; 241 (1) Brand X Pictures; (2) PictureQuest; (3) Royalty-Free/Corbis; (4) Stockbyte; (5) Image Source; (6) PhotoDisc/Getty Images; 246 (bl) AFP/NewsCom; 248 (c, cl) Victoria Smith/HRW; (cr, tl) Jon Langford/HRW; (tr) Don Couch/HRW; 252 (d) Artville/Getty Images; (e) Don Couch/HRW; 253 Seyllou/AFP/Getty Images.

CHAPITRE 8 All photos by Sam Dudgeon/HRW except: Page 257 (bl, br, cl, tl) Andy Christiansen/HRW; 261 (bl, br) PhotoDisc/Getty Images; (cl) Stephanie Friedman/HRW; (Martine) Andy Christiansen/HRW; (nous, tu) Royalty-Free/Corbis; (t) Brand X Pictures; 263 (1) I Images/Getty Images; (2, 4) Andy Christiansen/HRW; (3) Royalty-Free/Corbis; (t) Victoria Smith/HRW; 267 (b) Royalty-Free/Corbis; 269 (br) Lenora Gim/Getty Images; 270 (cr) Ingram Publishing; 272 (bl) © Hemis/Alamy; 273 (1) William Gottlieb/Corbis; (3) Johner/Getty Images; (4, 6) Andy Christiansen/HRW; (5) PhotoDisc/Getty Images; (t) BananaStock; 280 (bl) Geraldine Touseau-Patrick/HRW; (br) PhotoDisc/Getty Images; (tl) Goodshoot; 282 (1, 3, 4) Royalty-Free/Corbis; (5) Victoria Smith/HRW; 286 (a, c) Andy

Christiansen/HRW; (d) Royalty-Free/Corbis; 287 Art Resource.

CHAPITRE 9 All photos by Victoria Smith/HRW except: Page 288 (cl) Image Source; (cr) Chris Hellier/Corbis; (tl) Brand X Pictures; (tr) PhotoDisc/Getty Images; 289 (b) © Picture Press/Alamy; (cl) Digital Vision/Getty Images; (cr) Image Source; (tl) Jeremy Walker/Stone/Getty Images; (tr) Sergio Pitamitz/Corbis; 290 (b) Sean Nel/Cutcaster; (cl) Anne-Christine Poujoulat/AFP/Getty Images; (cr) Pascal Le Segretain/Getty Images; (tc, tl) Image Source; (tr) Marty Granger/HRW; 291 (br) Baril/Roncen/Corbis KIPA; (cl) The Bridgeman Art Gallery/Getty Images; (cr) KPA/Omni-Photo Communications; (tc, tl, tr) Sam Dudgeon/HRW; 294 (tl) Sam Dudgeon/HRW; 296 (1, 3, t); Sam Dudgeon/HRW (2) Pixtal; (4) Marty Granger/HRW; 298 (l) Sam Dudgeon/HRW; 299 (cl, cr) Sam Dudgeon/HRW; (l, r, t) PhotoDisc/Getty Images; 301 (2) Stefano Rellandini/Reuters/Corbis; (3, t) PhotoDisc/Getty Images; (4) Reuters/Corbis; 304 (tl) hemis/getty images; 305 (b) Royalty-Free/Corbis; 306 (cr, tr) Sam Dudgeon/HRW; 307 (c, cl, cr) Sam Dudgeon/HRW; 310 (b) Image Source; 311 (1) PhotoDisc/Getty Images; (3) Peter M. Fischer/Corbis; (4) Justin Kase/Alamy; 313 (1) Holly Harris/Getty Images; (3, t) Jupiterimages; (4) Sam Dudgeon/HRW; (5) Brand X Pictures/Getty Images; (6) Royalty-Free/Corbis; 325 SuperStock/SuperStock.

CHAPITRE 10 All photos by Victoria Smith/HRW except: Page 328 (l) PhotoDisc/Getty Images; 329 (cr) Sam Dudgeon/HRW; 330 (b, c, e) PhotoDisc/Getty Images; 333 (1) Royalty-Free/Getty Images; (2) Comstock; (3) Stockbyte/Getty Images; (4) Don Couch/HRW; (5) William Gottlieb/Corbis; (6) Royalty-Free/Corbis; (tl) Digital Vision/Getty Images; (tr) Comstock; 335 (2, 5, 6) PhotoDisc/Getty Images; (3) Sam Dudgeon/HRW; (4, t) Royalty-Free/Corbis; 336 (1) Royalty-Free/Corbis; (2) Don Couch/HRW; (3) Chuck Savage/Corbis; 337 (c) Frilet Patrick/hemis.fr/Getty Images; 338 (bc, br, c, cr) Sam Dudgeon/HRW; (bl) Giraudou Laurent/hemis.fr/Getty Images; (t) © Giuglio Gil/Hemis/Alamy; 339 (b) Jerry Arcieri/Corbis; (t) PhotoDisc/Getty Images; 340 (bl) Michele Molinari/Alamy; 341 (l'hôtesse, pilote) Royalty-Free/Corbis; 342 (l) Richard Bord/Getty Images; 345 (1, 3) Digital Vision/Getty Images; (4) PhotoDisc/Getty Images; (t) Don Couch/HRW; 346 (bl) Edge Media/HRW; 354 (1) PhotoDisc/Getty Images; (3) Comstock; (2, 4, 5) Sam Dudgeon/HRW; 358 (a, b) PhotoDisc/Getty Images; (d) Don Couch/HRW; 359 AKG-Images, London.

BACKMATTER READINGS: Page 362 (b) Sam Dudgeon/HRW; (tl) Victoria Smith/HRW; 363 (br) Victoria Smith/HRW; (t) PhotoDisc/Getty Images; (tl) Sam Dudgeon/HRW; (tr) Royalty-Free/Corbis; 364 (bl) © Hemis/Alamy; (cl) ArenaPal/Topham/The Image Works; (t) Fabrice Coffrini/epa/Corbis; 365 (b) Nic Bothma/epa/Corbis; (t) AFP/Getty Images; 368 (bl) Victoria Smith/HRW. Book cover (French edition) from La Gloire de Mon Père by Marcel Pagnol. Reprinted with permission of Presses Pocket; (cr) Ken Reid/Getty Images; (tl) Louis MONIER/Gamma-Rapho via Getty Images; 369 (film strip) Royalty-Free/Getty Images; (all other images) Robert Doisneau/Gamma-Rapho/Getty Images; 370–371 (c) Comstock/Jupiter Images; 371 (tc) Art Kowalsky/Alamy; (tl) Forestier Yves/Corbis; (tr) Nik Wheeler/Corbis.

VOCABULAIRE SUPPLÉMENTAIRE: Page R8 (bl) Victoria Smith/HRW; (cr, tl) PhotoDisc/Getty Images; (cr) Comstock; (tr) Stockbyte; R9 (br, cr) Sam Dudgeon/HRW; (tl) Digital Wisdom; (tr) PhotoDisc/Getty Images; R10 (bl, cr, tl) PhotoDisc/Getty Images; (br) Royalty-Free/Corbis; (cl) Victoria Smith/HRW; (tr) Sam Dudgeon/HRW; R11 (bl, br) Digital Vision/Getty Images; (cl, tl) Ingram Publishing; (cr) Brand X Pictures; (tr) Sam Dudgeon/HRW; R12 (bl) Royalty-Free/Corbis; (br, cl, cr, tr) PhotoDisc/Getty Images; (tl) Brand X Pictures.

TÉLÉ-ROMAN STILL PHOTOS: Edge Media/HRW.

ICONS: All icon photos by Edge Media/HRW except: Page 216 Sam Dudgeon/HRW; 288 Image Source.

Remerciements